大家受啟發的
大家身影

走過，必留下足跡；畢生行旅，彩繪了閱歷，也孕育了思想！人類文明因之受到滋潤，甚至改變，永遠持續！

將其形諸圖文，不只**啟人尋思**，也便**尋根與探究**。

昨日的行誼，即是今日的史料；不只是傳記，更多的是思想的顯影。一生浮萍，終將漂逝，讓他走向永恆的時間和無限的空間；**超越古今，跨躍國度，「五南」願意！**

思想家、哲學家、藝文家、科學家，只要是能啟發大家的**「大家」**，都不會缺席。至於以「武」、以「謀」、以「體」，叱吒寰宇、攪動世界的風雲人物，則不在此系列出現。

大家受啟發的

大家身影系列 022

蒙田自傳

The Autobiography of Michel de Montaigne

米歇爾・德・蒙田（Michel de Montaigne）——著
馬文・羅溫索（Marvin Lowenthal）——編
陳蒼多——譯

我將會很高興從另一個世界回來，
只要有人所描寫的內容並非我的本然，
就算是為了替我增光，我也要指責他們說謊。

米歇爾·德·蒙田

譯序──你知道《蒙田自傳》這本書嗎？

有人回答，不知道，不知有蒙田，只知有蒙恬。有人回答，不知蒙田，無論《蒙田自傳》。有人回答，一部《蒙田散文集》（或稱《蒙田隨筆》，後同）已夠漪歟盛哉，哪知什麼《蒙田自傳》。最後這種人還算是比較正常的。

美國哲學家愛默森說：「如果你割傷蒙田的文字，它們是會流血的。」我想，從此以後，我們應該用這句話來形容一部偉大的作品，而「力透紙背」應該退休了。

所以，以散文和演講名聞美國的馬文．羅溫索（Marvin Lowenthal）才肯花工夫爬梳蒙田的作品，以選錄、整理和編輯的方式寫出《蒙田自傳》。蒙田的文字會流血，羅溫索不遑多讓，他是花心血，與蒙田文字的血匯整成這部作品。這部作品比《蒙田散文集》豐富與精采多倍，更是不在話下。

從這部自傳第十九章〈我的孩子〉這章中，我們知道，蒙田與妻子生了六個女兒，但只有第二個女兒長大成人，其餘五個都在不滿一歲時就夭折。這種「越挫越勇」的生孩子精神如果出現在臺灣人民身上，也許就不會有少子化之嘆了。

我想，蒙田也許因爲對孩子的親情比較無從發揮，就把心思轉移到友情，他在「我再也找不到的一個朋友」一章中，把自己跟摯友拉．波提之間的情誼描寫得入木三分，非常動人，尤其與好友死別的那幾段，是我見過的少數動人心弦的悼念傑作之一。蒙田在自傳的其他地方念念不忘拉．波提，有幾次都刻意提到他。

在同樣的這一章中，蒙田提到眞正的朋友是「一個靈魂在兩個身體中」，所以他們彼此不能借或給。他甚至指出，立法者爲了讓婚姻很像眞正朋友的神聖結合，禁止夫妻之間有禮物的贈與。難怪他在〈婚姻這個件要謹愼處理的事〉一章中要說：「一樁美好的婚姻——如果有的話——會排除『愛』的伴隨手和條件，努力讓『友誼』的伴隨和條件再度出現。」這簡直是把婚姻昇華爲友誼，能夠臻至這個境界者幾希？不過，我認爲，情人之間也應該做如是觀，這樣，情人（或夫妻）情人節不送禮物，就不會有「清明節燒假錢說眞話，情人節燒眞錢說假話」之虞了。

書中讓我心有戚戚焉的一個部分是，他幾乎不提當代名人或名著。在〈閱讀的日子〉章中，他就坦承「我不大會被新書所吸引，舊書似乎更有精髓」。經常在他筆下出現的是一千多年前羅馬的西塞羅、卡圖、辛尼加，以及希臘的蘇格拉底、柏拉圖、亞里斯多德，以及他很看重的《希臘羅馬英雄傳》的作者普魯塔斯。但他也不改坦誠的本色（他的坦誠下文會談到）對西塞羅的批評不假辭色。他先引用西塞羅的話說：「沒有一件事像追求學問那麼美妙，藉由此，大自然——天、地和海——被顯示給了我們。由於追求學問，我們才擁有過著快樂生活的方法。」但是蒙田接著說：「嚴肅的事實卻顯示，有數以千計小村莊家庭主婦過著比西塞羅更穩定、愉快和安靜的生活。」好在西塞羅不是蒙田的同代人，否則可　能演出文人相輕、撕破臉的尷尬場面。

蒙田重視古典名家，少提近代或當代名著，頗有「文必秦漢，詩必盛唐」之姿，對照臺灣翻譯作品趨鶩於當代暢銷書排行榜，置古典、經典著作於不顧，對西方名著的引進有斷層之虞，讓人覺得，很多人在這方面還不會爬就想飛。

蒙田不是一個坐而談的哲學家，而是一個行動派的實踐家。他在〈我在我的散文中發現了什麼〉一章中說：「但我最不算是寫書的人，我的正業是形塑我的生活……」他在此書最後一章〈我的人生哲學〉中指出，我們睡一整天，還勝過醒著面對善用一天的問題。他說：就算你醒著面對善用一天的問題，有了像阿基米德一樣的發現，又如何？這種行動重於言談或理論的精神，正是臺灣的名嘴所缺乏的。

由這種見解所衍生的另一種見解就是蒙田對俗聖和諧一致的想法。在〈我的人生哲學〉的同樣一章中，蒙田說：「但是我經常觀察到，超神聖的想法和凡人的行為之間有一種不尋常的偶合」，於是他引用了雅典人歡迎龐培到他們的城市的那則美妙的銘文：「你坦承你自己是一個人／所以你是個神。」最讓我折服的一句話是，「就算我們踩著高蹺而變得很高，我們還是用我們自己的腳走路。就算是坐在世上最高的王座上，我們還是用我們自己的屁股在坐著。」現今股票市場一片哀鴻，有人揶揄說：如今最有價值的股是屁「股」。根據蒙田的說法，坐在最高王座上，還是用我們的臀部，而「坦承你自己是一個人（有血有肉，包括臀部），所以你是一個神」，則這句揶揄股市的話似乎有幾分眞實。

蒙田在本書的〈我爲什麼什麼旅行〉一章中說：有人對他說：以他的年紀而言，長途旅行會永遠回不來，他回答說：「又怎麼樣，我出發並不是爲了要回來」，他說：「讓我們快樂地活在朋友之中，但讓我們凋萎人以及死在陌生人之中」，多麼豪邁。他又說：「衰老在本質上是孤獨的」最重要的是，他說：人的幸福是在於活得快樂，而不在於死得快樂。「我不會汲汲於把一位哲學家的尾巴——死得快樂——繫在一位浪蕩子的頭和身体——活得快樂——上面。這一切與中國人的「天意憐幽草，人間愛晚睛」，似乎有點扞格不入，但這就是蒙田。

蒙田說：有人認爲信仰即眞理，而眞理必須變得普遍——如果必要的話，藉由火與劍達成目標。這顯然是意指宗教戰爭。但蒙田卻認爲，信仰之爲一種眞理，只是一種猜測，爲了一種猜測而活活燒死一個人代價太高了。忘記哪一個人曾說：宗教是百分之十的相信，百分之九十的懷疑，此之謂乎？

蒙田對「時髦」的看法也有可觀之處。他在〈關於我的生理結構〉一章中說：「世界上所有的裁縫師都無法發明足夠的奇裝異服，來滿足我們的虛榮心……」他顯然認爲，時髦是虛榮心在作祟。他並非追求時髦的人，他說：「灑著香水的緊身上衣最先是會滿足我的嗅覺，但穿了三、四天後，受益的人不是我，而是別人。」我把最後這句話告訴我的妻子，她聽不出其中的諷刺意味，回答說：「這個人怎麼那樣自私，竟不讓別人受益。」

其實，《蒙田自傳》的最大特點是坦誠。雖然蒙田不會像盧梭那樣，認爲自己的自傳是「懺悔錄」，但其實有過之而無不及。雕刻家柴利尼（Cellini）在自傳中對於自己喜歡做愛總是有點保留。就這點而言，蒙田則是直言不諱，這是價值問題。蒙田以「反諷」的口氣說：「我們的責任是在我們創造出生命時很害羞，但知道如何毀滅我們所創造的，卻是一種榮耀。」其反諷之所在是，生孩子時（整本《自傳》中，「生孩子」也兼指「做愛」），我們都儘量不爲人知，但在毀滅所創造的人（如在戰爭中殺人）卻會是一種榮耀。蒙田在這本自傳中確實是「我手寫我口」，從不槓掉任何已寫出來的部分。他在〈我在山上的房子〉一章中說：「完全就像在席間閒談一樣，我喜歡機智，不喜歡學問；在床上，我喜歡美勝過善。」在〈腎砂與醫生〉一章中，蒙田說：有人提出忠告，在面對痛苦時，要緊繃上嘴唇，他則認爲，這種忠告純粹是賣弄，是看重姿態的演員和演說家的事。他說：就算生病時，我們的臉孔表現得很糟，也不是什麼大不了的事，「如果大聲叫，疾病似乎會消失……那就讓身體使勁吼叫吧」。簡單說：生病時不要顧面子。我想到錢鍾書說：女人化妝，要面子不要臉。如果生病時爲了面子忍著不叫出來，是不是像女人爲了面子擦了傷害臉的化妝品？

蒙因爲太坦誠了，所以他甚至坦承：「一般人以及較富有的人，都把多子多孫視爲很大的福氣。我跟其他人則認爲，沒有孩子反而有很大的好處。」這在四、五百年前是多麼先進的想法啊！

因此，女人方面他也不會諱言。他在〈我在德國和義大利〉一章中坦承，他最喜歡的消遣是看著街道兩邊窗中的女——特別是高等妓女。有一天晚上，他在一場舞會中頒獎，有一個女孩婉拒獎品，請求把獎品送給她指出的另一個女孩。但是蒙田沒有這樣樣做，因爲他一點也不欣賞這另一個女孩的外表。連這種事蒙田也大剌剌寫出來，我都爲他感到難爲情。其實，這是相當不容易的。他在〈我的人生哲學〉一章中說：「每個人都可能在舞臺上扮演一個個誠實的人角色；然而，要在百無禁忌、一切又都隱藏著的自己的胸臆中，去表現得很誠實——這才是困難之處！」但是，蒙田做到了。

我禁不住想把他的名字改爲「法蘭克」（Frank），因爲這個名字就是「坦誠」的意思。當然，「法蘭克」這個名字又讓人想起法蘭克．哈里斯（Frank Harris）的名著《我的生活與愛》（《年少輕狂》）。讀者千萬不要有非分之想，想要去看這本書。不要忘了，我這篇文章的名字是〈你知道《蒙田自傳》這本書嗎？〉。

陳蒼多

前言

我編寫這部《自傳》（*Autobiography*）所使用的資料有：一、蒙田的《散文集》（*Essays*）的較早和較晚的版本，以及「波爾多」版本（Bordeaux Copy）；二、收集在他的標準版作品集中的書信、序言和獻詞；三、他的義大利之行的《日記》（*Diary*）；四、他寫在波色（Beauther）的一本《星曆表》（*Ephemerides*）——一種家庭日記——之中的筆記；五、他寫在書房牆上的題詞，說明他要退隱的意向；六、各種各樣的商業文件；以及七、唯一不是直接源自他自己的言詞，雖然我的章節的名字使用他的語言，我是指德．若（De Thou）所記述的他與蒙田之間的一次談話，內容是蒙田與拿瓦瑞的亨利（Henri of Navarre）和蓋斯的亨利（Henri of Guise）之間的協商。除了《散文集》和《日記》之外，這些作品都早就絕版或沒有英譯本了。

在使用這些資料時，我試圖要實現蒙田想要爲自己畫出自畫像的計畫，雖然帕斯卡（Pascal）說：這個計畫「很愚蠢」，而伏爾泰（Voltaire）則說「令人愉快」。我從畫家的大型調色盤中我喜歡的任何地方取出一點色彩，有時只是沾一下。我毫不猶疑地到處選出一個段落甚至一個句子的片斷——其實不是要改變原貌，而是為了讓畫像清楚呈現原貌。因此，由於《自傳》包含了數以百計的段落，從非常不同的來源湊在一起，所以我應該警告想要訴諸法文的人：他們時常會對我將文章並列的舉措感到困惑。我不是在編纂，我不是在編輯：我是以舊的語詞構建一部新的作品，而這些文字並不是我自己的語詞。在很少數的情況中，尤其是在旅行日記中，我會改變時態，或用第一人稱來取代第三人稱。然而，我相信，我沒有背叛蒙田的想法或意向。

翻譯是根據「柯頓—哈茲利特」（Cotton-Hazlitt）版，但我在很多處做了修改，我必須讓柯頓和哈茲利特免除所有的責任。我之所以重譯，並不是因為我不滿意柯頓，而是因為我想要儘可能讓現代讀者滿意，讓他們讀到的內文在他們的二十世紀耳朵中聽起來，有點像蒙田自己在十六世紀的耳朵中聽起來的樣子。柯頓是在大約一六八五年完成了他那部名符其實的有名譯本。如果我把他的譯本描述為不合乎今日的英語言談——就算經過哈茲利特重新調整——那既不會是不公平，也不會表示忘恩負義。

我說「言談」是經過仔細考慮的。蒙田告訴了我們他對自己寫作的看法。他說：「我在紙上談話，就像我對所遇見的第一個人談話。」他那不拘禮、直接又有力的言詞讓人聽得最清楚的時候，莫過於當他談自己的時候。由於我的這本書大部分是由這種談話所構成，所以我再度希望，我只是在實現作者的意向：我放棄了柯頓，而我所寫出的東西，就像如果蒙田不是拿著一根鵝毛筆而是拿著一隻原子筆時，我認為他所會寫的東西。如果筆發出刮擦聲或染汙了紙，錯失當然在我。

確實還有另一個蒙田。當他的聲音揚起，談到人類的命運，或爲「寬容」和「公正」請命，他是**莊嚴的蒙田**——是唯一一位可以與莎士比亞（Shakespeare）的文字相媲美的散文大師。《自傳》（*Autobiogrephy*）事實上包含了兩個著名的段落，而我們可以確定，莎士比亞在佛羅里歐（Florio）的譯本讀過這些段落，然後將其轉化爲他自己的神奇詩韻。其中一個段落見之於我的「來自新世界的一個人」那一章，是描述巴西野蠻人的牧歌似社會，這個社會「沒有財富、貧窮或對僕人的需求。」這個段落再度見之於莎士比亞的《暴風雨》（*Tempest*）之中（第二幕第一景），在其中，岡札羅（Gonzalo）描述了一個完美的共和政體（commonwealth）。

另一個段落出現在我名之爲「我的宗教」的那一章，是法國散文的榮耀，開頭是這樣：「有誰已說服他去相信，天穹的這種美妙匹配……」我坦承，我們可以在《哈姆雷特》（*Hamlet*）中（第一幕第二景）讀到的莎士比亞的翻譯「雄偉的屋頂裝飾金色的火焰」，完全超越了佛羅里歐（Florio）、柯頓和我自己。

我希望本書會讓讀者看到如同在《散文集》（*Essays*）和《日記》（*Diary*）中作者的完整肖像，而不是我的大膽變動和剪輯。《散文集》的歷史悠久的翻譯有佛羅里歐和柯頓爲之，兩者都有很多版本。最好的現代翻譯本的譯者有E.J.崔奇曼（E. J. Tretchmann）（倫敦，一九二七年），以及雅可布·傑特林（Jacob Zeitlin）（紐約，一九三四年）。就編輯以及註解的豐富程度而言，後者是無與倫比的。就蒙田的旅行而言，我向讀者推薦《蒙田的義大利之旅日記》（*The Diary of Montaigae's Journes to Italy*），譯者是E.J.崔奇曼（倫敦與紐約，一九二九年）。

馬文．羅溫索

目錄

蒙田——

其人及其世界

1.*

我相信，米歇爾．德．蒙田（Michel de Montaigne, 1533-1592）跟活著和死去的任何人一樣，有很多話要對我們現今呈現分裂和為焦慮所苦的世界說：所以我很久以來就很想陳述他的生活、思想和時代。但我在越來越接近這個寫作計畫時，卻體認到，他其實已經發揮才華寫了自己的一生，而且寫得很好，可說無與倫比。那麼，由我來寫出這樣一個人的一生，會顯得很愚蠢又無禮的。

佛洛伊德（Sigmund Freud, 1856-1939）之前——也許以及之後——沒有人比他更了解人類行為的本源和形態。就我所知，不曾有自傳的寫作者或「自白」（confessions）的傳播者，比他更仔細地分辨眞實與表面。很顯然，除了蒙田本人之外，我跟任何人都不曾有一會的時間活在他的表面之中，更不用說活在他的眞實之中了。我十分願意接受他所說的這句話：「談到我已經寫及的某人」——就是他自己——「的生平，我是活著的人之中最了解他的一位。」

所以，我決定邀請他跟我合作。藉助於耐性和相當的努力，我讓他重新敘述自己一生的故事。

《散文集》的特殊優點及其大部分的迷人之處，畢竟是在於其作者所揭露的有關他自己

* 編按：原書無此標號，本書為與後文格式統一而標示。

的事。很不幸的是，在我們這個匆忙的時代中，很多試圖閱讀他的散文的人，卻感到困惑或受挫，因爲他的散文中有大量的題外話、引句和文學典故，也有非常混亂的部分以及變化多端的題材。除非讀者孜孜矻矻，否則他永遠不會發現，在冗長的段落之間隱藏著自述和「自白」，會讓柴利尼（Benvennto Cellini, 1500-1571）爲自己的矜持而臉紅，也會讓盧梭（Jean-Jacques Rousseau, 1712-1798）爲自己的蒙混規避而慚愧失色。

從雜亂的《散文集》，從《旅行日記》（*Journey*）、《書信》（*Letters*），以及其他來源中拼湊出一種持續的敘述，很像是在拼湊出一種鑲嵌圖案，幾乎包含了數以百計的碎片，結果是成就了有關這位現代最明智、也許是最可愛的人的一幅畫像。在象徵愚蠢和智慧的幾筆之中，每個讀者都將看出他們自己的臉孔的輪廓。

這並非偶然。蒙田之所以想要描繪自己，其部分的動機是他感覺到，他這樣做就是在描繪別人——因爲他知道「每個人在自身之中都承載著人性的全部狀態。」他很正確地認爲，凡是對他自己有用的事物，「也可能有助於某一個別人。」不僅只有愛默森（Ralph Waldo Emerson, 1803-1882）這個讀者在放下蒙田的《散文集》時，覺得是他自己寫了那本書，眞誠地講述了他的思想和經歷。而對我們大多數人而言，這幅畫像就是一面鏡子。

由於歷史的機緣，蒙田可能以另一種方式幫助了我們。我們現今願意認爲，他是以一種更適切的方式幫助了我們。他生活在一個跟我們時代有點相像的時代。他也看到了世界的崩解：他也面臨著「我們的眾人之死的值得注意的景像。」任何一個經歷了過去的二十年時光，或以先見之明沉思未來二十年的人，在閱讀我名之爲「在我的大門口的敵人」以及「多難的時代」這兩章時，都似乎會認爲，這位在法國南部某個地方寫作的作家，跟我們是同時代的人。

他爲他那個時代的文明危機所提供的解決方法，當今我們可能會加以排斥，視之爲在今日是沒有用或無關緊要——其實，事實是不是如此，將由歷史來決定，而不是由我們來決定。蒙田的世界的人經過了大約兩個世紀才氣喘吁吁地趕上了蒙田的常識。據說：我們這個世界進步得比蒙田的世界快。

但是，除了蒙田的直接的想法和信念之外，任何一個人在閱讀（或重讀）他的作品時，都會欣賞——也許不會很容易——他身上散發我們無法忽視的心態。他所創造的氣氛，在我們的動亂時代中，就像四百年前一樣，是一種吸引力、一種挑戰，以及對一些人而言，是一種令人迷惑的困惱。

二十世紀保守份子會很不喜歡他的大膽意見，會很不信任他對「不公正」和「背叛」的坦率攻擊，而激進份子則會輕視他的消極、容忍和懷疑。但我認爲，這兩種人都會在他的書中感覺到這個人在他的生命中所發揮的魅力。就像蒙田的十六世紀朋友們，如拿瓦瑞的亨利，這兩種人可能會有一會兒的時間——而我們活在世上也只不過是一會兒——爲他所誘惑而成爲正派的人。

我知道這種魅力所具有的力量，但遺憾的是，蒙田沒有敘述他的整個一生，也沒有像他一位朋友曾經建議的那樣，說出他時代的歷史。因此，對於非常好奇蒙田這個人的讀者而言，我有義務提供必要的幾筆肖像畫家省略的必要修飾。

他對於自己的那幅自畫像有很奇異的想法。讓愛說閒話的人們和歷史家們很沮喪的是，他相信，一個人的眞實生活並不是見之於他的行爲，而是見之於他的想法。他說：「行爲是涉及行爲本身，不是涉及我們」。另一方面，讓偷窺狂和心理學家們很高興的是，他有另一種奇怪的想法，他認爲，雖然一個人的行爲並不重要，但他的習慣和一時興致卻具很大的意義。所以我不得不談蒙田在君王之間的談判，而他自己則將談談他三餐都吃些什麼，以及他喜歡挖耳朵的習慣。

再者，蒙田是一個軍人，但是，除了簡單提到拉．費赫（La Fère）的圍城之戰外，他都不曾談到他的戰績的有關時間、地點或特性——請想像柴利尼（Benvenuto Cellini, 1500-1571）會流暢地談起某次戰役！然而，柴利尼偏好什麼繁衍後代的姿態呢？就這一點而言，蒙田是直言不諱的。這是價值問題。「我們的責任（duty），」他以反諷的口氣說：「是在我們創造生命時很害羞，但知道如何毀滅我們所創造的生命，卻是一種榮耀。」

部分因爲這些想法，部分也因爲他不曾動手寫出完整的故事——「持續的敘述是最違背我的風格的：我時常因爲氣不足而突然停下來」——所以有幾年的時間，他都沒有提到自己。然而在日常例行工作的進程中，這個人卻是絲毫不遮掩的。如今，我們對於鄰居的房子中所發生的事的了解，還不如蒙田地方的小丘上那間十六世紀城堡中所發生的事。跟大多數傳記主題不一樣的是，蒙田本人提供了當地色彩、人文趣味以及生動的細節，而傳記作者則必須提供事件和日期。

我們之中一些已遺忘或不曾了解文藝復興時代的法國的人，對一些這類事件的知識是不可或缺的。如果沒有這類知識，則蒙田的思想的完整意旨和影響力就不可傳了。事實上，我們對蒙田這個人的看法之所以有相互矛盾之處，很多都是源於我們沒有與他一起重溫他那個艱難的世紀和困苦的生活。

好幾代的不經心的讀者，他們在判斷一位作家時，是根據別人對這位作家的說詞，而不是根據這位作家對自身的揭露，他們把蒙田視之爲懶惰、多疑以及自私的老紳士，住在一座滿是書的象牙塔中，所宣揚的生活只適合錢包滿滿以及具隱士性向的人。十七世紀的這類讀者則認爲他是一個幽默風趣、愛說話、很古樸的男人。法國大革命後，蒙田頭上戴著一頂無邊便帽，接下來的波旁王朝復辟後，他脖子戴著一個十字架。擷取自他的《散文集》中的文章而編纂成的作品，他的頭銜則有很多樣，諸如「基督徒蒙田」、「享樂主義者蒙田」以及「科學家蒙田」。

我們當代的傳說對他的描述，很像一百年前人們對他的描述：一位道地的保守份子、一位斯多亞（Stoics）主義者以及一位虔誠的天主教徒，其複雜和混亂的心智幾乎時而會不經意出現一種開明想法——從一位業餘愛好者身上分泌出來。正直的學者和批評家，在苦於這些不同的觀點之餘，都一致認爲：這個不遺餘力來自我說明的人，是一個讓人摸不著頭緒卻使人著迷的人物。

然而，如果我們閱讀他所看到和經驗到的一生，我不是說分散在他的作品集之中的那些部分，而是我編輯成的那個流暢的整體部分，並且如果我們重新捕捉他所生活的世界，那麼，傳說、謎團和大部分令人困惑的成分，就會消失了。我們將會發現障礙並不在蒙田那裡，而是在我們自己。

他了解人的方法是努力了解他自己——「我在敘述一個像我一樣身體情況不佳的人時，同時就描述了別人。」就像他儘可能探蒙田自己的底，同樣他也認爲自己是在探每個其他人的底。但甚至當他在探測自己時，深度也變得更深奧，但從未到達底部。如此，他讓人看到一種不尋常的場景：一個人努力要呈現自己的整個心靈與性格，而在這種努力中顯露出最驚人的見解和欲望的多樣性。「其他作家是藉由外部的特性來顯示自己。我，是作家中第一人藉由整個生命來顯示自己，顯示自己之爲米歇爾·德·蒙田，不是之爲詩人、律師或文法家。」

至少，多樣性是驚人的，而這種景象對於那些不習慣檢視自己整體及其所有怪癖和癖好的讀者而言，這種觀點是很不尋常的。文學批評家和學者，即那些編織蒙田的傳說的人，很容易成爲這種類型的人。批評家的要務——一個有創造性的眞正批評家，諸如聖柏甫（Saint-Beuve, 1864-1869）——是讓自己的批評成爲一種完美的藝術作品。學者的職責是要把研究對象視爲客體，要用一隻預防性的筆來處理它，謹愼地保護它，不被自己的個性所入侵。對這兩種人而言，一種矛盾或一種晦澀難解就會成爲令人討厭的事物。批評家爲了讓自己的批評表現得比較好，會忽視它；而學者則只能以巧辯的方式來證明他的存在是合理正當的。這兩種人基於他們心智方面的習慣，在評斷蒙田時，都無法使用蒙田評斷他人的方法。

然而，如要正確地評估和評斷他，我們只需要評估和評斷我們自己。我們也許無法以這種方法處理他的所有矛盾，但我們卻會很容易將他的矛盾和我們自己的矛盾加以比較。我們將會發現，人的晦澀難解和不易捉摸是我們人類所共有的。如果蒙田是個謎，那麼我們也是。「我抱怨，」他說：「世人並沒有想到他們自己。」一旦他們想到他們自己，他們就不會那麼容易抱怨他了。

然而，他的難以捉摸時常是故意的。他說：他有理由以混亂和不完全的方式說話。他警告我們說：他的文字有時承載著弦外之音，只給那些能捕捉他的意思的耳朵聽。任何人只要看一看自己所居住的世界以及他的生活的環境和危險，就會明白他的理由了。一旦我們知道這些理由，我們就會有很穩固的基礎來評估他的「保守主義」。

我們可以舉一個現代的類似例子，想像自己在閱讀一本散文集，是出現於當今的德國。在書中，作者告訴我們說：他忠於政府和國家（*Staat*），然而，當他這樣說的時候，卻吐露出一百句話，暗示他完全不贊同納粹教條和行爲，並且爲了確定起見，要我們讀出言外之意。此時我們是要藉由整本散文，還是藉由那一百句話來評斷作者呢？

2.

蒙田生於一五三三年，是拉伯雷（François Rabelais, 1493-1553）出版了《巨人傳》（*Pantagruel*）的那一年，也是伊拉斯默斯（Erasmus von Rotterdam, 1466-1536）去世前的三年。歐洲仍然充滿希望，因爲哥倫布發現了美洲，人們重新發現了古代，而藝術、科學和工業方面有了巧妙的創新，加上對宗教改革進行了新奇的嘗試。有一個梳毛工人在莫城（Meaux）被活活燒死（一五二五年）——法國宗教改革的第一個犧牲者。但活燒時的煙幾乎掩蓋不住新的黎明。

蒙田的父親皮爾·伊奎姆（Piene Eyquein de Moutaigue, 1495-1568）捕捉到文藝復興之火，從義大利帶回大膽的教育觀念，在他的家中散發出最新的學識之光，並且空氣中幾乎透露出象徵喜悅的氣息，讓嬰兒時代的蒙田領悟到音樂的曲調——是在「德廉美修道院」（Abbey of Theleme）中迴響著的曲調。然而，嬰兒蒙田在搖籃中與音樂一同躍動的同樣那些早晨，有大約四十名法國人邁著軍步走向火葬梳毛工人的柴堆（一五三四—五年）。

蒙田有關祖先的敘述是純粹文藝復興式的——一種誇耀以及一種小謊言。他以隨意的方式讓我們相信，「蒙田堡」是他「大多數」的祖先誕生的地方，而父親是被埋藏在「祖先」的墓穴中。事實上，他的父親是歷代祖先中第一個出生在那裡以及唯一埋葬在「祖先」之家的人。

「我的族人，」蒙田寫道，「從前的名字是伊奎姆。」從前？他一生超過一半的時間都以

「伊奎姆」爲名，他父親去世後，才放棄這個名字。甚至有時在《散文集》中，以一本正經的幽默方式，嘲笑那些以自己的地產之名爲名的人，也嘲笑那些買家庭飾章的暴發戶。然而，在他出生不到六十年之前，他那位身爲一般中產階級的曾祖父，才從另一位中產階級那裡購買了小領地、頭銜以及也許蒙田的盾徽（一四七七年）。

蒙田提到這些叫伊奎姆的人，並保有他們的紀念品，也知道有關他們的事——他很準確地提供了他的曾祖父出生的日子——但卻沒有去描述他們。他們是誰呢？約瑟夫·史卡利格（Joseph Scaliger, 1540-1609）是一個博學的學者，也是當時一個愛說閒話的人。史卡利格認爲，當他說伊奎姆家族是從事青魚交易的人時，他是在散播誹謗的言詞。其實，伊奎姆家族就是從事青魚交易的人。我們大可以重複那句古老的諷刺語：蒙田沒有什麼可以失去的，而買賣青魚的人很有利可得。

曾祖父雷蒙·伊奎姆（Raymon Eyquem de Montaigne, 1402-1478）生於一四〇二年，是富有的波爾多（Bordeaux）商人，從事青魚、粉蠟筆和酒的買賣。他和他的家人都與波爾多的頂尖中產階級通婚。他們身後的情況不是很確定：可能雙親有英國人血統（英國在一四五三年之前統治法國南部的基尼〔Guienne〕），可能祖先是「伊奎姆堡」從前的高貴業主，在當時仍然屬於高貴類型的人，或者可能脫離很久以前的農奴狀態而發跡了。

雷蒙的兒子格利蒙田（Grimon Eyquem de Montainge, 1450-1519）積了家庭的財富，增加了房子和土地方 面的財產，使得蒙田的父親皮爾能夠免於成爲商人。

皮爾．伊奎姆是「蒙田地方的鄉紳和領主」，他獲得殊榮是歸因於他在佛蘭西斯一世（Francis I）統治下從軍而獲得低層貴族的頭銜。有超過二十五年的時間，他在波爾多的不同公家機關服務：院長、終生法官（jurat）、副市長，最後是市長。雖然他繼續使用波爾多的家庭宅第從事酒的交易，但他卻是第一個專注於位在多爾多尼（the Dordogne）山谷的地產的人，也實際上重建蒙田所出生的城堡，並且著眼於政治環境的不良而強化了這座城堡。

總之，伊奎姆家族就像聖女貞德（Joan of Arc, 1412-1431）打勝仗以來的法國一樣一路發達起來。說出名字，「米歇爾」就是成功的保證。

關於母親，蒙田隻字不提。然而，他的母親終生跟他生活在同樣的屋簷下，比他多活了很多年。他的緘默也許沒有什麼意義，因爲他不願寫及他的活著的親戚和朋友。他所敬仰的父親以及他的喜愛之情勝過兄弟的朋友拉．波提（La Boétie, 1530-1563），都在他還沒有寫出他的愛慕之情之前就去世了。但就他的母親而言，可能有其他原因。

他的母親血統上是猶太人，出生時名爲安東妮特．德．羅培斯（Autoinette de Louppes, c.1514-c.1601），父母是土魯斯（Touloase）和波爾多家庭的改教猶太人，原是一大群西班牙難民中的一部分，一四九二年西班牙建立宗教裁判所（Inquisition）、驅逐猶太人之後，定居在庇里牛斯山（Pyreuees）北邊。她改信新教，她的兩個孩子——蒙田的一個弟弟和一個妹妹——也同樣信了新的宗教。

蒙田的猶太血統引起了人們普遍的猜測。人們隱約推測，猶太血統造成了他的喜歡沉思、不安定、對暗示的敏感、謹慎，甚至是寬容和懷疑，都歸因於此。當然，把這些特點歸之於他個人的性格，歸之於他所謂的「主要形態」，是過分簡單化了。然而，如果要把這些特點歸之於別的因素，將之追溯到他家庭的氣氛會更合理。這種氣氛讓家庭成員在宗教信仰上顯現極端和強烈的差異，但不會破壞家庭的「兄弟般的和諧」。其實，蒙田對這種和諧感到自豪是非常有道理的。他曾不經心地講了一句話：「一旦宗教成爲我們爭鬥的藉口，則甚至你自己的親戚也可能表面上很有正義，卻變得不可信賴。」這句話的重點是源於家庭出現了無數次戲劇性場面。從皇室以降，各個家族都會在各方面分裂成敵對的派系。拿瓦瑞的亨利（Henri of Navarre, 1553-1610）告訴我們，兄弟和表兄弟習慣以眼睛的餘光注視對方，袖中藏著匕首。

在家中以及在學校中，蒙田都浸淫在一種新奇的氣息中，也就是整個文藝復興的氣息中。窮苦的農人們爲他施洗，童年在一間村莊小屋度過，他和整個家庭的人都接受拉丁文的高度原創課程，他父親會有瘋狂的念頭，這一切就足以鼓勵他表現出開放的心胸以及表現出質疑習俗和習慣的能力。

他想必遲早聽到了那些時常光臨父親的房子或在學校教導他的學者們的言談。那個把那本色彭（Raymond of Seboud, c.1385-1436）的作品給了他父親的皮爾．布內爾（Perre Bunel），被懷疑是信仰新教（Protestantism）。蒙田接受正式教育的那間中學的校長安德里亞斯．果文納斯（Andreas Goveanus），以及這間中學的很多教師，都跟他母親一樣是猶太裔。他的一位老師，即蘇格蘭詩人布恰南（George Buchanan, 1506-1582）把自己逃亡國外一事歸因於自己被指控有喀爾文主義（Calvinism）色彩。另一位老師，即演講家穆霄（Sebastian Castalio, 1515-1563）太溫順了，爲了思想自由而失去社會地位，因讚美「聖巴索羅繆大屠殺」（Massacre of Saine Batholomew）而贏得喝采。卡斯塔利歐（Marc Antoine Muret, 1526-1585）是「値得尊敬」的學者之一，蒙田知道他餓死後，心中很難過，他本來可以救這位學者的。原來，這位學者在一五五四年因發表一篇贊成寬容的文章而被天主教徒和新教徒所放逐。

基尼中學（the College of Guienne）很出名的學生中包括了佛伊克斯伯爵（the Count of Foix）的三個兒子，也是拿瓦瑞家（the house of Navarre）的表兄弟和眞誠的朋友。在後來的幾年，蒙田促成了其中一個兒子的婚姻，把自己論教育的散文獻給他的年輕妻子狄安妮．德．佛伊克斯（Diane de Foix, 1540-1587）。他與小他二十歲的拿瓦瑞的亨利有多層交往關係，也許都是源於他與佛伊克斯家庭的親密關係。

蒙田在完成基尼中學的課業後，就開始研究法律。然後，他在二十一歲時，父親爲他買得一個地方法官的職位。就像蒙田所抱怨的，在那個世紀，法官買職位，而訴訟當事人則買法官審問案件的權利。他先在培希古歐克斯（Périgueux）地方新設立的國王法庭「稅務法庭」（Cour des Aides）中服務。這個法庭在幾年後廢除，他被調到波爾多的「議會法庭」（Cour de Panlement）。這是那個地區最高的法庭，就其成員的特性而言，也是法國最傑出和有影響力的法庭之一。

這些法庭不只是司法機構。它們有特權在皇室的詔書還沒有成爲有效的法律之前就把它記錄下來，所以發揮相當大的力量。事實上，洛必達總理大臣（Chancellor L'ttospital, 1506-1573）抱怨說：「議院法庭，特別是波爾多的那一間專注於政治事務，甚於司法事務。」宗教的犯罪以及源於其中的所有暴力，同樣都是這些法庭所管轄。蒙田在成爲波爾多「議會法庭」的一員時，人們都被判罰款、監禁以及因宗教原因而被判處火刑，暴動受到壓制和懲罰。

他擔任這個職位一直到一五七〇年他的父親去世，他把職位賣給童年的一個朋友。他在這個職位上總共待了十五年，但有多次缺席。然而，除了在一本家庭日記中提及之外，他不曾提到任期，很少提到期間的個人經驗。只不過，基於不同理由——他在有關律師、法官、訴訟程序、刑求、死刑的見解中清楚說出了這些理由——他顯然像不看重鯡魚一樣不看重法律。

同時，整個世界正在扮演完成他的教育的角色。二十二歲時，他陪伴當時身爲波爾多市長的父親到巴黎做正式訪問。這是他多次久待巴黎的第一次，而這個城市比所有其他城市更贏得他的愛。「正是巴黎，」他寫道，「才讓我成爲法國人。」他也從羅浮宮的神祕到「小橋」上的潑婦的罵聲中認識了巴黎。

兩、三年後，他遇見爾提尼．德．拉．波提（Etienne de la Boétie, 1530-1563），也是波爾多議院的一員，蒙田與他交心是在別人身上看不到的。拉．波提是一個富有的年輕人，誕生於沙爾拉（Sarlat）（一五三〇年），在奧爾良大學（Uaiversity of Orleans）精研法律和文藝復興方面的學識：是一位認眞和上進的文學家、政治思想家和法官。

這兩個年輕人以古典的學問裝飾他們的友誼，以彼此惺惺相惜的眼光展示他們的友誼。然而，一旦我們逐漸了解此段友誼在他生命中的影響力——幾乎每一種想法或每一個事件都促使他回歸到拉．波提身上——我們就意識到，此段友誼幾乎不具文學成分。蒙田「永遠在談論這個朋友的葬禮」，讓他變得不朽；只有「知道這種友誼多麼珍貴」的人，才能眞正衡量這種友情的強烈。

從拉．波提寫給他的這位朋友的拉丁文「諷刺詩」（satires）中，我們知道了一點他們之間的關係：蒙田是知識分子，而拉．波提是他們的共同生活的道德導師。這位來自沙爾拉的嚴肅年輕法官很直率地訓斥了蒙田一番，因爲蒙田與女人私通，遺棄智慧女神雅典娜和太陽神阿波羅，轉向繫著柔軟腰帶的愛神維納斯。

就算拉．波提的「諷刺詩」很誇張，我們經由一個朋友的眼中所看到的蒙田，也與他自己對自己年輕時的看法有很大的不同。「我唯一的惡習（vice），」蒙田認爲，「就是懶惰和缺乏勇氣——危險之處不在於我會做錯事，而是在於我什麼都不做。」拉．波提則持另一種看法。「你這個賦有——我們這些你的朋友全都知道——無論是賦有很大的美德還是很大的惡習的人，你將會更加辛苦地奮鬥。」拉．波提又坦誠地補充說：成功「將會讓我心中充滿喜悅——以及驚奇。」

這些詩之中透露一種奇異的熟悉語氣，是在朗沙德（Pierre de Ronsard, 1524-1585）的超然的美或甚至在杜・貝雷（Joachion du Bellay, c.1522-1560）的個人哀嘆中所聽不到的。拉・波提比這些詩人年輕，並意識到那聚集在新時代之上的汙點，他談話的樣子已經像是失落的一代。

「你有什麼看法呢？」他問蒙田，「關於讓我們誕生在這個時代的可怕命運，你有什麼看法？還有你決定要怎麼做呢？我的國家在我眼前毀了——但爲何要攪動它那奄奄一息的灰燼？我自己只看到一條路，就是移居國外，放棄我的家，到命運之神帶我去的任何地方。諸神之怒長久以來未就警告我要逃走——並爲我指出大洋之外的那些巨大和開闊的土地。我們置身在我們這個世紀的門檻上，當一個新的世界從浪中升起，諸神——我們大可以相信——註定它是一個避難所，人們將在更美的天空下耕耘自由的田野，而殘忍的刀鋒和一場可恥的瘟疫則注定了歐洲的毀滅。那裡有肥沃的平原等待著犂，是一個沒有界限或主人的國度——我要去的就是那裡。」拉・波提和蒙田是要成爲還看不見的曼哈頓村莊（village of Monhattan）的放逐者？——還是我們要稱呼他們爲客廳式先鋒人物（parloun pioneers）？

但是蒙田並沒有這樣做，他在整個一生中都預示了逃亡的凶兆，但當房子一間間在他四周倒塌，他卻堅守陣地，「表現快樂而堅定，」門開著，看門者便站在門口。至於拉・波提，他不久就登上船——但置身在一片未知的海上。

拉・波提所預見的刀鋒和瘟疫，在新教興起時很快就出現了。「如果任何事物會引誘我的青春，」蒙田後來寫道，「那會是我立志涉入這種新事業的冒險和危險。」他的青春所可能聽到的這些冒險和危險是什麼呢？

他十歲時，「善良」的馬羅特（Clément Marot, 1496-1544）因爲把《詩篇》（*Psalms*）譯爲法文而被驅離巴黎。當時最傑出的哲學教授皮爾．哈穆斯（Pierre Ramus, 1515-1572）則被禁止批評亞里斯多德，新教徒也在一五七〇年禁止同樣的這位哈穆斯在日內瓦任教，而在兩年之後，天主教徒藉「聖巴索羅繆大屠殺」的機會謀殺了他。蒙田離開基尼中學的那一年，爾提尼．多雷特（Etienne Dolet, 1509-1546）因多神論者罪名在巴黎的毛伯特廣場被處以火刑。蒙田二十六歲時，曾爲拉．波提的老師的杜．伯格（Du Bourg, 1521-1559）也同樣死於火刑。在波爾多較靠近他家的地方，有兩個年輕人於一五五五、六年在火刑中喪生。在蒙田身爲議院一員時，一個商人於一五五九年被判火刑。一五六一年又有六位受害者遭遇同樣的命運。之後，吊刑和火刑在法國就無計其數了。

我們可能已經忘記而蒙田不可能忘記的是，冒險並非全是一方面的。談到堆積火刑的柴木，新教徒跟任何人動作一樣快速。當蒙田和宗教改革運動都還年輕的時候，喀爾文（Jean Calvin, 1509-1564）放逐了卡斯塔利歐，讓他遭受挨餓之苦，因爲他否認「神之預先安排」的教條（一五四四年）。他也處死賈克斯．格魯特（Jacques Gruet, ?-1547），因爲他寫了一本書，其實這本書不曾存在（一五五〇年）。色維特斯（Michael Servetus, 1511-1533）被註定在日內瓦（Geneva）遭受火刑（一五五三年），瓦倫丟斯．簡提利斯（Valentius Gentilis）在伯恩（Berne）被處以火刑（一五六六年）。在英國人——他們改信宗教之舉讓蒙田很「受傷害」——統治之下，有五個天主教徒在火中化爲煙。艦隊總司令柯利格尼（Gaspard II de Coligny, 1519-1572）是法國新教徒的偶像，也是「聖巴索羅繆大屠殺」最著名的受害者；「最令他痛苦的事莫過於流血」，但他在培利果德（Périgold）地方殺死了兩百六十名囚犯。

問題也不限於教條和儀式。雖然宗教改革的理由和狂熱是源於信仰的問題，但其實根源是嚴重的經濟和政治弊病，並且必然成爲努力追求金錢、特權和權力的機會所在。

新教徒爲了實現他們虔誠地提議以及視之爲眞實的救贖之路的宗教改革，強迫佔有——天主教徒稱之爲「沒收」——部分屬於國家的教堂和教堂收益。他們必須廢除——天主教派稱之爲「破壞」——修道院、修道會及其財產。他們必須確定他們的禮拜儀式的安全而攻佔城鎮堡壘——天主教徒稱之爲「暴動」——並贏得政府之中的權位——天主教說是「陰謀」以及「篡奪」。據與蒙田同時代的波亭（Jean Bodin, 1530-1596）的估計，做爲最大份額之一的教會財產佔王國財產的一半以上。

在這種情況下，「政治」和「貪婪」很快支配了整個論點。努力要燒死數以百計法國新教徒的亨利二世（Henri II, 1519-1559），敢於幫助德國新教徒反抗他的敵人查理五世（Charles V, 1500-1558），代價是接受托爾（Toul）、基茲（Metz）和維當（Verdun）三個地方。蓋斯家族爲了突現覬覦王位的心志，接納了天主教的目標，而波旁家族（Bourbons）則接納了新教的目標。然而一旦迫於野心，蓋斯的佛蘭西斯（Francis of Guise, 1519-1563）卻可以與新教的伍登堡（Würtemberg）進行交易，他的弟弟洛林的紅衣主教（Charles de Lorraine, 1524-

1574）則可以跟奧斯堡（Augsburg）的教會團體眉來眼去。當拿瓦瑞的安東尼（Antony of Navarre, 1518-1562）面前有一小塊西班牙領土唾手可得時，他就很自得地拋棄了新教徒。柯利格尼全力與西班牙的佛蘭德斯（Spanish Flanders）作戰，爲的是緩和國內人民的內鬥——這是蒙田很恐懼地看待的那種機會主義者戰爭。那些著眼於一個省、一個城市、一個城堡或甚至鄰居的一個寓邸的較小群體，爲了維護或反對私底下讀聖經和公開悔罪的權利而濺血。

目前爲止，每個自私的弦都被觸及了——除了社會的弦。上自貴族，下至農人，社會階級都失和了，其可怕的情況一如任何個別的家庭中的情況。看來是沒有機會或希望——就算曾經有——藉由社會力量的一種變動，而臻至和平與統一的境地了。

前途是完全黑暗的，因爲兩方都沒有強烈的欲望想要追求容忍或對彼此的了解。甚至那些做如此努力的人，例如凱莎琳·德·麥第奇（Catherine de Medici, 1519-1589）和她的總理大臣洛必達也認爲，充其量這只是拖延時間的方法，除非特倫托宗教會議（Council of Trent）或某一個全國性的法國會議，想出適用於所有人的可接受和具強迫性的單一信仰形態。任何的少數群體——猶太人、再洗禮派教徒、無神論者等等——就算並不會經常沒有武裝，也應該在社會中獲得一個安全的地位。但這個想法讓天主教徒和新教徒都感到厭惡。

對於一五六〇年後的十年間生活在法國的任何人而言，如果他對預言感興趣的話，這段時間想必是一如耶利米（Jeremiah）的先知出現的成熟時機。基於人性的，最終幫助這世界恢復理智的力量，並不是那令人憂傷的長篇訓斥，也不是尖酸的詛咒，而是一座塔中的一個矮小人兒——蒙田——的微笑，以及他對於自己的不完美暗中表現的天真的沉迷。但我必須補充說：這世界是要在深深品嚐到戰爭的徒然之後，才會恢復理智的。

3.

一五五九年，蒙田人在巴黎，由於不喜歡法律，他可能在探測從政的機會。他陪伴佛蘭西斯二世（Francis II, 1544-1560）到巴勒迪克（Bar-le-Duc），在那兒注意到西西里雷尼國王（King Réne of Sicily, 1409-1480）的一幅自畫像。他在從政方面所進行的探測似乎沒有什麼結果。但這幅像在他心中徘徊、萌芽。

波爾多的議院於一五六一年派遣他回到巴黎，他所要辦的事涉及到基尼地方的宗教事務。一五六二年大部分的時間，他都待在首都，一共十七個月，我們無法說他是否進一步在探測從政的機會。但僅僅事件的進展就足以清楚看出他是一個旁觀者，對政治有好奇心，有機會接近宮廷，並對國家的福祉表示關心。

在這兩年之中，即一五六一——二年，法國的命運被決定了。佛蘭西斯二世去世，即位的是十歲大的查理九世（Chavles IX, 1550-1574）。大眾被允許參加在波伊希（Poissy）舉行的大型神學會議——歷史家將之描述爲一齣「喜劇」。同時，競爭的黨派在背後角力，試圖控制「攝政王后」凱莎琳·德·麥第奇，而她本身也是角力的好手。

凱莎琳和總理大臣洛必達——少數不依賴黨派的人士之一——在一五六二年一月發布了表示不完全容忍的詔書，認爲如此就可以結束角力。這份詔書並沒有效果，就像對於還未動過武也還不曾厭惡流血的人那樣沒有效果。新教徒對於自己幾乎沒有特權感到很失望，而天主教徒則對於給出了特權很生氣。瓦希（Vassy）地方發生了一次屠殺新教徒的事件。新教徒在驚慌之中攻佔了十幾個城鎮，而天主教徒則挾持了王室。國家陷入三十六年的內戰，只有短暫的停息。

同時，我們這位擁有好奇心和野心的旁觀者，正贏得「王后」的友誼，並對政治陰謀有深入的見識。蒙田在兩次的事件中出現。他在洛必達的詔發布後，於一五六二年七月出現在巴黎的議院之前，以波爾多的議院一員的身份順應了要求，宣誓忠於天主教。由於他是在回到波爾多之後才需要做此宣誓，所以很多人針對他表現的輕率熱心做了很多徒然的猜測——之所以說徒然，是因爲他的動機不再爲人所知。無論是在那時或在他生命中的任何時候，他心中確實不曾懷疑自己對於天主教和天主教的狀態的忠心。他對於「容忍」的要求和呼籲，其長處是在於他順從已確立的秩序，這一點我們以後會知道。

同一年，蒙田陪伴宮廷中的人以及仍身爲男孩的國王到盧昂（Rouen），那是盧昂被天主教徒攻克之後，而這是戰事的初期戰果之一。在那裡，他跟來自巴西的蠻族首領有過奇異的談話，並且以他平常的迷人微笑讓人了解到，他無法了解爲何窮人繼續容忍富人的殘酷和不公。

一年之後，他坐在臨終的拉．波提的床上。他向父親敘述這位朋友的最後時辰的那封信，是他親手寫出的現存最早文字佳作。之所以是「文學」，並不是因爲它使用一種設想出來的文體，而是因爲它記錄了一個人的精神——一個「古老類型的靈魂」。蒙田感覺到，一種古代的美德隨著他的這位朋友而消失。不僅他的言詞，並且他的生活，都顯示出，他自己的青春隨著拉．波提而埋葬了。不再有在「新世界」中耕田的夢想，也不再有藉由無私的公職服務去匡正「舊世界」的夢想。

在做完最後一次愛——我們猜想這是他年輕時最喜歡的娛樂——之後，他同意結婚了。波爾多一位法官同事的女兒芳思華．德．拉．恰賽格尼（Françoise de la Chassaigne, 1545-1627），爲他帶來了可觀的嫁妝。雖然他在婚姻的主題上不會緘默不言，但是，他在提及妻子時，卻表現出他在談及母親時所堅持的幾乎同樣的保守態度，因此引起了猜測性的閒言閒語。無論如何，這兩人的結合符合了蒙田對於快樂婚姻的一般性定義：看起來是一樁快樂的婚姻。

只要一個人好奇，想知道蒙田身爲丈夫的「心境」，都可以去參考佛洛利蒙．德．雷蒙德（Florimond de Raemond, 1540-1601）的說法。他是繼承蒙田在波爾多的議院職位的朋友。「我時常聽這位作者說，」雷蒙德在他的蒙田《散文集》的一頁空白處寫道：「雖然他在仍然充滿愛、熱情和青春氣息的時候娶了一位美麗、迷人的女人，但他在接近她時卻表現出夫妻關係所要求的敬意和體面，只看到她的手和臉，甚至沒有看到她的胸——然而對於其他女人，他卻表現得夠魯莽和放蕩。」

他結婚三年時，父親去世（一五六八年），留給他「蒙田爵士」的頭銜和很多財產。父親和母親之間訂有精緻的婚約，讓母親在城堡中擁有一個家，以及她習慣享有的所有舒適，外加「兩個女僕和一個男人」的服侍，以及「一年一百土耳納銀幣」的零用錢。

有一個妻子、一個母親、兩個妹妹跟蒙田住在一起，加上他自己不喜歡管家事，完全忽視家事，就這樣努力安頓下來，過著鄉紳的生活。他對於書的喜好快速增強，把書庫設在一座塔的古老雜物房中，「距離遠，還要爬梯階。」

在這之前，他已經應父親的要求，完成了雷蒙·色彭（Raymond Sehond, c.1385-1436）的《自然神學》（*Natural Theology*）的翻譯。這本書是以通俗易懂的方式寫成，以理性主義者的觀點護衛基督教。此時他準備要在巴黎出版此書（一五六九年）。色彭根據基督教教條所提出的論點，激勵蒙田花很長的時間詳細檢視人類的信仰，以及其難以預測的變化與限制。

就像他所說的，他是「一個不預先思考的哲學家」，但這件工作對他而言並非是超然和抽象的工作。儘管有各種信仰存在，但在他的門外卻有男人和女人瀕臨死亡、法國瀕臨死亡。他研究人心的本性，沉思人的性格，他自己的思想在摸索中成長，這一切花了幾年的時光，每年都由不幸的事件彰顯出來，包括鄰人、朋友和同胞的死亡，房子的坍塌，以及殘酷、無政府和貪婪的氣焰的興盛——全都是教條的後果。十年之後，他的結論出現在他最長的散文《雷蒙·色彭的辯解》（*The Apology of Raymond Seboud*）之中，自成一本書，成爲他一生作品的核心和主調。

一五七〇年，他從議院退下來，前往巴黎監督拉．波提的文學遺稿的出版，遺稿包括詩、翻譯，是一位年輕作家伏案寫作的片斷。但他的這位朋友所寫的唯一重要作品，蒙田卻扣住沒有出版。他的說法是，他認爲作品的精神「太雅緻和精美，不適合暴露在現今冷酷的氣息中。」這些雅緻的佳作之一是那篇論《論自願的奴役》（*Voluntory Servitude*）的散文，是以共和精神攻擊國王的獨裁。另外一篇精美的作品是一篇回憶錄（寫於一五六二年的「詔書」發布的時候），斥責天王教的弊端與暴力之爲宗教改革的本源，以大部分是政治的理由譴責對於不只一種崇拜儀式的容忍，並提議藉由消除教會的弊端和改革其儀式的很多特點，以恢復和平與統一。「雅緻與精美」——蒙田的讀者最好在開始時就知道，諷刺家準備了什麼字彙在等著他。

短暫的和平緩和了冷酷的氣息。在政治舞臺上，新演員正在扮演主角或爲扮演主角進行訓練。年輕的「拿瓦瑞的亨利」（Henri of Navarre, 1553-1610）此時是法國新教徒黨的首領，柯利格尼是智囊，而天主教派系是由年輕的「蓋斯的亨利」（Henri of Guise, 1550-1588）所領導。凱莎琳跟平常一樣，精明又冷靜地爲只忠於她自己的黨運籌帷幄。

在聖傑門的會堂以及羅浮宮中，蒙田發展出與「拿瓦瑞的亨利」和「蓋斯的亨利」之間的友誼，但沒有疏忽凱莎琳。法庭生活和爲國家服務對他而言具有一種吸引力，是他永遠無法消除的。這種吸引力甚至爲他帶來了獎賞。這一年結束之前，他收到爲人垂涎的勳章，成爲一位「聖米契爾勳章的騎士」，這也是國家最高的勳章，只不過他以嘲諷的口氣說：它正快速變成最常見了。他又被指定爲「國家待客室常任侍從」。

但他以尖酸的口氣詳細告訴我們說：他儀態單純，性格正直，這代價太大了。根據他的描述，他在宮廷的行爲、他對政治和政府的態度、他服侍顯要——大人物——的方法，足以寫成一本關於「如何不在公職生涯中成功」的完整手冊。

他的同時代的人之中很多具有政治頭腦的人，以後都讚美他具健全的判斷力。這種判斷力也可能讓他微微意識到未來極「冷酷」的氣息。「聖巴索羅繆大屠殺」發生還不到一年。他發現，撒謊、背叛和屠殺對公共事務而言是不可避免的，因此也是「必要」的，「但是我們要把它們留給比較會順從和比較會服從的人去處理。」

4.

他是把這些留給這些人了，也把巴黎、宮廷和世界的事務留給他們了。他永遠退隱到他的城堡和他的書之中，或者他這樣認爲。他開始爲自己和未來的世代創造出有關象牙塔中的紳士的傳說。

爲了證明自己的那些很確定的意向，他就在書房的壁爐上方寫下了知名的題詞：「一五七一年三十八歲，米歇爾·德·蒙田，長久以來厭倦了法庭服務以及公職服務，投身於博學的懷抱中，如果命運允許的話，他可以在那兒的安靜和免於所有憂慮的情況下，度過所剩的一點點時間：上天賜給他的時光現在已剩下不到一半……」

蒙田把這位寫出上面銘文的作者介紹給我們，說他是寫散文時值得學習的藝術家。這位藝術家在門口的上方畫了一幅船難情景，畫中有生存者痛苦地掙扎著要游上岸。霍拉斯（Horace, 65-8 BC）的一首詩指出，這個情景是象徵逃離愛與世界的危險。

關於那座古老的城堡，只有那座塔留了下來，爲我們描述它的主人。但在那些日子裡，一間房子反映出擁有者的一時想法甚於反映出室內裝潢者的一時想法。所以我們可以確定，書房中遺留的壁畫對於蒙田而言是有其意義的。戰神和愛神爲火與鍛冶之神所突襲的那幅畫，是源自奧維德（Ovid, 43-17/18 BC），就算不會讓人想起其他事，也會認人想起童年時迷住蒙田的第一本書。客蒙（Cimon）的女兒看護父親，暗示蒙田對於父親的愛——幾乎是一種崇拜。門口甚至對一個「矮子」而言也太低了，而他對於自己身材矮小所表現的溫和的敏感，濃縮在他銘刻於門楣上方的一個字之中：「簡短」。他大方地展示自己的飾章以及聖米契爾的勳章，讓我們想到他的虛榮，而他的虛榮就像他的身材一樣，促使他嘲笑自己。

書庫本身毗鄰書房，藉由一則正式的銘文獻給拉．波提，因爲拉．波提的書此時就在書庫的架子上。天花板的樑柱保留了大約五十四則銘文，這些銘文是他自己所選，所以都代表了他這個人。他習慣坐在裡面，背靠著房間中唯一一道很直的牆，看向桌子對面在他面前蜿蜒的「千卷書」。

這些銘文格言主要取自古代的懷疑主義者和聖經，表達了人類理性的虛榮或「只把捉可及的事物」的智慧。其中有大量聖經引句，但沒有一個段落讚揚宗教信仰或虔誠。《傳道書》（*Ecclesiasters*）占大宗，甚至以賽亞（Isaiah）和聖保羅（Saint Paul）也被用來彰顯哲學性的懷疑。兩根橫樑上的主位保留給希臘懷疑學派：「我停下來——我檢視——我不了解——我處於平衡狀態——我把人情世故和感官的經驗視爲我的嚮導。」一爬上書庫時所見到的第一則銘文，是蒙田自己所寫，在相當的程度上詮釋了他了解與應用其他銘文所秉持的精神。「對我而言，」銘文這樣說：「智慧的極致是：接受事物的本然，以信心看待其餘的部分。」

在梯階之下的小教堂中，可以發現一個象徵「事物的本然」的標誌：「聖米契爾攻擊惡龍」。我們記得，蒙田在必要時會爲聖米契爾點燃一根蠟燭，也會爲惡龍點燃一根蠟燭。但我們不要忘記，是只有「在我有義務這樣做時」。至於「其餘的部分」——還不存在，但可能明天會存在——他則忠於樑柱上的那則格言。「我看到了那些壓倒我們的痛苦，」他在難受的日子寫道，「但我並不會認定我們已經到了最後一刻……我不會絕望。」

他在這座塔中開始寫《散文集》——是最先以此爲名的一些文學作品。根據他的說法，開始時這些散文是他對於這個世界的評判。就像聰明的人也會有的情況，他無法洞悉這個世界的很多無限變化，同時他又足夠聰明，不去把這個世界的矛盾硬塑成自己編排而成的形態，所以他就逐漸把散文轉變成對自己的評判。再度是文學中的第一次——他所談到的那些古人不爲他所知也不爲我們所知——第一次有一個人試圖寫出自己的本然而不是做爲。你可以相信，這個滔滔不絕談到自己的孤獨、退隱的人，就在這座塔中度過他的餘生。

現今這本《自傳》的讀者有很多方法去知道的一個事實是：蒙田不曾放棄他對公共事務的興趣或參與。在某種程度上，他的退隱是源於他的愛沒有得到回報。他想要服務大眾，但由於他的正直，所以無法屈就於這世界所需的服務，再加上他眞正傾心於孤獨與沉思，所以他無法自由地把自己耗費在別人身上，就算機會和良知允許他這樣做亦屬枉然。並且，機會也可能在他較年輕時避開了他：他與機會並不融洽。

不安、沉思以及憂鬱有時會悄然降臨他身上，而他說：這些與他生性格格不入。這一切很可能就是源於上述的內在不和諧。對於一個人而言，最折磨他、然而最沒有顯現出來的煩惱莫過於：他知道自己有能力但卻發覺這世界不雇用他或無法雇用他，因此內心非常失望。蒙田的退隱部分是出於自己的選擇，但部分是迫不得已，而令他痛苦的是，他不知道是哪一者。

所以，他的退隱大部分是一則迷思。他說：他的《散文集》寫作的時間是二十年，「以片斷、間歇的方式寫成，時常因爲很長幾個月不在而中斷，」這也沒有告訴我們什麼。

在永久退隱到塔中的三年之後，他在波爾多爲孟彭希爾的公爵（Duke of Montpensier）進行一件外交事務。在同樣一年或緊接著的幾年（一五七四—六年）之中，他是在巴黎，努力要促成「拿瓦瑞的亨利」和「蓋斯的亨利」之間的相互了解。這兩人的仇恨和希望角逐王位的競爭，爲內戰的火焰添加了燃料，「拿瓦瑞的亨利」逃離巴黎，成爲新教軍隊的首領，而「蓋斯的公爵」控制了新成立的「天主教聯盟」——狂熱的死硬派。

蒙田與新教領袖的友誼——或者他對於和平所提供的助力——使得他在一五七七年被任

命爲「拿瓦瑞的亨利」的「待客室男侍」。他在日記中寫道，這項榮譽的發布「他並不知道，並且是在他不在的時候」——是退隱時的另一次不在，但我們並沒有有關這次不在的訊息，同一年他第一次患腎臟痛，餘生爲這種病痛所纏，而他在那一年或之後造訪巴格尼瑞斯（Bagnéres）的溫泉勝地。一五七九年，他幫助促成狄安妮・德・佛伊克斯（Dicne de Foix）與他的老朋友路易斯・德・佛伊克斯（Louis de Foix）的婚姻。幾個月後（一五八〇年三月），他那部包含前兩卷的《散文集》的第一版在波爾多問世。

這幾年算是比較處於隱密狀態，但幾乎不安寧。戰爭已來到他的大門。他看到他的「鄰近地區的人在暴亂中變得那麼老」，他都不知道如何維持社會結構於不墜。「我看到，」他說：「人們的普遍和一般行爲是那麼暴烈，尤其是表現在無人性和背叛方面，我每當想及此都要恐懼地畏縮。」當代的人估計，這種「一般行爲」毀了十二萬八千間房子和八十萬人的生命。蒙田的基尼省有幾乎各半的天主教徒和新教徒人口，就占了這些數目的一半以上。

內戰、對家事的憂心、身體不健康以及內心的不安定，讓這位退隱的老人無法忍受。接近一五八〇年的六月末，他離開家，行囊中有他的《散文集》。他的第一站是巴黎。國王亨利三世（Henri III, 1551-1598）接待他，他先前曾寄給國王一本《散文集》。可能因爲國王沒有讀到作者譴責國王殿下的道德的那個段落，或者可能因爲國王認爲那是對別人的一種完美描述，所以他就說他喜歡這本書。「如果喜歡這本書，」蒙田回答說：「你想必喜歡我，因爲我的這本書和我是一體的。」

他接著參與拉．費赫（La Fère）的圍城之戰，陪伴著一個朋友格拉蒙特的伯爵（Count of Grammont）的屍體去埋葬在索伊松斯（Soissous）。然後他進行了一次德國、瑞士和義大利的大規模旅行。他一共離開了塔中的床一年半的時間。

在蒙田的旅行中，就像在他的散文中，他讓我們看到他自己知道的那個人——「基本上容易溝通、天生善於群居。」不幸的是，我們的記錄僅限於他爲了輔助自己記憶力不好而半口述、半匆匆寫下的一本日記。因此日記中就欠缺了很大部分的優美和銳利文體，但大量豐富的細節彌補了缺失還有餘。

他的善於溝通的本性，身爲人類哲學家的好奇心，促使他去注意有關人方面的任何事情，並與所見到的每個人談話。無論是天主教或新教徒，無論是王公或農夫，神學家或妓女，教皇的檢查員或猶太人；無論是機械、農作、烹調、上教堂、在街上遊蕩、圖書館、桌布、古代廢墟、現代藝術、暖氣、通風、水管裝修、女人的帽子——他都有洞察力，寫上幾句。凡是想要神遊整個十七世紀歐洲的人，最好的方法就是閱讀全本的《蒙田旅行日記》，而現今這本《自傳》就算引用這本日記的那些只是暗示性的佳作，也必須滿足了。

他在巴格尼．德拉別墅（Bagni della Villa）泡溫泉，好奇心、旅行癖、腎痛仍未稍緩。就在此時，他獲知自己被選爲波爾多的市長。他體認到，這是他盡義務的最大機會。於是他在羅馬最後匆匆一遊之後，不情願地回家鄉了。

5.

波爾多是法國第三大城，位於新教的「地雷區」，局面很難處理，所以市長的職位具有很大的重要性。加斯頓．德．佛伊克斯（Gaston de Foix）曾爲蒙田的被推選出力。蒙田已開始在《散文集》中把自己寫成是一個不以權威的方式而是以眞誠的方式反對爭鬥的人，同時，他對父親的記憶仍然發揮有利的影響力。甚至王室的政治人物也認爲最好由國王出面排除他的不情願。

他預期工作比他被要在去做的工作還難。他這樣「預期」有其理由。此時內戰正要進入第二十年，滋生了一些憂心新衝突會出現的新黨派。停戰的氣息在這些黨派之間甚囂塵上。諸如波爾多市長這樣的地方官員，其手法與機智對於維持和平具有決定性的作用。

所幸，波爾多有了蒙田這樣的人，他「不喜歡與噪音爲伍」，他了解到自己的工作「是持續與維持事情本來的樣子。」他的第一任期（一五八一—一三年）在例行的成就中安靜度過，就像市長所說的，例行的成就「一說出來就消失了。」但縱使他的工作是無聲息的，卻想必是很討好的，因爲他連任了。

一五八三年，事情開始發生。「拿瓦瑞的亨利」以武裝的和平的一種策略爲名，占領了一個威脅到波爾多的商業的村莊。他的妻子瑪格麗特（Margaret of Valois, 1553-1615）是亨利三世的妹妹，她的膽大妄爲更增加了緊張。蒙田有足夠的事情要做，寫信給「拿瓦瑞的亨利」和省的總督馬提農（Matignon），並造訪他們，爲的是要避免再度流血。

當亨利三世的弟弟去世，而「拿瓦瑞的亨利」成爲法國王位的推定繼承人（一五八四年），情勢再度緊張。拿瓦瑞和他的隨從人員造訪「蒙田堡」兩天，這顯然是一種政治動作。這位哲學家與他想說實話的對象的這位年輕王子之間的友誼，就此得以鞏固。他甚至找機會向這位年輕王子當時的情婦——拉．見勞．科麗珊德（La Belle Corisande, 1554-1621），即他的老朋友格拉蒙特的伯爵的寡婦——吐露眞情，力勸她不要毀了拿瓦瑞的生涯。一五八七年又有一次王室的造訪。我們很容易看出，蒙田感覺到一位國王的吸引力。這位國王曾說：「凡是聽從良知的人都屬於我的教會，而我屬於任何以及所有正派的人的教會。」

同時，在一五八五年，三位政敵——亨利三世、「拿瓦瑞的亨利」以及「蓋斯的亨利」——公開絕裂了。在任何時刻，突然的攻擊都會在基尼的某一個區域出現。

總督馬提農在省之中奔波，進行協商，蒙田則鎭守波爾多。他的冷靜行爲避免了一次可能的叛變。他監督陸地和海上的防禦力量。「我每夜都在武裝的狀態下度過，」他寫信給馬提農說：「無論是在大門之內或在港口……我每一天都待在川培特堡壘。」

但是瘟疫先於波爾多的任何一位其他的敵人襲擊它。「蒙田堡」儘管位置處於「健康的空氣」之中，也沒有倖免。有「六個痛苦的月份」，他帶著家人在鄉村各地奔跑，一輛篷車的流浪者尋求遮蔽之處而不得。

然後戰爭再現，帶來常見的恐怖情景。拉．諾伊（La Noue）是蒙田視之爲當時的傑出人物之一的英勇新教徒戰士，他說：戰爭把大部分的法國人都變成老虎，他這樣說也許是在誹謗這種野獸。「有一千次」蒙田上床時都預期自己會在早上之前被人謀殺。一個詭詐的鄰居僭稱是「蒙田堡」的主人，但面對堡主的冷靜只好知難而退。蒙田這位哲學家體會到什麼叫做四周都有懷疑你的人，他的生命繫於宗教的敵手的慈善以及自稱與他同一信仰的敵人。他在失望之中決定只信賴自己——他說他首先會這樣做。他懷著比以往任何時候都更深刻的目的，不只是努力研究自己以及研究他對自己的描述。

儘管處在「亂世」，他還是寫了第三卷的散文，在其中對自己的描述相當完備。那是一種戲劇性的工作——一個人在天空塌下來時在描繪自己，描繪是爲了掌握自己，並且希望在天空塌下來之前把這種掌握提供給其他人。

人們再度爲和平而努力，一五八八年又有一段平靜的時光。蒙田到巴黎——途中遭「天主教聯盟」的強盜所攻擊和搶劫。他出版了《散文集》的一個新版本，包含了最充分地揭露他們個人的第三卷，以及對前面兩卷的很多補充。他造訪亨利三世爲了逃避「天主教聯盟」而設在盧昂的宮廷。回到巴黎後，他被蓋斯的兵力所監禁。他在巴斯底獄（Bastille）待了幾小時後，因凱莎琳的勸說而被釋放。由於慢性病的嚴重侵襲，他瀕臨死亡的境地。坐在他床邊的朋友皮爾．德．布哈奇（Pierre de Brach, 1547-1604）告訴我們說他面對來世就像面對此世，就像他之前的拉．波提——「心情愉快，雙腳穩定。」在恢復力氣之後，他參加了在布洛伊斯的政治會議。

但對他而言，這一年的難忘經驗是瑪麗・德・果爾內（Marie de Gournay, 1565-1645）。她是一個十八歲的女孩，受過嚴厲的古典教育，並且決心成爲一個博學的處女。她愛上了《散文集》，然後經由散文愛上了作者。她在巴黎找到他。這位五十五歲的哲學家認爲，他跟她在一起，重新點燃了一些灰燼，是他與拉・波提的「神聖友誼」之間已失去的一些灰燼。他在果爾內的她家待了幾個月，稱她爲他的養女，這是一種深情和純粹榮譽性質的稱呼。以後，她將贏得另一種聲名——「現代的先鋒女性主義者之一」。

回到家鄉後，他受聘於此時是波爾多市長的馬提農，以運作反「天主教聯盟」的措施。但戰爭帶來的長期痛苦正要接近最後的危機。「蓋斯的亨利」已被暗殺，而一五八九年，亨利三世遭遇同樣的命運。拿瓦瑞最後成爲法國的國王。勝利後兵疲馬累迎來了眞正的和平。

蒙田寫兩封信給此時是亨利四世的拿瓦瑞，可以看出他對所最喜愛的王子的成功有什麼看法。「在處理你的事務時，你不能使用平常方法，而是要表現仁慈和寬宏大量……我對即將到來的夏天所期望的，不是大地果實的成熟，而是大眾的安寧更趨成熟。」至於人本身——因爲職位不會使他疏忽人——他用一個語詞要亨利四世珍視他年輕時代那種歡樂與無憂無慮的誠實，繼續成爲「風流老人」。

國王邀請他到巴黎爲他效力。但太遲了，就像「飯後上芥末」。蒙田已經準備把智慧交付給新人。此時他有其他約定：他正在忙著「完成他這個人」。

於是，在結石的病痛折磨他的空檔，他盡力爲他的生命和遺像添加了完成的幾筆。這幾筆——改變、置入、增加——一共達數以百計。他在一五九二年九月十三日去世，就像他所希望的模樣——「耐心地、安寧地」死去。

皮爾·德·布哈奇和珍麗·德·果爾內爲《散文集》的最後版本和遺像的揭露做了準備，於一五九五年完成。不久之後，這部作品和這個人的精神，由他的君主寫進「南次詔書」之中。這部詔書是一部新教徒人權書，結束了內戰的恐怖。

6.

一個時代和一個人的骸骨，藉由之前我所寫的文字得以快速復活，而與我合作的這個人將會提供骸骨生命。他的眾多曲折思想可以留待他在自己的作品中去敘述。我只希望提示一點：那指引他的生活的主體思想，會在他的背景的襯托下變得清楚又中肯。

蒙田的那個時代的主要爭論點——宗教信仰的正當性——促使他與之搏鬥，就像一個人在今日可能與政治或經濟信念博鬥一樣。他得到的結論是，所有的信仰都是猜測，是個別的人的猜測，或者，一旦被珍藏在習俗和習慣中時，就成爲社會的猜測。

他的時代的所有人的想法都不一樣。對於群眾及其領導者而言，信仰即眞理，而眞理必須變得普遍——如果必要的話，藉由火與劍達成目標。整個國家遭到蹂躪，爲的是爲眞理而拯救這世界。

「非也，」蒙田安靜地說：「你的眞理是一種猜測，爲了一種猜測而活活燒死一個人，代價是太高了。」

如果一個人不把自己的信仰投注在教條上，那麼，這個人生活在教條被視爲生命的基本部分的世界中，還剩下什麼呢？就這點而言，就像所有具懷疑精神的思想家一樣，蒙田並非懷疑論者。生命依然存在。感官的經驗、世故人情、存在的喜悅與悲愁，這一切，無論它們是否爲「眞」，卻是實在的。生活之本質不是我們相信什麼，而是我們如何過生活，而過生活的方法根據的是生活自身的條件。

蒙田出生和成長都是天主教徒。因此，對他而言，條件是生而爲天主教徒、死爲天主教徒。這是出生和習俗的問題，不是信仰和眞理的問題。他說：我們是基督教徒，就像我們是法國人或德國人。就他的信仰而言——信仰是一種猜測，他既不會以自己的生命也不會以別人的生命去賭注——他把所有的人視爲他的同胞，把所有的信仰視爲一種猜測，跟他自己的猜測一樣美好。

當爭論點涉及到流血和戰爭，威脅到他的國家的毀滅，他就又根據生活所提供他的條件來看待生活。「一個人，」他說：「必須選邊站。」他選自己誕生其中的那一邊，但這件事本身並不怎麼重要。無論他會選哪一邊，由於他有信念，所以他的行爲會是一樣的。

生活及其直接且不容置疑的價值是最重要的。我們可能辯論「眞理是什麼」，但沒有人能夠辯論「背叛、殘酷、不人性以及死亡是什麼」。一個忠於生活的人不會去交流有關後者的想法。因此，只要蒙田能夠達成自己的目標，不會損及自己身爲一個人的正直和莊重，他都會去做。他不會超過那一點。一旦超過那一點，他就會很無情地譴責自己陣營的人。

最後，他了解到，除非人們願意自己活也讓別人活，否則就沒有方法可以救社會。只有當別人懷疑他們自己的教條就像他懷疑他自己的教條，只有當他把自己對生活的神聖感覺傳達給別人，他才能夠希望讓實質的莊重表現，而不是虛幻的眞理，變得普遍。讓莊重的表現變得普遍——這就是「容忍」的意思。

但是，要如何去做呢？有些人提議要塞住別人的口，俾能讓他們講出應該講的話。還有的人會殺掉一個人，俾能教他如何生活。在各種群體中還有一些人，並且數目太多了，他們願意毀滅自己的國家，以便將其變成天堂。

這些不是蒙田的方法。他想著，「我必須從我自己開始。」當我畫出了這個自我的肖像，及其所有的虛榮、愚蠢和不完美，別人就可能在這幅像中認出他們自己。當我告訴他們：爲了生活，我必須容忍自己和別人，則也許我會藉由感染的方式促使他們採取同樣的措施。我們所有的人顯然都會犯錯，都有缺點，我們會一起建立一個讓我們更喜歡的世界，而在過程中無需去謀殺人。

在今日，如果有人想像人類不再會訴諸武力以護衛或體現他們的權利、財產和他們最重視的自信，我們會認爲那是妄想。這確實會是妄想，除非人類之中那些最會有所損失的人，那些會善用權力的人，那些像蒙田一樣的人——因爲他誠實地支持已建立的秩序——能夠像他一樣看出自己有責任，並像他一樣準備好，與這個世界建立和諧的妥協關係。

十六世紀沒有準備好。還需要兩百年以及更多的流血，才能「削弱」人的力量，讓他們和平地妥協於他們開始時可能會妥協的事情。但，最後他們必須妥協，且確實妥協。我們還要再流血一個或兩個世紀嗎？如果是，那這不也是妄想嗎？

最後一版的《散文集》附梓之後的那一年，有一個人在法國誕生，他承接了蒙田留下來的工作。笛卡兒及他帶來的現代科學已經告訴我們如何做創立的工作，不用教條與屠殺，只要依賴感官的經驗以及宇宙的運作方式。在兩百年的時間中，儘管這個世界扭曲笛卡兒及現代科學的成就，以可怕的破壞爲目標，但這兩者所創造的成果，卻勝過熾燃著宗教或社會信仰的人一千年所創造的成果。

馬文・羅溫索

第一章

世界上最好的父親

我死後，就不再會有一個把手讓我去抓住名聲，或讓名聲抓住我、依附於我。

就算我期望藉由我的名字去做到這一點，則首先，我並沒有足夠屬於我自己的東西。在我擁有的兩件東西之中，其中有一件是家族血統所共有的，其實別人也都擁有。在巴黎（Paris）以及蒙波利（Montpellien）有一個家庭姓蒙田。另一個家庭則是在布列塔尼（Brittany）和聖東格（Saintonge），叫德．拉．蒙田（De la Montaigne）。一個音節的轉換，會讓我們的網絡變得很複雜，結果我會沾到他們的榮耀，而他們會染到我的恥辱。尤有進者，我的家人以前叫伊奎姆（Eyquem），英格蘭一個知名的家庭仍然保有此名。我們這邊仍然有我們古代的親屬關係可尋。至於我的教名，任何人想取這個名字都可以取——如此，我可能爲一位搬運工增光，而不是爲自己增光。

其次，名字是數以千計的人共有的很多筆畫之塗寫。在每個家庭中，有多少人的名和姓一樣呢？在不同家庭、世紀和國度之中，還有多少這種情況呢？有誰會阻止我的馬夫自稱「偉大的龐培」（Pampey the Great）呢？

徽章不會比名字來得安全。我會佩戴一個徽章，是天藍色的田野中種有金色的車軸草，橫跨其上的是一個獅爪，也是金色的，飾以紅色的紋線。這個圖形擁有什麼特權足以在我的房子中唯我獨尊呢？一位女婿會把它帶到另一個家庭，某一個卑下的暴發戶也會把它買下來，做爲他的第一個飾章。飾章最容易有所變動，最容易帶來混亂。

我所來自的家庭，都過著沒有動亂也沒有光采的生活，但自遙遠的時代以來，都特別專注於正直的美德。我有一位世界上最好和最縱容的父親，就算是在他極為年老時也是如此。並且他的祖先們，父親子和兒子之間都以關係和諧如兄弟而出名。

我的父親皮爾・伊奎姆・德・蒙田（Pierre Eyquem de Montaigne）於一四九五年九月二十日誕生於蒙田地方。

你無法想像我聽了他多少奇異的故事，故事敘述他生活的時代是多麼純潔。他也很適合說出這些故事。就天性和技巧而言，他都非常適合服侍女士們，他說：在整個省之中幾乎沒有一個壞名聲的女人。他會談到人們與貞潔女人之間的奇怪親密關係，有些是他自己與他們的關係，然而這些關係卻不涉及任何惡名的嫌疑。他發誓，他結婚時是個處男。

然而，他是在阿爾卑斯山遠方服了很久的兵役之後才結婚的。關於其間的戰爭，他留給我們一本親手寫成的日記，詳詳細細記載所發生的所有涉及大眾和他自己的事情。我曾聽父親說：在與米蘭作戰的期間，城鎮一再被攻占、再被攻占，人民因為命運變化多端而受不了，他目睹二十五個家庭主人在單單一週中自殺身亡。

尤有進者，他是在一五二八年年紀已相當成熟的三十三歲，在從義大利回鄉途中結婚的。

他的儀態嚴肅、和善、謙虛。他很注意整潔和禮儀，無論是身體或衣服，騎馬或步行。他信守承諾到不尋常的程度，他的良知和宗教傾向於迷信，不是傾向於另一個極端。

他身材矮小，但比例勻稱，並且很結實，充滿精力。他的臉孔討喜，呈棕色。他敏於和精於所有男子氣概的運動。我的房子之中還有一些裝鉛的手杖，據說是他用來運動手臂以利擊劍、擊重物、擲鉛球——以及一些以鉛為鞋底的鞋子，用以強健身體，利於跑步與跳躍。他的跳躍奇技，幾乎沒有後人可以企及。我曾看過他在超過六十歲時嘲笑我們的表現，於是全身穿著毛衣等等跳上馬鞍，或著用一隻拇指為軸心在桌子上表現半翻斛斗的動作。他走上樓梯到臥室時，大都一次跳三、四階。我幾乎找不到能與他相媲美的人，在身體的運動方面比得上他，就像我幾乎不曾遇到比我差的人——除了我表現得不錯的跑步方面。

他很少講話，但開口便出口成章，經常引用最時髦的作者的話來點綴他的言談，特別是西班牙作家。古伊瓦拉（Guevara）的《馬卡斯·奧理亞斯》（*Marcus Aurelins*）一書時常掛在他嘴邊。

我的房子長久以來都為有學問的人而開放，很為這些人所熟知。身為我的房子的主人五十年或更久的父親，心中熾燃著新的熱誠，就是佛蘭西斯一世（Francis I）擁抱和尊重文學的那種熱誠，並且他也很用心，花很多心力去認識有學問的人。他在家中接待他們，像接待受到神聖智慧啟發的聖者。他像收集神諭一樣收集他們的名言，並且懷著更尊敬和虔誠的心態，因為他較不具判斷的能力，也因為他就像他的祖先一樣不具文學的知識。至於我自己，我喜愛文學，但不是崇拜。

除了其他人之外，一個在當時以學問而享有很大名聲的皮爾·班內爾（Pierre Bunel），曾陪伴我的父親幾天之久，當然還有更多跟他一樣的人。離開時，他給我的父親一本書，名為

《雷蒙·色彭的自然神學》（*The Natural Theology of Raymond Seboud*）。由於此書大部分是以拉丁文爲字尾的錯誤西班牙文寫成，他希望懂得義大利文和西班牙文的父親能夠獲得一點助力，從中得到好處。因此，他推薦此書，視之爲有用又合時宜的作品，因爲馬丁·路德的（Martin Lnther）新教義開始要流行，在很多地方都開始要動搖古代的信仰。

我的父親去世前的幾天，意外地在一堆遺棄的文件中發現此書，要我爲他譯成法文。這是一件新奇的工作，但我剛好有空閒做此事，又無法拒絕這位世界上最好的父親，所以我就盡力而爲。他非喜歡我的譯作，吩咐要將它付梓——此事在他死後完成了。

我記得我年輕時，曾親眼目睹他晚年時因爲身爲波爾多（Bordeaux）的市長而飽受公務殘酷的折磨。他忘記自己的健康，忘記處理自己的事情，忘記家中的溫和寧靜氣息。之前有幾年的時光，歲月的摧殘曾使他依附著這間房子。他甚至不去看重自己的生命——儘管那幾年的長途和痛苦的旅程已威脅他的生命。他就是這樣一個人。他的這種心緒是源自他的本性非常善良。從來沒有過像他這樣慈善和熱心公益的人。

儘管只藉助於經驗和天賦，但我的父親是一個很有明確判斷力的人。有一次，他告訴我說：他想要在我們的一些城市中引進特定的地方，讓有需要什麼東西的人可以到那裡，向一個專門負責此事的官員登記自己的需求。

例如：「我想要，」某一個人說：「出售珍珠」，或「我想購買珍珠。」有另一個人想找一個伴跟他去巴黎，第三個人想找一個具某些特性的僕人，第四個人要找一個主人或工人，這個人想做某件事，那個人想做另一件事，彼此各取所需。

無疑的，這種提供資訊的方法，會非常有助於我們的日常事務。每種狀況都需要普遍性的接觸，如果沒有的話，人會陷於可怕的痛苦中。對我們這個世紀而言是很大的恥辱的一件事是，我曾聽說有兩位最可敬的學者在我們眼前死於饑餓——義大利的李留斯．格利果留斯．吉拉都斯（Lilius Gregorius Giraldus），以及德國的色巴斯提阿納斯．卡斯塔利歐（Sebastianus Castalio）。然而，我相信，如果有人知道他們的困境，就會有數以千計的人把他們帶回到自己情況非常好的家中，或到他們所住的地方去紓解他們的痛苦。

就我的父親的家庭經濟狀況而言，他所依循的準則我相當了解，我會加以讚賞，但不會加以模仿。除了有一位會計負責記帳，記錄小事、支出以及不需要公證人的交易，他還任命一個人爲他記日記，在其中寫下任何值得注意的事情，以及房子每天的備忘錄——一旦我們的記憶開始模糊，讀起來倒很怡人，可以讓我們免於辛苦地回憶某件工作何時開始或完成，什麼車隊經過我們的大門，有哪一個車隊進入，還有我們的旅行、我們不在家是什麼情況、結婚事宜、死亡的消息、好消息或壞消息的獲得、較重要的僕人的變換，以及類似的事。這是一種古老的習俗，我認爲，如果每個人在自己家中恢復這種習俗，會是明智的事，而我疏忽此事可眞愚蠢。

我的父親很高興增強他所誕生的蒙田地方。在所有的家事上，我很喜歡遵循他的榜樣和準則。我會盡力要求我的後代這樣做。如果我能夠爲他做更多的事，我是會做的，因爲我會很自豪地認爲，他的意志經由我仍然會發揮作用和運作著。我發誓一定要盡力過著像這麼好的父親所過的生活。當我築好一道古牆或修補些微倒塌的結構體，老實說：我這樣做是出於尊重他的願望，而不是出於滿足自己。我譴責自己懶惰，沒有讓他在房子之中所開始的美好工作更加接近完美的境地——我更加譴責自己懶惰，因爲看來好像我將是我的家族中擁有這間房子或參與有關事務的最後一個人。

很可能我是遺傳了父親的結石病痛，因爲他是在受到膀胱中的大結石所折磨後悲傷地死去。他是直到六十七歲才意識到這種病。在這之前，他在腎臟、腹部或其他部位都沒有感到困擾或疼痛。他的身體非常健康，很少生病。然後他就這樣忍受了七年的煎熬，很痛苦地度過臨終前的日子。

我是在他二十五歲或更大，而他的病還沒有出現時的盛年出生的——是家中的第三個小孩。離他發病的時間還很久，他那生育我的身體所出現的小事，怎麼會有那麼大的影響力呢？這種病怎麼會隱藏在我身上那麼久，一直到四十五年之後我才知覺到呢？尤有進者，我是同一母親所生的很多兄弟姊妹之中唯一爲這種病所苦的孩子。這種遺傳的傾向可能一直在什麼地方徘徊呢？如果醫生能夠在此事上讓我感到滿意，我會相信他是一個很大的奇蹟，條件是，他提供我的理論，要不會比事情本身更複雜和荒誕——而醫生時常是不會如此的。

我嫌惡醫生的醫術，這是遺傳來的。醫藥的基礎在於經驗和範例。這是我的看法。我的父親活了七十四歲，我的祖父活了六十九歲，我的曾祖父——出生於一四〇二年——活了幾乎八十歲，沒有一個人吃過任何種類的藥。他們把不尋常的食物都視爲藥。這難道不是一種很適當又有意義的經驗嗎？

我不知道醫生是否能夠在他們所有記錄中發現像上述我的三個祖先——是在同樣的屋子中出生、長大和死去——遵循醫生的準則活那麼長的時間。醫生必須坦承：就算我不會有理由，至少我會很幸運。對醫生而言，幸運比理由更有價值多了。

我的祖先們基於一種玄祕和自然的本能，很厭惡吃藥。德．加維亞克領主（the Seigneun de Gaviac）是我父親的舅舅，也是一位傳教士。他天生是病人，但他病弱的一生卻長達六十七年。有一次，他發高燒，情況很危險。醫生請人直截了當告訴他說：如果他們不訴諸醫生的幫助（他們說是幫助，其實常常是阻礙），他只有死路一條。儘管這個好人對於這種可怕的宣判感到很驚慌，他還是回答：「嗯，那麼我就等死吧。」但是不久之後，上帝蔑視醫生的診斷。（他在幾年之後的一五七三年去世，留給我他的三分之一財產。）

德．布沙古特先生（the Sieur de Bussaguee）是父親的一共四個的舅舅之中最年輕的一位，他是唯一服過藥的人，也許是因爲他熟悉其他方面的學問，因爲他是議院法庭的法官。雖然他外表顯得很有精力，但卻比他人早很久死去——除了德．聖米契爾先生（the Sieur de Sant Michel）。

我的父親死於一五六八年六月十八日，享壽七十二歲又三個月，留下五個兒子和三個女兒。他埋葬在蒙田地方他的祖先的墳墓中。

如果我聽到有人告訴我有關我的祖先的儀態、風采和外表，還有日常生活和平常言談，我會多麼快樂啊！我會多麼仔細地傾聽啊！是的，只有天性邪惡的人才會輕視有關在我們之前死去的朋友的描述，還有他們的衣服的剪裁以及他們的紋章的樣子。就我的祖先方面而言，我保留了書桌、圖章和每日祈禱書，還有他們喜歡使用的一把特殊的劍。我並沒有把我的父親經常拿在手中的長手杖放逐到書房外。

如果我的後代想法不一樣，我會好好報復，因爲他們將永遠無法對我不在乎，而我將會對他們不在乎。

第二章

我最稚嫩的歲月

我是懷胎十一月誕生的嬰兒，生於一五三三年二月——根據以一月爲開始的曆法❶——的最後一天的十一點和正午之間。

如果我有兒子，我會樂於祝福他們跟我一樣幸運。上帝賜給我一個好父親，他從我身上沒有收受到什麼東西，除了我承認他是好父親——不過是眞心承認。這個父親在我一生下來就把我送到一個貧窮村莊去撫養，在我哺乳期間，以及之後一段時間一直讓我待在那裡，俾能長得強壯，適應最卑低和最平常的生活方式。他認爲最好讓一個人掙脫艱辛的生活，而不是沉淪於其中。他的這個想法還有另一個目標——把我跟需要我們幫助的人結合在一起。他認爲，我應該更重視對我伸出手我的人，而不是背對我的人。基於這個理由，他讓那些最可憐的人抱著我洗禮，讓我不得不與他們產生親密關係。

他的意圖並沒有完全失敗。可能主要是因爲我有優點，也可能是因爲我天生慈悲，對我產生無限的影響力，所以我很樂於幫助弱小。我會譴責我們在內戰中所出現的內鬨。如果這種內鬨變得很猖獗、很成功，我會更嚴厲地譴責，如果是很脆弱、受到壓制，我會稍微妥協。

很奇怪的是，人會最看重那些不是本來就有的特性。我們讚美馬的力氣而不是牠的馬具，我們讚美獵狗的速度而不是牠的頸圈。爲何我們不以同樣的方式看重一個人眞正的本然？當我們像座並不是雕像的一部分。一個人要排除掉自己的收入和頭銜，以自己的眞面目出現。

❶ 在一五六三年前，曆法是以復活節做為一年的開始。

判定一個國王和一個農夫，一個貴族和一個農奴，一個富人和一個窮人，我們會立刻注意到他們之間的不同——雖然唯一的差異是褲子的剪裁方式。

我的父親審慎地鼓勵我隨心所欲去專注於知識和責任，教育我培養溫和和自由的美德。我可以說：他做這件事，達到了迷信的程度。有人認爲，如果早晨時突然把一個小孩叫醒，以很激烈的方式一下子把他從睡眠中拉起來（小孩比我們大人更會深深處於睡眠狀態中），那會傷害到他的腦，所以他叫醒我的方式是藉由樂器的聲音，並且經常由一個人就近做這件事。

他們必須改正我的事情中最重要的一件是，我排斥我同年紀的小孩一般所會喜愛的東西：糖、果醬和餅乾。我的家庭教師努力要解除我對精緻食品的憎惡，視之爲一種過分挑剔的表現。其實，這只是味覺的一種缺失。只要你戒除一個小孩對黑麵包、蒜頭和培根的執著喜愛，也會戒掉他對精緻食品的溺愛。

他們告訴我說：我在整個童年期間只被打過兩次，並且是輕輕地打。

我在經過我們的那些街道時，曾有很多次很想大吵一架，替那些被氣瘋的父親或母親攻擊、毆打和痛責的小孩報復！你看到父母突然跑出來，眼睛燃燒著怒火，喉嚨發出吼叫的聲音，時常是針對一個剛斷奶的嬰兒。看啊，小孩被打得跛腳，嚇得要死，而我們的法庭卻不去注意，好像這些受到殘害和變得跛腳的受害者，不是我們的國家的成員。如果一個法官是出於憤怒而宣判一個犯人有罪，人們都會毫不猶疑地把這個法官送上絞刑臺。那麼，爲何可以允許父母和老師出於憤怒而毆打和懲罰他們的孩子？這已不再是矯正，而是報復。責罰對年輕人而言是一種藥。我們會容忍一個醫生對病人狂怒嗎？

我被教導要走正道和開闊的路。童年玩遊戲時耍花招或作弊，並不是我的作風。事實上，小孩的遊戲並不是遊戲，應該視之爲他們最嚴肅的正事。甚至到現在，我都不會把一種娛樂視爲小事一樁，只要是欺騙的行爲，我都會很自然和極端地表示憎惡。玩牌時我很嚴格地處理我的牌、記分數，好像小錢就是金幣。我跟我的妻子和女兒玩牌，無論輸贏我都是這樣，或者說：如果我非常認眞地玩就是這樣。我的眼睛一直緊盯自己的手，沒有人比我更緊密地注意著自己的手。我對每個人同樣尊敬，沒有差別待遇。小孩子時代，如果有人在比賽或運動時跟我競爭，認爲我不值得讓他表現最大的努力，因此他就有所保留，我會非常生氣。

我記得自從我最稚嫩的歲月開始，就有人說：我並不會在儀態和行爲上表現出虛榮和愚蠢的自傲。我要說：我們時常會表現出某些傾向和性向，由於已自然成爲我們自己很大的一部分，所以我們無法去認知和描述它們，並且，我們的身體會因此出現奇異的動作，但我們並不知道，也不是我們願意這樣做。亞歷山大（Alexander）由於長得英俊，會稍微把頭斜向一邊，而西塞羅（Cicero）喜歡嘲笑，習慣性地皺鼻子就是他的嘲笑徵象。我們可能不會知覺到這些姿態。

還有其他的做作姿態，我不想談。鞠躬和屈膝禮是謙虛和禮貌的表現，但時常不保證是如此。我時常會脫帽敬禮，尤其在夏天。無論誰向我致敬，我都會回禮，除了我自己的僕人。

我不知道我童年時的姿態是不是屬於第一種，我不知道我是否天生確實有自傲的傾向，也許有吧。我無法為我身體的反射動作負責。

我確實發現，我們最大的惡習是在我們最早的嬰兒時代成形，而我們主要的教育是掌握在保姆手中。母親會很高興看到小孩扭著小雞的脖子，或喜歡折磨狗或貓。還有父親會很愚蠢，在看到兒子欺侮一位無法自衛的農夫或僕人時，認為那是戰士精神的徵象。如果孩子欺詐或欺騙玩伴，父親會視之為機智的表現。然而，這一切卻是殘酷、獨裁和背叛的眞正種子和根源。

因為惡小或小孩年幼，就原諒這些做惡事的初徵，那是一種危險的錯誤。首先，背叛並不是取決於小東西和王冠之間的差別。父母辯稱，小孩只是為小東西而玩遊戲，因此不會為王冠而作弊。但我認為更可能的情況是，他以後會為王冠而作弊，因為他已經為小東西而作弊。其次，「本性」會說話。當本性的代言者脆弱、年輕時，本性的聲音會是比較坦誠和不偽裝的。我們應該教導孩童去憎惡「惡」的本質，讓他們不僅在行為上避開它，也在內心中嫌惡它，這樣他們在想到它時——不管它以什麼偽裝的姿態出現——就會感到厭惡。

第三章

我的特殊教育

我比任何人更清楚，我在這裡所寫的東西兒不過是一個人的沉思表現。這個人在年輕時幾乎沒有品嚐到學問的皮毛，只保有關於學問的粗略印象——法國人式的每種學問都沾染一點，全貌不曾觸及。

總而言之，我知道有所謂的醫藥、法律，以及數學的四個分支等東西，還有一般而言，這些東西所針對的目標。我可能也知道，各種學問在生活中所要達成的目標。但是我卻不曾更深入一層——不曾殫精竭慮鑽研現代學術大師亞里斯多德（Aristotle），不曾在任何一種學問上堅持到底。我也無法針對任何的學問描繪初步的輪廓。

中學程度的任何一位學童，都可以自稱比我有學問。我不知道如何去檢視一位中學程度學生所上的第一課。如果我去做這件事，我只能問他十分不相干的一般問題，測出他的天生智力：這會是對他而言很陌生的功課，就像他的功課對我而言很陌生。

希臘文和拉丁文無疑是有用的固定項目，但我們對它們付出太多代價了。我會告訴你一種比平常更廉價的學習它們的方法。這種方法曾在我身上試過，如果你想要的話，可以採用它。

我的父親向學者和傑出的人物討教教育的最好方法。他們對他提出現行體系的缺陷，告訴他說：我們花在學希臘人和羅馬人天生就會的語言的時間，是我們無法具有古代希臘人和羅馬人的宏偉靈魂和知識的唯一理由。我不認爲這是唯一的理由。

無論如何，我的父親發現了以下的權宜之計。在我還在哺乳、還不會講話的時候，他就把我交給一個德國人。這個德國人不懂法文，但深諳拉丁文——後來他去世了，是法國一個知名的醫生。我的父親顯然爲了這個目的，花了很大的代價把他請過來。他不斷把我抱在他懷中，另有兩位不如他有學問的學者助他一臂之力，幫忙照顧我，分擔他的工作。

這三個人對我都只講拉丁文。至於家中其餘的人，有一個不能違反的準則是，我的父親、母親、男僕和女僕，在我面前只能以他們爲了跟我說話而湊合著學來的拉丁文講話。

成果很驚人。我的父母學夠了拉丁文，聽得懂，講得夠好，可以應付所有平常的目的，最接近我的僕人也是如此。簡言之，我們講拉丁文的結果外溢到鄰近的村莊，很多工人和工具的拉丁名字在那兒生根，現今仍然聽得到。

至於我自己，我到了六歲多，法語和培里多爾語（Perigordin）對我而言才有了比阿拉伯語更重要的意義。我不藉由投機取巧、書本、文法、規則、責打或流淚，在當時就已學會講出像我的老師教我的那樣一口純正的拉丁文，因爲我不會有另一種語言來混攪拉丁文。例如，如果他們想要以學校採用的方式測試我一個題目，則對別人而言要經過法文翻譯，但他們只要對我說出不很好的拉丁文，我就可以以很好的拉丁文回應。

我的私人老師有尼可拉斯．格羅奇（Nicolas Grouchy），他著有《羅馬人故事集》（*De Conitiis Romancrum*）；古勞米．古亨特（Guillaume Guerente），他寫了亞里斯多德作品的評論；喬治．布恰南（George Buchanan），他是偉大英格蘭詩人；以及馬克．穆雷特（Marc Antoine Muret），他在法國和義大利以當時最佳的演講家出名。他們時常告訴我說，我的拉丁文寫得那麼好，講得那麼溜，他們都害怕跟我說話。我以後在已故的馬赫夏爾．德．布利沙克（Mowschal de Brissac）的陪侍下見到喬治．布恰南，他告訴我說：他要以我的例子寫一篇論教育的文章。

至於我只學了一點點的希臘文，我的父親計劃以一種投機取巧的方式——只不過方式很新奇——去學，當做一種遊戲。我們在一種象棋盤上把語尾變化表推來推去，就像那些學算術和幾何的人一樣。

從這一點，你可以推斷其餘的部分，可以推斷這麼好的一個父親的謹慎和深情。他下了如此優越的功夫，卻沒有收到對應的結果，並不能怪他，理由有二。

首先是身體底子差。雖然我健全又健康，本性相當溫和可教，但是我的身體很沉重，沒有精神，昏昏欲睡，無法從遲鈍的狀態中被喚醒過來——就算是喚醒我去玩耍也是如此。我所看到的東西，都看得很清楚。在這種懶散的體質下，我培養出超越年紀的大膽想像力和見解。但我的反應慢，無法超過受教的速度，並且對事物的了解很遲緩，創造力不強，尤其是，記憶力差得令人無法相信。難怪我的父親無法從這一切之中獲致什麼有價值的東西。

第二，父親這個好人非常害怕他會在自己投注心血的事情上失敗。就像一個急於把病治好的病人嘗試各種藥方，他最後受到一般的見解所支配。這種見解就像鶴鳥跟隨著先行的鶴鳥。父親身旁本來有一些人，他們最先建議使用他從義大利帶來的新方法，此時沒有這些人了，於是他屈服於當時的習俗了。他把六歲時候的我送到基尼中學（College of Guienne）——那時是法國最欣欣向榮和有名的學校。

關於他費心爲我找來最有能力的家庭教師，或者費心對教養我的其他細節做安排，我無法有所補充。關於後者，他堅持很多與學校的作爲相反的細節。但無論如何，他的教育方法依然是一所學校的教育方法。

除了其他事情之外，我們的學校的嚴格紀律，經常讓我感到不快樂。這些學校幾乎是監禁我們的青春的監獄。裡面的人本來並沒有墮落，受到這樣的處罰後才墮落了。如果你在開始上課時進入其中一間，你就只會聽到受折磨的孩子的叫聲，以及怒氣沖沖的老師的噪音。要以這種方法喚醒柔嫩和膽小的靈魂產生對於學習的欲望，想得美啊！如果我們看到教室散布綠色植物和花束，而不是血腥的樺樹和楊柳殘株，那會體面多了！如果我可以按照我的意思去做，那我會在牆上畫上——像哲學家史培伍希普斯（Speusippus）那樣——象徵「愉悅」和「歡樂」、「花神」和「美神」的圖畫。就讓孩子們在爲利益而去的地方，也享有快樂吧。

事實上，法國的小孩是最迷人的。但他們一般而言卻讓我們失望，長大後並沒有表現得特別優秀。我聽有志之士說：是我們的中學（我們有很多這樣的中學！）把他們變成了笨蛋。

無論如何，我的拉丁文很快陷入非常糟糕的境地。礙於沒有使用，從此失去運用這種語言的能力。有四十年的時間，我沒有說過這種語言，幾乎沒有寫過。然而，在我生命的兩、三次情緒的危機中——一次是我看到顯然非常健康的父親在我懷中暈倒——情急之下吐出來的第一句話卻是拉丁文。如此，本性儘管長久沒有發揮作用，還是存在於深層記憶中，需要時便會出現。

我所受的特殊教育對我唯一的作用是，讓我從低層階級爬升。當我在十三歲離開中學時，我已經「修完課程」（他們這麼說），但說眞的，並沒有什麼成果是我現在可以敘述的。

我對書藉最先嘗到的滋味，是來自我從奧維德（Oivd）的《變形記》（*Metamorphoses*）的寓言中所享有的愉悅。雖然我只有七、八歲，卻很快放棄其他每種娛樂，爲的是讀這本書。更大的原因是，它畢竟是以我的母語寫成，它是我所知道的最容易讀的一本書，內容最適合我稚嫩的年紀。至於《湖上的藍斯洛》（*Lancelot of the Lake*）、《高盧的阿瑪迪斯》（*Amadis of Gaul*）、《波爾多的胡安》（*Huan of Bordeaux*）以及孩童們最爲喜歡的拙劣作品，我則甚至名字都沒有聽過，直到現在都不知道是什麼內容。我的律己是多麼嚴明啊。

但這卻使得我更加忽視其他方面的學習。我很幸運有一個了解我的老師，他知道如何對我的玩忽表現審愼的睁一隻眼閉一隻眼。我就這樣很快馬不停蹄地讀味吉爾（Virgil）的《艾尼德》（*Æneid*），然後是泰倫斯（Terence），然後是蒲勞塔斯（Plautus），然後是一些義大利喜劇，有趣的主題總是引誘我不停讀下去。如果這個老師很愚蠢地阻止我，我相信我會在離開學校時成爲很憎惡書的人，就像我們大部分的年輕人一樣。

他反而以巧妙的方法處理這種事，對正在發生的事情假裝沒有看到。如此他加深了我的喜好，是以漸進的方式把我引向其他學科，讓我在沒人干擾的私密狀態下大讀特讀這些書。我的父親主要是要我的老師在我身上培養一種討人喜歡的性情和自在的儀態。

事實上，我唯一的缺點是懶散和缺乏勇氣。問題不是在於我會做錯事，而是什麼都不做。沒有人預測我會變壞——而是變得沒用。他們預見的是懶惰，不是惡意。

我發現他們是對的。我在耳中聽到人們低聲說：「他無所事事，對朋友和家人冷淡，在公共事務方面太不親民，過分講究細節。」他們之中最無禮的人從來不會說：「他爲何那樣做？他爲何爲此付出代價？」但他們確實會問：「他爲何沒寄收據？」

無論如何，如果我很精於修潤自我畫像，我也許可以消除這些指責，並讓批評我的人明白，他們不會因我做得不夠而感到生氣，但會因我有能力做更多而生氣。

我還要再說出我年輕時代的一種天賦嗎？我有大膽的面容和柔和的聲音，扮演任何角色時會做出各種動作。十二歲那年，我在布恰南、古亨特和穆雷特的拉丁文悲劇中扮演主角，且這些悲劇在我們的中學之中表演很精彩。我們的校長安德黑亞斯．果維納斯（Andereas Goveanus）是法國最好的校長，在這方面以及在他的行業中的其他所有方面都是一位大師。他把我看成他的明星演員之一。

我認爲，表演是很適合我們出身良好的年輕人從事的工作。我曾看到我們年輕的君王們很讚賞此事。在希臘，甚至有素質的人也被允許將此事做爲一種行業。我總是認爲那些譴責這種娛樂的人是無的放矢。我說，那些拒絕有價值的表演人員進入我們美好的城鎮的人是不公正的，因爲他們不讓人們享受這種公眾的娛樂。大城市應該爲了這個目的提供戲院——就算只爲了讓人們不去暗中做更糟的事。

言歸正傳。刺激興趣是正辦。在教育中，如果不這樣，你等於是把馱著書的驢趕走。藉由鞭策，我們讓我們的學生的書包充滿知識，帶著回家。然而，爲了把事情做好，學問不只是要安置在房子中，而是要與房子密切結合。

雖然我的父親很是活躍，生氣蓬勃，但我卻不曾是很敏捷和機智的人。音樂和歌唱方面我一直無法受教，我沒有這方面的天賦，也學不會玩任何的樂器。在跳舞、網球和摔角方面，我的表現一直是平平。游泳、撐竿跳、擊劍和跳躍方面我都是一竅不通。

我的手很笨拙，所寫的字自己都看不懂。我寧願再潦草寫一次，也不要費心去辯讀。我讀的方面比寫的方面好不了多少，並且，我認爲我會讓聽的人很厭倦。如若不然，我會是個很好的書記。

我無法把一封信摺得很好看，我無法把筆修整好，無法在餐桌上切出像樣的東西，或上好馬鞍、放鷹、跟狗、鳥或馬講話。

簡言之，我的生理資賦和我的心理資賦很相配——兩者都不很靈敏，只具穩固和充分的精力。我在勞動和受苦方面很有耐性，但只在我自願工作時才如此。否則的話，如果沒有某種快樂引誘我，我會一無是處。我認爲，如不論生命和健康，則沒有什麼事情會讓我緊張不安，或以痛苦和不自由爲代價去承受。

我極爲懶散，因本性和訓練之故而很放任自己，但我會願意爲一個人流血，也願意爲他擔心。我的靈魂很自由，完全自主，習慣於隨它所欲。到目前爲止，我不曾讓主人或支配者強迫我，我想要怎麼做就怎麼做，以最適合我的步調去進行。這已使得我變得很柔弱，不適合服務別人，只對自己有用。

我並不需要去施壓我的遲鈍和懶散的性情。我天生有足夠的錢滿足自己（有數以千計的其他人會使用金錢做爲跳板，跳進貪求更多利得的不安和煩惱中），我也天生有我所需要的明智頭腦。我不追求什麼，卻發現了我所追求的。

有些人，幸運之神沒有提供他們基礎和方法去過一種寧靜和安定的生活，如果他們賭注所有的一切，那是可以原諒的，因爲無論如何他們必須自謀生計。我發現了較容易的方法，聽從我年輕時候好朋友的忠告，要我排除野心，安於本分。我做了很正確的判斷，判斷我的力量不堪做大事，並記得大臣奧利維爾（Chancellor Olivier）的話，「法國人就像猴子蜂湧上樹，在樹枝中跳來跳去，一直跳到樹頂，一旦到達那裡，就讓世人看到牠們的屁股。」

凡是想養育一個男孩長大後有所作爲的人，就會讓男孩在年輕時受苦，並且要時常違反醫學的準則。強化他們的心智是不夠，肌肉也必須強化。如果不佐以身體，心智會受到痛苦的壓力，如果只讓心智單獨承受重擔，那會是太沉重的工作。我知道，我因身體柔弱和敏感而讓心智承受壓力。我的身體永遠靠心智支撐。我時常在書中讀到：我們的老師所謂的勇氣的範例，只不過是皮粗骨硬而已。我知道有男人和女人身體很棒，用力打他一人，比用手指彈我一下更不算什麼。

尤其有進者，一個男孩必須藉由身體運動的酷烈和操練而變得強健，以便能在生命較晚期時抵擋得住斷肢、腹絞痛、燒灼的傷害，甚至抵擋得住毒素與折磨之苦，因爲隨著歲月的移轉，這一切都會加諸無論公正或不公正的人身上。現今的內戰中有足夠的證據證明，凡是以武力去做違法事情的人，都會以鞭子和套索去威脅到我們中最好的人。

我在還小的時候喜歡穿好看的衣服，因爲沒有其他裝飾品。這樣做很適合我。有些人，豪華的衣服穿在他們身上會發出悲嘆聲。我總是樂於去模仿那種在我們年輕人身上仍然可以看到的不講究穿著的樣子——大衣披在一肩上，帽子斜戴一邊，襪子亂穿，這一切全都意在高傲地表示輕視那些外來的不中用玩意，以及看不起各種做作的東西。

但我發現，這種不講究的表現在講話方面更好用。我最喜愛的言談方式是自然又淺顯——很有力地表達一個人的自我，不會流利到乾脆和唐突的程度。就像在衣著中，藉由一種怪異的時尚而特立獨行，是一種小心眼的表現，在言談中，挖掘新語詞或廢棄的語詞，則是幼稚和炫學的表現。

但願我只要說出人們可能在巴黎的市場聽到的語言。侍從或「小橋」（Petit Pone）上的潑婦，如果你注意聽，會說出可容忍的言語，所犯的錯非常少，一如法國的文學碩士。我認爲最不會讓人看不起的人是那些講話直白、簡潔的下層階級人士。我認爲，農人的儀態與語言比哲學家本人的語言更符合眞正哲學的教誨。「平常的人，」拉克坦提斯（Lactanitius）說：「由於只知道他們需要知道的事，所以遠較明智。」

我的法文發音都受到我省份的野蠻風氣所侵蝕。這些地方的每個人講話都帶有出生地的口音，會冒犯了眞正法國人的耳朵。然而我不太擅長佩理果德（Perigord）方言，因爲我不常使用它，就像不常使用德語，但我也不很介意。那是一種拖沓、拖長、卑微的語言，像我的那個講法語地區中的所有其他語言。在我們上方對著群山的方向，有人講加斯科尼語（Gascon），我認爲出奇地好聽，率直又簡鍊，是我曾知道的很具男子氣和軍人氣的語言。我大部分的鄰居都講跟我現在正在寫的同樣語言，但我無法確定他們是否有同樣想法。

一個年輕人以不認眞的態度鑑賞酒和調味料，應該受到苛責。在那個年紀，我最不懂得和最不關心的事，莫過於鑑賞酒和調味料。現在我開始學了。我非常慚愧，但我能怎樣呢？我甚至爲那迫使我這樣的環境感到更慚愧。我們年紀大的人只能做夢，混日子，而年輕人是要盡力向前進，想想他們的名聲。他們正走向這世界及世人的見解；我們是正在走回來。

我挑剔的是，社會不夠早讓我們有工作做。奧古斯都（Augustus）十九歲就成爲世界之主，然而他卻主張要等到一個人三十歲才能讓他決定要在哪兒挖水溝。我認爲，我們的心智在二十歲時就成熟了，從此就會勝任事情了。如果在那個年紀沒有顯示出有能力的跡象，以後就永遠不會再證明有能力了。

我相信，那個年紀之後，我的心智和身體都已走下坡而不是有改善。如果一個人以明智的方式使用時間，則知識和經驗就可能隨著歲月而增加。但是，生命力、靈敏性、堅韌性以及更不可或缺、重要的及眞正屬於我們自己的部分，都會衰退和凋萎。

有時身體先出現狀況，有時則是心智。我看過很多人，他們的腦比他們的胃和腿先弱化。由於這種弱不會讓當事人感到痛苦，且其症狀很難覺察，所以更加危險。因此我對我們的法律有怨言，並不是因爲我們的法律讓我們工作的時間太長，而是因爲它們讓我們工作到年紀太大的時候。由於生命很脆弱，又會有自然的意外事件發生，我們不應該花很多的時間做幼稚的事情、游手好閒、當學徒。

我的一個朋友狄安妮·德·佛伊克斯夫人（Madame Diane de Foix）前天告訴我說：我應該再多寫有關孩童教育的文章。夫人啊，確實是如此，如果我對這個題目很熟練，最好就表現在妳將會很快樂地生下來的小孩身上（妳很有雅量，第一胎會是男的）。由於我對於促成妳的婚姻涉入甚深，所以，我認爲我對於婚姻所帶來的所有美妙和榮耀的事情，是有權利和興趣的。

無論如何，就我對事情的了解而言，有關人的學問方面，最嚴肅和困難的事莫若孩童的撫養。生小孩足夠容易，但一旦生了，則煩惱、困擾和焦慮就開始了。

嬰兒的傾向曖昧不明，他們的未來不確定，會對我們有誤導作用，所以我們非常難以做出明確的猜測或判斷。幼獸和小狗會很快顯示其自然的性向，但是，人在長大時會很容易接受普遍爲人接受的習俗、見解和律則，會很快改變他們的本性，或至少加以掩飾。因此，由於我們無法猜測人眞正會走的路，就會浪費時間和精力把幾乎不適合他們的東西教給他們。關於這個困難，我認爲我們應該讓他們走上最佳和最有利的大道，不用太擔心他們在童年時所顯示的徵象——我認爲柏拉圖（Plato）太過分強調這一點。

夫人啊，學問是一種很好的裝飾和奇妙的工具，特別是對於像妳這種階層的人而言。雖然我確知，品嚐過學問美味的妳，不會在教育妳的孩子時忽略掉這種必要的成分，但我仍然要冒昧地把我的一個怪異想法告訴妳，雖然這個想法違悖了一般的習慣。這是我在此事上能爲妳提供的一切。

一個出身良好家庭的男孩，如果不是要把文學當做生計或外表的裝飾，而是要爲他個人所使用，以充實他內在的生命，如果他要使自己成爲一個有能力的人，而不是一個有學問的人，那麼，對這樣的男孩而言，我要他的朋友們爲他選的老師是頭腦要很平衡，而不是要裝滿學問。我們需要一個兩者兼備的人，但寧願要一個有禮貌和了解力的人，而不是一個有學問的人。我們要這個人以一種新的方式做他的工作。

老師永遠在我們耳中大聲吆喝，好像要把東西灌進一個漏斗中。我們要做的事只是重複他們告訴我們的事情。我要我們的私人教師在這件事情上做全盤的改革。開始時，他應該激勵學生。讓他自己去嘗試事情，自己做選擇和決定。有時，老師應該開闢新的蹊徑，有時是學生應該這樣做。最好是讓男孩像小馬一樣，在老師前面小跑，這樣他才能決定自己的步伐，以及如何減速。這是我所知道的最難事情之一。只有接受過戒律和淬鍊的人，才知道如何緩慢和迎合孩童的步伐。我上山時步伐比下山時穩固又確定。

我們的學校老師應該藉由學生的生活，而不是記憶，做爲證據來判斷他學到了什麼。老師要讓男孩檢視和篩選所讀的東西，不要信賴任何東西或把任何東西視爲權威。如此，亞里斯多德的原理對他而言就不再是原理，就像伊匹鳩魯（Epicurus）或斯多亞（Stoics）的原理對他而言也不再是原理。老師應該把見解的多樣呈現在學生面前。如果學生有能力的話，他會做選擇，否則他會持疑。如果他藉由自己的理性而採行柏拉圖的原理，那麼，這些原理就不再是柏拉圖的原理，而是他自己的了。如果一個人跟隨另一個人，他其實並不是在跟隨什麼東西，並不會發現什麼東西，不止如此，還不會尋求什麼東西。

有誰會夢想到要問一個學生對於文法和修辭學的看法，或對於西塞羅作品中某一個句子的看法？不會的，我們的老師把這一切及其瑣碎之物強塞進我們的記憶中——就像神諭，在其中字母和音節是事物的核心。但是背誦並不是了解。一個人所眞正了解的事情，他可以隨意把它翻來覆去，不用考慮作者，也不必在一本書中摸索它。

但知識只是惱人的東西，也許可以做爲裝飾品，但不能成爲一種基礎。我希望鮑魯爾（Pauèl）或龐培（Pompey），就是我的時代的兩位美妙舞者，會教我們如何蹦蹦跳跳，只是看著他們，不用移離座位，就像我們的老師教導我們了解事情，不用實際去做。我會很高興能夠找到一個人，他能夠教我們投擲一支矛或彈魯特琴（lute），不用實際去做，就像我們的老師讓我們能夠好好思考和說話，不必練習我們的判斷力或舌頭。

如果我們的學生心中確實儲存著東西，則語詞會很快出現。如果語詞不會自動跟著他走，他就會拖著它們走。如果你看到人們結結巴巴地說出一個句子，你就知道他們並不了解他們是在追求什麼。他們的困難不在於表達，而在於構思——他們在爲想法的不成形而費勁。一個明顯的事實是，我們的教育，其花費心思和金錢，唯一的目標就是要讓頭腦中塞滿事實——有關判斷力、謹慎和美德的事實，不，是語詞的事實。教育在這點上倒是非常成功。教育不教我們謹慎和美德，它提供這兩者的字源。我們學會如何變化「美德」一詞的語尾，而不是賦予它生命。如果我們不知道「謹慎」（prudence）實際上是什麼以及藉由經驗知道它是什麼，則我們會藉由行話和死記硬背來了解它。

然而，我們並不會滿足於藉由我們的鄰居的家系和婚姻關係而了解鄰居。我們是要他們當朋友，喜歡與他們一起生活，喜歡了解他們的心智。但我們的教育卻教我們「美德」一詞的語尾變化和分類，就像很多系譜學教我們的那樣，並不去培養我們與「美德」的熟悉程度和友善關係。我們的教育爲了教育我們而選的書，並不是包含最健全見解的書，而是拉丁文和希臘文最美好的書，它們優美的詞語把古代最虛幻的幽默植進我們的幻想中。

在問及有關一個人的事情時，我們會很貪婪地問道：「他懂得拉丁文或希臘文嗎？他寫詩或散文嗎？」但有關教育的最重要事情，即「他是變得更好還是更壞呢？」我們卻一點也不介意。我們應該問的不是「誰知道的最多？」而是「誰知道的最正確？」

在眞正的教育中，只要是我們所獲得的資料，都等於是書：一個小聽差的惡作劇、一個僕人所犯的錯、一點點的席間閒談——它們全是課程表的一部分。我們的小孩子跟別人在一起時，應該耳聽四方，眼觀八方。我發現，占著最好職位的人通常是最沒有能力的人，高位很少伴隨以好見識。我曾目睹，那些坐在桌首的人只會談桌布的美或酒的香，而坐在桌尾的人所說的美事都被輕輕帶過或無人聞問。

我們要讓我們的學生檢視每個人的才賦，無論是農夫、泥水匠還是路人。我們可以從所有這些人身上學到他們各自的行業的東西。不止如此，別人的愚蠢和無禮也可以增加我們的智慧。

所謂與人的談話，我也指——且主要是指——那些活在歷史的記錄中的人。這樣，我們將跟最美好的時代的偉大和英勇的心靈對談。閱讀普魯塔克（Plutarch）的《希臘羅馬名人傳》（*Lives*），我們在有關人的重要事情上，收獲會多麼多啊！但我們的老師要記得這種教導的眞正目的。他不是要讓學生強記迦太基（Carthage）覆亡的日期，以及漢尼拔（Hannibal）和西比奧（Scipio）的儀態，不是要讓學生強記馬色勒斯（Marcellus）死於何處，而是爲何他死在那裡很不值得。學生必須學的不是歷史的敘述，而是對歷史的判斷。

我們應該教學生：所謂「知道事情」是什麼意思，不是只教導他去知道它。我們應該教學生：學習的意向和目的應該是什麼；勇氣、節制和公正是什麼；抱負與貪婪之間的差別，忠心與卑屈之間的差別，自由與放縱之間的差別；眞正和完全的滿足的徵象是什麼；我們應該恐懼恥辱、痛苦和死亡到什麼程度；我們的行動的眞正本源，以及我們各種想法和欲望的理由。我認爲，我們最先要學的應該是：如何支配我們的行爲和了解力，如何好好生活與死去。

就通才學問而言，我們首先要學的是那種會眞正讓我們自由的學問。一旦我們學會如何讓生活的功能保持在自然的範圍之內，我們就會發現，我們所使用的大部分其他學問，對我們而言並沒有用。在我們的孩子們還沒有了解自己的行爲之前，教他們星星的行爲，那是無稽之談。

在你教了那些會使得孩童更明智、更美好的學問——那就是哲學——之後，你就可以教他們邏輯、物理學、幾何學和修辭學。在他們已經學會自己做判斷之後，他們就會在所選擇的任何學問上快速地進步。

非常令人遺憾的是，就今日的情況而言，哲學被認爲是無用、徒然、怪誕的東西。我想原因是，卑下的遁詞和詭辯阻礙了哲學所有前進的路徑。是邏輯的殘害使得哲學的信徒變得討人厭，不是哲學本身使然。孩童之所以認爲哲學是很困難的東西，很大的程度上確實要歸咎於大人。世界上最飄逸、輕快、歡樂以及——我可以說——放蕩的東西就是哲學。哲學只宣揚享樂和歡樂。她的冷淡、憂鬱的臉孔顯示她漫不經心。什麼！是她壓制了靈魂的暴風雨，她教饑餓和狂熱如何歡笑和唱歌——不是藉由星星的任何想像的力學，而是藉由自然和明顯的理性。

哲學以美德做爲她的目的。美德不是像煩瑣哲學家所宣稱的那樣位在無法接近的崎嶇山頂上。那些已經靠近她的人說，她住在一片美麗和豐饒的平原中，開放給任何知道路的人，穿過陰涼和開著香花的綠色大道，爬著令人心曠神怡又光滑的上坡路，就像爬著蒼穹。

因此，我們的導師會讓他的學生消化這新的一課——即美德的價值在於它有用又令人愉快。無論男孩或男人，無論心智單純的人或心智精巧的人，都不會認爲美德是困難的事，都會讓它成爲他們自己的東西。要獲得它，並不是靠暴力，而是靠溫和的習慣。

由於哲學告訴我們如何生活，由於孩童和成人一樣都需要生活的藝術，所以我們爲何不在較早的時候教給他們。我們都在生命過了大半時才學習如何生活。數以百計的學生都在得了水痘之後才接觸到亞里斯多德論「節制」（temperance）的文章。我們的男孩只有十五、六年的時間接受教育——其餘的時間都在做事。因此，我們要把那十五、六年的時間用在不可或缺的教學上。要排除辯證法的棘手的精巧！辯證法是弊病，從來就不會改善我們的心智。我們反而要採行簡單的哲學談話：要學習如何選擇和使用哲學談話。它比薄伽邱（Boccacio）的一篇故事還簡單。一個哺乳期的幼兒能夠很容易掌握它，比學習如何讀或寫還容易。

對我們的小孩而言，一間書房、一座花園、一張桌子、他的床，無論單獨一人或有人陪伴，無論早晨或晚上：所有的時表都將是他的學習時間，所有的地方都將是他的教室。哲學將是他的主要學習對象，因爲它會塑造判斷力和儀態，哲學有特權參與一切。

正如我們在走廊上來回踱步所採取的步驟，儘管達三次之多，但並不會像一次正式的旅程那樣讓我們感到疲累。同樣的，我們的學習好像以偶然的方式進行，會不知不覺地進行著。如此，孩童的運動和遊戲會是他的學習的一個很好的部分。我會訓練他的四肢，一如訓練他的頭腦。我們所教育的不是心智，也不是身體，而是一個人。我們不能把他分裂成兩半。

年輕的身體很柔軟，應該讓它變成各種樣子，適應各種習慣。如果一個年輕人能夠讓自己的意志和欲望受到適當的限制，我們就可以大膽地訓練他，讓他在所有的國家和同伴中都很適應——甚至如果基於習俗的需求，我們還可以訓練他適應放蕩和過度的行爲。一個年輕人應該違反規則，爲的是要激起他的精力，使精力不致腐朽。最愚蠢和虛弱的生活過程，莫過於受制於不變的規則和紀律的生活過程。如果一個年輕人接受我的忠告，他將會時而表示反抗。否則，只要有些微放蕩的表現，他就會臥病在床，成爲社會之中討人厭的人物。一個莊重的人的最惡劣的特質是挑剔以及頑固地執著於怪異的行爲——只要行爲沒有彈性，全都是怪異的行爲。

我們的年輕人應該能夠什麼事情都做，但卻只喜愛做好事。我們要讓他們大聲笑、玩耍、跟他們的君侯狎遊。我會希望，甚至在表現放蕩行爲時，他們也能勝過同伴，如此，當他們拒絕沉溺於罪惡時，也不是因爲他們缺少知識或力量，而是缺少意願。一個人如果不敢或無法去做他看到同伴們在做的事情，應該感到羞愧。這樣的人應該只去做廚房的工作。

當蘇格拉底（Socrates）被問及「你的國家是什麼？」他並不是回答「雅典，」而是「這個世界。」他那較充足又廣闊的想像力包容了宇宙，取代他的城市。他把自己的知識、社會和友誼延伸到所有的人類——不像我們自己只看到鼻尖。

這個廣大的世界——有人現今認爲它只是很多同樣的世界的一個——是一面鏡子，我們必須看進其中，俾能了解我們自己的眞正份量。簡言之，這個世界是年輕的學子必須研讀的一本書。

由這個世界的心緒、宗派、見解、律法和習俗所建構成的盛大場景，將會教我們以正確的方式去判斷我們自己的弱點和缺陷，讓我們的了解力能夠看出這世界的弱點和缺陷——這可不是微不足道的思考方式。這個世界的邦國和王國的無止境變動，它的大眾命運的風水輪流轉和革命，我們了解後會變得足夠明智，因此對我們自己的那些部分就不會大驚小怪。這個世界的有名和偉大的征戰雖然爲人遺忘，但我們了解後，就會嘲笑自己竟然希望讓名字變得不朽，只因我們逮捕了一位伍長的衛兵，或抓住了只因倒場而被記得的一個雞窩。看了異國排場的榮耀、無數宮廷和壯觀場面的莊嚴宏偉，我們會習慣於專心去檢視我們自己的光榮。數以百萬計的人已進入墳墓，我們了解後，會有勇氣加入這些好同伴的行列。

畢達哥拉斯（Pythagoras）常說：生命就像奧林匹克賽事：一些人使出渾身解數去奪得獎品；另一些人拿沒有價值的東西賣給眾人，藉以營利；還有一些人（不是最壞的），他們只看著表演，了解一切是如何做成以及爲何做成。他們旁觀別人的生活，俾能以更美好的方式評斷和處理自己的生活。

這些就是我所提供的學習內容。實際應用它們的人，獲利會比只是知道它們的人更多。當你看到這樣的人時，你就聽到他了，當你聽到他時，你就看到他了。「千萬不要，」柏拉圖的作品中有人說：「讓哲學只意味著學到一堆事實以及談論學問！」有一次，赫吉希亞斯（Hegesion）要狄奧眞尼（Diogenes）讀某一本書。「你眞愛談笑，」狄奧眞尼回答，「你確實喜歡眞正的無花果勝過畫出來的無花果——你爲何不選活生生的課而不是寫出來的課？」

也許我們的學生會是一個很剛愎的人。他也許喜歡聽一則愚蠢的寓言，而不喜歡聽一則明智的談話或某一次重要的航行的眞實故事。他的玩伴熱衷於戰鼓的敲擊，但他自己卻對於一個馬戲團小丑的誇張動作感興趣。也許他會比較不喜歡風塵僕僕、得意洋洋地從戰場歸來，會比較喜歡在贏得一次網球賽後漫步回家。如果是這樣，我只看到一種治藥。就算他是一個公爵的兒子，他的老師也應該趁早勒死他，或者如果這樣做會被人看到，那麼，他的老師就應該把他帶到一個很不錯的城鎮去當一個糕餅師傅的學徒。

第四章

我再也找不到的一個朋友

我所曾知道的最有才賦——我是說自然的秉賦——的一個人是伊提恩・德・拉・波提（Etienne de la Boétie）。他的本性確實很完美，在每方面都很美好，是典型在夙昔的那種人。如果命運允許的話，他是會完成偉大的事情的，因爲他已藉由學習和研究完全發展了自己的才賦。

他十八歲前還只是年輕小伙子時，就寫了一篇論述文章，名爲《論自願的奴役》（*La Servitude Volontaire*），藉以讚美自由，反對獨裁者。如果他能夠自己做選擇的話，他寧願出生在威尼斯（Venice），而不是沙拉特（Sarlat）。確實是如此。這篇作品，很博學和很有洞識力的人都看過，獲得高度和應得的讚賞，因爲寫得很優美，內容又很豐富。然而，這篇文章離他的能力表現還很遠。如果他在比較成熟的歲月（在我有幸認識他的時候）把自己的想法寫進作品中——就像我現在在做的那樣，他的作品就會媲美古代最好的作品。

他的這篇文章特別讓我獲益良多。我從這篇文章第一次知道他的名字。我在遇見他之前早就看到這篇文章了。事實證明，它是我們後來加深友誼的源泉，只要上帝樂於讓我們繼續在一起，我們都讓友誼保持在無瑕和完美的狀態中，甚至在故事中都不可能發現這樣的友誼。想必是有很多幸運的機緣結合在一起，把這種友誼建立起來。如果幸運之神讓它每三個世紀發生一次，那就不得了了。

有一種難以言喻的決定性力量把我們結合在一起。在還沒有見面之前，我們藉由我們所聽到的有關的陳述彼此努力要尋找對方。這種陳述對我們的影響力，大過純粹的報導在理論上所發揮的影響力。我們以彼此的名字相擁。

我們的第一次見面很是偶然。我們是在那些參與一次盛大的城市娛樂場合的群眾之中見面，立刻爲對方所吸引，很深入地彼此了解，也彼此很親近，從此以後，再也沒有什麼情況比我們彼此的關係更親近的了。

他寫了一首很優秀的拉丁詩，現已出版。他在其中說明爲何我們的靈魂如此快速地結合在一起，臻至完美的境地。那麼晚才認識——當時我們已是成年人，他年紀比我稍大——並且我們餘生時間不多，所以，我們不能浪費時間。把我們結合在一起的，並非普通的友誼，因爲普通的友誼會需要先經歷審愼的爭論過程和長時間的初步交流。

我們的友誼的唯一目的就是友誼本身，不涉及外在的一切。這種友誼沒有一種理由、兩種理由、一千種理由。我不知道是什麼精髓吸引了我的靈魂，投奔於他的靈魂中，迷失在他的靈魂中，然後又攫住他的靈魂，讓它迷失在我的靈魂中。我眞的可以用「迷失」來形容，因爲我們完全不保留我們的所有和本然。

如果你逼我說出我爲何喜愛他的理由，我想我只能回答：因爲那是他，因爲那是我！

大自然似乎已經讓人類傾向社交勝過傾向其他一切。我發現，社交的最高完美點就是友誼。

「兄弟」之爲名確實很美，又充滿甜美的滋味。基於這個理由，他和我把兄弟之情加諸我們之間的連結。但是，在一般的兄弟關係中會出現利益的傾軋，和財產的分配，一個兄弟的財富意味著另一個兄弟的貧窮，如此大大減弱了這種自然的關係。除外，創造出眞正友誼的儀態、資賦和品味的相投，也不會存在於一般的兄弟或父子的關係之中。他是我的兒子，他是我的兄弟：是的，但他也可能脾氣很壞，很是愚蠢。此外，就法律和責任所加諸這種家庭關係的意義而言，也較沒有選擇和自由的運作空間。最適合「自由」的領域是在於深情和友誼。

雖然我們對於女人的喜愛也是自願的，但卻是無與倫比的。這種對於女人的喜愛在我的年輕時代占有一席之地，也在他的年輕時代占有一席之地——如同他的詩所明白坦承的。但我總是能夠將兩者加以區分。這種熱情之火較不安定、較灼熱、較尖刻，是一種狂熱之火，只抓住我們的一個角落，愛不過就是瘋狂地欲求得不到的東西，有了成果就會毀了它，因爲只有一個肉體的目標，它會在過分饜足中消失，一旦進入友誼的情況就會枯萎。然而，友誼卻是一種適度、持續又穩定的熱，因歡樂而茁壯。它是涉及心靈的，而心靈的邊緣會因使用而變得銳利。

至於婚姻，如果一種自願的結合可以用婚約的方式促成，在其中靈魂與肉體塑造完美的成果，而一個男人一直不離不棄，那麼，它所臻至的友誼之情無疑會更充分與完美。但女人不曾達到這種完美狀態。古人很快就拒絕了這種可能性。

我們的風俗則厭惡這另一種希臘人的過分自由，有其理由。尤有進者，情人之間年紀和功能的必然差異，使得我所談到的完美結合與和諧遠遠落人之後——「爲什麼，」西塞羅（Cicero）問道，「她們不愛一個英俊的老年人？」

至於其餘的，我們通常所謂的朋友和友誼只不過是相識狀態和社交上的親近狀態，其形成是爲了方便或基於偶然。我跟任何人一樣都有這方面的經驗，並且是其中最好的那一種經驗。在這些平常的友誼之中，你必須輕輕地前進，手握著馬勒，因爲繩結很鬆，一個人在任何時都會怕溜了手。「愛一個人，」齊羅（Chilo）說：「好像你知道有一天你會恨他；恨一個人，好像你知道有一天你會愛他。」這種箴言，儘管在我寫及的那種友誼中是多麼討人厭，但在平常的親密關係中卻是夠健全的。我們可能會把亞里斯多德時常掛在嘴邊的話——「哦，我的朋友們，並沒有朋友啊」——應用在這種平常的親密關係上。

因此，請不要將普通的友誼和我們的友誼並列。世界上所有的流利口才加在一起，也無法讓我懷疑我這個朋友的意向。不，他的任何一個行動無論看起來多麼可疑，我看到時都會立刻了解。我們的心靈已經完全成長爲一個生命，彼此溫暖地相愛，表現同樣的深情，展示了我們內心的深處，我不僅了解他有如了解我自己，並且我也會把我自己的利益信託給他，比信託給我自己更樂於這樣做。

在我們這種支配性的友誼之中，禮物、恩寵和幫助，甚至不值得一提。當我對自己做一件好事時，我不會感激我自己。在眞正的朋友的結合中，朋友不會有責任的感覺，他們厭惡所有暗示分歧或差異的字語，並從言談中排除它們，諸如「仁慈」、「義務」、「感激」、「要求」、「感謝」或諸如此類的字語。所有的一切——他們的意志、思想、物品、妻子、孩童、榮譽和生活——對他們兩人都是共同的。由於情況就是「一個靈魂在兩個身體中」，所以他們不可能彼此借或給。因此，立法者爲了讓婚姻很像這種神聖的結合，就禁止夫妻之間有禮物的贈與。

爲了讓你知道這種情況是怎麼運作出來的，我就來引用一個古代而奇特的例子。一個哥林斯人（Conutlian）有兩個朋友，阿雷丟斯（Areteus）和恰利肯努斯（Charixenus）。哥林斯人在臨死時立下以下的遺囑：「我把照護母親的事留給阿雷丟斯，把準備嫁妝和嫁女兒的事留給恰利肯努斯。」看到這分遺囑的人認爲這是開玩笑，但兩位受贈人非常滿足地接受了。

這個例子很是完美，只有一個缺點，那就是，有兩個朋友。但眞正的友誼是不可分割的。友誼的每一方把自己完全獻給對方，沒有東西給別人。相反的，他很遺憾自己不是兩個人或三個人，這樣就可以給唯一的朋友更多。

我就像一個人，有一個他所認識的人很驚奇地發現他騎在一匹木馬上，跟他的小孩們玩著。他要他所認識的這個人不要說出這件事，直到他自己也成爲父親。所以我想跟一個跟我有同樣經驗的人說。

但，我知道這種友誼是多麼罕見，所以我並不存有希望會遇見一個能了解我的人。甚至在把古人的談論與我自己的感覺相比時，我也覺得前者平淡無味又貧乏。就這麼一次，哲學的效果超越它的箴言。

雖然我的這個朋友是法國高職位最適合和最需要的人之一，但他卻是蜷縮在爐床的灰燼旁過生活，在很大的程度上無法享有一般的幸福。然而，讓我經常感到安慰的是，我知道他擁有大量的寶物，對財富嗤之以鼻，並且沒有一個人過著比他更滿足和快樂的生活。

他身後只留下那篇《論自願的奴役》的論文（並且是湊巧留下來的，因爲我相信在這篇文章從他的手中傳到別人手中之後，他就不曾再看到它了）。他還留下他針對那篇因我們的內戰而出名的「一月詔書」所發表的一些意見，再有就是一些詩，其中有二十九首十四行詩寫於青春鼎盛的時候，當時他心中熾燃著高貴的熱情，其餘的則是在以後寫成，是在爲了婚姻追求女友的時候寫成，獻給妻子，透露出我也不知道是什麼樣的婚姻冷感。我很同意一些人的看法，他們宣稱，詩在寫及放蕩和違法的題材時是最具歡樂氣息的。

至於他臨終前的時辰，沒有人比我更能描述。他在整個生病的期間，比任何人更樂於跟我講話。我們親密的友誼讓我最能深入了解他心中在想些什麼。

一五六三年八月九日星期一從法院回來時，我送了口信，要他來跟我吃飯。他回信謝謝我，但說身體微恙，要我在他前往梅朵克（Medoc）之前跟他共度一小時。

我吃完飯後不久就去拜訪他。他和衣躺著，神情隱約有了變化。他說他患了下痢，伴隨痙攣，是前天穿很少衣服跟德斯卡爾先生（M. d'Escars）遊玩時染上的，那種寒氣時常以這種方式襲擊他。

我勸他按照計劃前往梅朵克，部分是因爲他的住處毗鄰一些遭受瘟疫之害的房子，這使得他感到很不自在，因爲他剛從培理果德（Perigord）和爾珍諾伊（Agenois）回來，而這兩個地方瘟疫的情況都很嚴重。此外，我認爲騎馬對患這種病的他是非常好的方法。但我勸他不要到比傑米藍（Germignan）更遠的地方，而傑米藍離城市只有兩里格之遠。因此，他在妻子和叔叔德．波伊霍那斯先生（M. de Bouillhonas）陪伴下出發了。

第二天一早，德．拉．波提的一個家人奉德．拉．波提夫人之命來告訴我說：我這個朋友在夜晚突然下痢很嚴重。夫人催促我要爲他找一位醫生和藥劑師，並要我自己前去。

我到達時，他非常高興看到我。我離開時，答應第二天再去，但他卻表現出比平常更熱情的模樣要我跟他待在一起。這讓我感到奇怪。正當我要離開的時候，他的妻子滿懷不祥的預感，噙著淚請求我那晚不要離開。

當我星期四再見到他時，病情更惡劣。那種已經使他變得虛弱的疼痛和淌血情況，每小時都在遂增。

星期六，我發現他身體很虛弱。然後他告訴我說：他的下痢有傳染性，無論如何很令他不快和沮喪。他知道我的脾性，請求我只短暫造訪，但次數儘可能多。此後，我不曾再離開他。

星期日，他陷入昏迷。清醒過來後，他說他似乎迷失在一大片迷濛中，一切都在混亂地游動著，除了厚厚的雲霧之外，其餘什麼也看不見，然而他卻沒有感到強烈的不舒適。「兄弟啊，」我說：「死亡不會比這更糟。」「不，」他回答，「其實還不錯。」

因爲自從發病以來，他不曾睡覺，而就算下最猛的藥也無效，他開始對治癒感到絕望，也這樣告訴我。聽到他這樣說：我大膽建議他把事情安排好，他臉上露出勇敢的神色並接受了。

他要我請他的妻子和叔叔來。我要他不要驚動他們。「不，不，」他說：「我會激勵他們。我會讓他們對結果存有比我更大的希望。」然後他問，他昏迷期間有沒有讓我們很驚慌。

「昏迷不算什麼，」我讓他安心，「昏迷是這種病常見的情況，不算什麼。」「當你最害怕的事情逼視著你的時候，你就不能說它沒什麼。」他說。

「它只會爲你帶來快樂，」我告訴他，「失去一位如此明智而善良的朋友的陪伴將是我們的痛苦，我沒辦法再指望遇見像你一樣的朋友。」

「也許是如此，」他回答，「如果我沒有快速穿過我已走了一半的路，那是因爲你會失去我，他們會失去我」——「他們」是他的妻子和叔叔——「這些人全是我最愛的。」

此時，我讓他請「他們」來。他們儘可能表現得很鎮定。當我們坐在他的床四周，只有我們四個人在一起，他以一種鎮靜和愉快的聲音說話。

「我感覺很好，」他說：「並且充滿希望，感謝上帝。但我們知道世事無常，甚至我們非常珍重的生命也只不過是雲煙和空虛。我畢竟是一個病人，遭受到了死亡很大的威脅。所以，我認爲把家裡的事整理就緒是很明智的事。」

他轉向他的叔叔，繼續說：「我的好叔叔，如果我必須陳述我從孩提時代起受惠於你的一切，我是做不到的。你對我而言是一個眞正的父親，身爲一個眞正的兒子，我認爲我沒有權利不獲得你的同意就處理任何事情。」然後他停下來，一直到他的叔叔啜泣著，流著淚，回答說：他所做的任何事，他都會同意。於是他讓叔叔繼承所剩餘的財產。

然後他對妻子說話。「我的另一半，」他說——他時常呼她「另一半」，因爲他們之間的結合的時間很長久——「我曾全心全意愛妳，我知道妳對我也是一樣，我再怎麼感激也不爲過。我請求妳接受我要給妳的東西，對它們很滿足，雖然我知道這不足以表達妳的優點。」

「兄弟啊，」然後他轉向我說道，「我是那麼愛你，我選擇你，是要你跟我一起重申一件事：我們的時代所沒有且只有些微蹤跡徘徊在我們對古代的記憶中的那種高貴和眞正的友誼。我請求你接受我的書庫和書——是很寒酸的禮物，但卻出於善良的心，並且屬於你這個喜愛文學的人。這對你而言將是你的同志的紀念品（μνημόσυνον tui sodalis, a souvenir of your comrade）。」

然後，他對我們三個人說話，感謝上帝在這個臨終的時辰，讓對他最親愛人陪伴在他四周，並說這是一個美好的情景：看到四個人如此結合在友誼中，確知我們爲了其他人而彼此相愛。他繼續說著，聲音堅定，臉色煥然一新，脈搏強有力，我還以爲一種奇蹟讓他活了過來，我甚至將他的脈搏和我的脈搏加以比較。

在那個時候，我的心情很低落，幾乎無法回答他的話。但幾小時之後，我告訴他說：我羞愧得臉紅，因爲我在聽到他在痛苦之中有勇氣說出來的話時，我自己卻沒有了勇氣。我告訴他說：到此時爲止，我都認爲上帝很少提供我們力量去支配人類的意外事件，我幾乎無法相信我在歷史中所讀到的有關這種力量的敘述，但此時我卻看到了證明，我讚美上帝讓我在一個如此愛我的人身上發現了這種力量，而這會成爲一種典範，在輪到我時扮演同樣的角色。

他拉起我的手，說道，「兄弟啊，我告訴你，我生命中的很多事情都像這件事那樣嚴峻又困難。該是我準備好的時候，我早就將教訓牢記於心了。畢竟，活了這麼久難道不夠嗎？我快三十三歲了。現在上帝已經仁慈地把我交到健康和快樂的手中。在人類生命的無常中，生命不可能持續得更久。現在我將免於一個人在追求財富時的惡意與欺騙，也免於老年的痛苦。我確定我將進入有福的人的住所。」

我聽他這樣說：露出困惱的神色，於是他說：「什麼！你希望讓我害怕嗎？如果我害怕，除了訴諸你給我勇氣，還能訴諸誰呢？」

那天晚上，公證人來草擬遺囑。我要他寫好後讓我的朋友簽名。「不，」我的朋友說：「我要自己草擬，但你必須讓我稍微緩緩，因爲我筋疲力盡。」我想改變話題，但他忽然振作精神，告訴我說：一個人要死不需要很多時間。口授完之後，他轉向我，說道，「那就是人們所謂的財產！」

星期一早晨，他情況很嚴重，放棄了所有的希望。他看到我時，把我叫到他身邊。「我的兄弟，」他說：「你不同情我的痛苦嗎？你難道看不出來，你爲了幫助我所做的一切，只會延長我的痛苦嗎？」不久之後，他昏過去。甦醒過來時，他要我爲他倒一點酒。感覺好一點後，他說那是世界上最好的飲料。「不，」我說，要讓他集中注意力，「水是最好的。」「是的，」他用希臘語回答，「水是最好的東西。」（ὕδωρ ἄριστον〔品達〕）他的四肢已經冰冷，身體流著致命的汗水，幾乎沒有脈搏了。

星期二，他做了最後一次聖餐禮。「我想當著你的面說，」他告訴神父，「我希望我死時就像我當初受洗時以及活過的那樣，秉持摩西（Moses）在埃及所建立、先祖們在猶地亞

（Judæa）所接受並一路傳到法國的信仰。」

下午時，他忽然從瞌睡中驚醒，大聲說：「很好，它要來就讓它來；我很高興且站穩腳等著它」——這句話他在生病期間重複了兩、三次。

接近晚上時，他開始顯示出明確的死亡徵象。我嘆氣時，他叫我到他身邊。他不再只是一個人的陰影，低語著，「兄弟，朋友，感謝上帝，我將在現實中看到我剛在夢中所看到的事情。」一會兒的沉默後，我問他，「你看到什麼？」「很棒的東西，很棒的東西，」他回答。「你不曾，」我表示抗議，「對我隱瞞任何事情——你現在要開始說了嗎？」「沒錯，」他回答，「我很想——但我做不到。哦，它們是很奇妙的，無止境的，但無法說。」

他聽到妻子哭泣的聲音，就叫喚她，試圖要安慰她。「晚安，親愛的妻子，」他說：「妳現在可以離開了，因爲我要睡覺了。」這是他對她的最後道別。

她離開後，他對我說：「我的兄弟，我請求你待在我身邊。」死神的衝擊力量越來越強，他開始一再哀求我給他空間。我爲他的心智擔心，努力要跟他說理，聽到他說：「兄弟，兄弟，那麼你拒絕給我空間嗎？」我努力要說服他，我說：由於他還活著、還在呼吸，並且有一個身體，所以它一定占據著它原來的地方。「事實上是這樣，」他回答，「但它不是我欲求的地方——何況，無論如何？我不再擁有一個生命。」「上帝，」我告訴他，「不久就會給你一個更好的地方。」「但願我已經擁有它，」他說，「因爲我渴望要離開已有三天。」

在痛苦中，他一直說：他要知道我是否在他身邊。最後他鎮定下來。我感覺比較有希望，就再去找他的妻子。

一小時後，他叫我的名字一、兩次後，深深嘆一口氣，魂歸西天了——時為一五六三年八月十八日星期三早晨，在世時間為三十二年九個月零十七天。

說真的，如果我將自己的餘生——我是過得很快樂——跟我與這個人享有美妙友情的四年相比，那只不過是雲煙，是一個暗黑和乏味的夜晚。在失去他的那一天之後，我只不過是在過著一種沒有活力的生活。我的快樂沒有緩解我的悲傷，而是讓我的悲傷加倍。

我們一直是對方靈魂的另一半，而我活得比他久，覺得自己是在騙取他的那一半。在所有的事情上，無論是時間和地方，我都是他的替身，我現在感覺到我只是我自己的一個片斷。我在思考或做事時都會想念他——就像我知道他會想念我。在美德以及所有其他的成就方面，他都勝過我，在友誼方面也是如此。

我永遠不會再對你說話，永遠不會再聽到你的聲音，
也永遠不會再看到你，對我而言比生命更珍貴的兄弟啊！
但我將永遠愛你。（卡圖勒斯〔Catullus〕）。

第五章

我開始學習做愛

如果我信賴我自己的力量，也許我就永遠不會脫離我的悲傷。為了救我自己，我需要一種強有力的娛樂。所以，藉由學問與研究，我開始學習做愛——我的青春在這方面助我一臂之力。友誼把我投進痛苦之中，愛情使我擺脫友誼所帶給我的痛苦。

在其他各方面，我都一樣。一種暴烈的想像力攫住我，我發覺，改變這種想像力比馴服它容易。如果我無法作戰，我就逃走。面對大量的其他想法和娛樂時，這種想像力會失去香氣，我就會得救。甚至一位哲學家在經過二十五年之後，也會跟經過一年之後同樣生動地看到他的朋友死去的情景。但是，很多其他的事情會介入，使得悲傷減弱，最後枯萎了。

在年輕時代，我必須注意和控制自己，才能走在美德的途徑上：健康與充沛的精神在這方面並沒有什麼幫助。我此時處在另一種狀態中：「年紀大」本身會做注意和控制的工作，並且也會很有成效。我已從過分活潑陷入了過分嚴肅，而後者更加讓我感到困惱。

基於這個理由，我允許自己享受一點娛樂，我想到年輕和放蕩的日子，如此消遣我的心智。最近，我已變得太枯燥無味和遲鈍了。每天，我的年紀都會責備我太節制又冷感。現今輪到我的肉體改革我的心智。我的肉體做這件工作比心智做這件工作更粗魯又專橫。無論睡覺或走路，每個小時肉體都會針對「忍受」、「懊悔」和「死亡」對我說教。就像我以前必須防止自己放縱，現在我則必須抗拒節制，因為節制正在把我推進一種呆滯狀態中。

但是，我打算要在所有的事情上都成為我自己的主人。美德有其過度之處，需要節制，惡德也一樣。因此，為了不讓自己因拘謹而完全枯萎和乾枯，我將輕輕走到一旁，眼睛轉離前面的灰色天空，在對青春的回憶中自娛。就讓歲月隨它們所欲拖著我前進——但不要向後退！

如果我想玩蹠骨遊戲或陀螺呢？甚至智慧和愚蠢也會一起盡力在這個老年的困境中支持我。

我非常清楚，那些會抱怨我的作品很放肆的人，似乎更適合去抱怨他們自己的想法很放肆。我滿足他們的欲望，卻冒犯了他們的眼睛。我憎惡這些吹毛求疵和乖僻的人，他們避開所有的生活歡樂，但卻緊緊依附著生活的罪惡——像只會吸壞血的水蛭。

我決定要大膽說出我敢於去做的所有事情。無論如何，就算將一個人的錯失寫出來是很輕率的事，被人模仿的危險卻是很小的。就像阿利斯頓（Ariston）所說的，你越怕風，它就越把你的大衣吹開。

就像那些譴責以耳語進行私密懺悔的法國新教徒，我是公開懺悔。只要是眞實的事，我都渴望讓別人知道；或者更準確地說：我不渴求什麼，但我會非常憎惡被人誤解。那些對自己無知的人，我們可以以虛假的讚美對付，但我可不然，因爲我透徹地檢視自己，很清楚知道我該做什麼。我將不會感謝任何人讚美我是很好的領航員，或讚美我是謙虛和純潔的人。

我很苦惱的是，我的《散文集》（*Essays*）對女人的功用只是成爲她們的客廳桌子的裝飾品。我在這一章之中將進入她們的臥房中。很好，公開談話不會有趣味，也不會獲得好感，我更喜歡在私底下與她們打交道。這些是我最後的籠絡。

但是，還是言歸正傳吧。爲何人們在談及生殖行爲——自然、必要並且是本然的——時總是會臉紅？我們會足夠大膽地說：「殺、搶、背叛」，但卻竊竊私語地談到生殖。難道我們意思是說：我們在談到它時越不費力，我們就越不會想到它嗎？當然，最不被時常談及的語詞，卻是最好和最廣爲人知的。最常做性事的人，最不常提及它。書不也是一樣嗎？——被禁的書賣得最快。

我從愛神維納斯（Venus）的軍營退休還不算很長的時間，仍然記得她的力量與價值，仍然保留一點火花和一絲狂熱。我相信亞里斯多德的話，他說：害羞是青春的一種裝飾，但在老年則是一種恥辱。

我年輕時，跟其他人一樣放蕩，魯莽地沉迷於那些支配我的欲望。年輕時代那親密的接吻，很肉感，似乎要把對方吞噬，是那麼淫潤，事後幾小時還在我的嘴唇上留香。我能夠像賀拉斯（Horace）一樣說：「我也是很光榮地作戰」——只是我的功績持續的時間之久，勝過功績數目的多少。我必須坦承，我在很早的時候就品嚐到愛之征服的滋味，這樣坦承是很悲傷的事，也是一種神奇的事。這件事確實是偶然的，並且出現在還沒有選擇或還沒有知識的歲月。事實上，我記不得是何時。我的命運大可以跟夸提拉（Quartilla）的命運相比，他記不得曾經是個處男。

與美麗和好教養的女人交往，對我而言一直是很珍貴的事。但一個男人對這種事必須稍微提高警覺，特別是如果他的肉體會占上風，就像我的肉體。我全身受傷，遭受到詩人所說的那些一頭栽進愛之中的人所受的苦。沒錯，從此之後，鞭子的抽打已經讓我變得更明智。

一個人把思緒全都專注在愛方面，在其中耗費強烈又無法衡量的熱情，是很愚蠢的。反之，如果在愛的參與之中沒有表現意願或熱情，如果像演員一樣在其中扮演一個角色，適合自己的年紀以及遊戲的傳統，只在其中加進語詞，這樣的話確實是很安全，但卻像懦夫，就像一個人放棄任何榮譽、利益或快樂，只因有風險。這樣的行為無法滿足一個精神昂揚的人。我們必須眞心欲求我們所眞心期望去享受的東西。

結果會像我們所預期以及在各方面所看得到的。男人的不眞誠，已經迫使女人在自身之中尋求避風港，不然就是模仿我們，在鬧劇中扮演她們的角色，就像我們扮演我們的角色，在從事工作時不會表現出熱心、專注或愛。這就變成一種喜劇，觀眾和演員享有同樣或更多的快樂。

我認為，有維納斯就有邱比特（Cupid），就像有母親就有孩子。其中一者暗示著另一者。在這種遊戲中作弊的人，就是對自己作弊。他不會花費很多，但得到的更少。

雖然我不希望別人對我的評價高過我的實然，但我會為我年輕時的錯失辯護。不僅是因為會損及我的健康（我了解不夠多，以致於沒有逃過兩次算是很輕微和短時間的疾病），並且更是因為基於輕視的心理，我很少去擁抱粗俗和為了金錢的女人。我喜歡藉由「困難」、「渴望」以及一點點「得意」來強化自己的快樂。我喜歡提伯留斯（Tiberius）的品味，他尋求「謙虛」和「良好的出身」，一如尋求任何其他特質，也尋求那位高貴妓女佛蘿拉（Flora）的任性，這位妓女不把自己的肉體賣給地位低於獨裁者、執政官或監察吏的人。不可否認，珍珠、織錦、頭銜和侍從會讓快樂增色不少。

我很看重美好的心智，只要對身體不會有不利之處。說眞的，如果我必須捨棄吸引人的兩者中的一者，我會放棄美好的心智，雖然它對改善情況有其重要性。就主要涉及視覺和觸覺的愛而言，不用心智的優美還是可以完成事情，但沒有肉體的優美，就什麼都做不了。

至於生理的美，在我還沒進一步寫下去之前，我懷疑我們是否可能在有關這方面的描述達成一致的看法。也許不可能，因爲我們認爲生理的美有眾多的形態，是我們爲了滿足口味而創造出來的。印第安人喜歡黑色、肥厚的大嘴唇、扁平的大鼻子，他們用金戒指裝飾鼻孔之間的軟骨，讓它垂到嘴部，並用環狀的東西裝飾下嘴唇，讓它垂到下巴。在祕魯，最大的耳朵是最美的。墨西哥人很看重大胸部，誇口說可以把乳房甩到肩上哺乳幼兒。義大利人形塑宏大和奢華的美，西班牙人塑造尖形和苗條的美，而我們法國人，有人喜歡白色的美，有人喜歡黃褐色的美，有人喜歡柔軟又精緻的美，有人喜歡強壯又有力的美。但總而言之，無論一個女人多麼醜，都還是會認爲自己值得被愛，爲自己的年輕、髮色或步伐的優美感到自傲。說眞的，並沒有完全醜的女人，也沒有完全美的女人。

我時常聽到女人在描述這種交際行爲時，視之爲純心靈方面的，不屑於把官感列入考慮。其實，心靈和官感在此事之中都有幫助。然而，雖然我時常看到男人因爲女人很美就原諒她的智力很弱，但我卻不曾看到男人因爲女人有心靈魅力就樂於接受她那非常衰頹的身體。

如果有人問我，在愛方面，什麼是第一要考慮的事情，我會回答：知道如何抓住正確的時刻。我可以補充說：第二件要考慮的事跟第一件一樣，第三件跟第二件一樣。啊，機會可眞具有極端的好處！它會完成所有的事情。

我時常運氣都很不好——有時也是我自己有所不足。（願上帝不要讓那種仍然能在這方面誇口的男人知道我這件事！）我們今日的年輕人都表現得更加大膽，他們將之歸因於自己更加熱情。但是，如果女人探討此事的話，她們會認爲，這是源於男人更加不尊敬她們。

我總是怕激怒女人，達到了迷信的程度。我很樂於尊敬我所愛的女人。除外，在這件事情上不尊敬女人的男人，會使此事失去光采。我喜歡一個男人多少扮演小孩僕人的角色。

我不知道是哪一個古人，他希望自己有像鶴鳥一樣的喉部，這樣食物的美味就會持續得久一點。他最好是希望他在做這檔事時那種快速又急促的快感持續久一點——尤其是對像我這樣有太快缺點的男人而言。時間的延長以及前戲中的調情，一切的一切——一個目光，一陣顫動，一句話，一個手勢——會對彼此有好處，讓彼此得到回報。

如果一個人能夠在烤肉的蒸氣上吃飯，不是非常節省嗎？構成我們的愛的東西，實質的部分少於虛榮心與狂熱的夢：我們應該以同樣的方式爲之。讓我們教女人更加看重與我們調情和開玩笑。我們都在一開始就進行最後的進攻——這是法國人的急躁。如果女人編織出她們喜愛的東西，一小部分一小部分地秀出來，那麼，我們甚至就能夠在老年時根據我們的優點獲得回報。

如果一個人只在贏錢時才賭，只在贏得所有的賭注時才算贏，那麼，他就不應該加入我們的行列。層次越多，頂端的座位就越高。我們應該樂於被引導到那個座位，就像在一座大宮殿中，有不同的門、迂迴的通道、令人心曠神怡的長廊以及很多便道引導我們。如此，我們能夠徘徊得久一點，愛得久一點。如果沒有願望和希望，我們的表現就沒有價值。我們應該非常敬畏征服和占有的行爲。那些完全屈服於我們的盡職表現的女人，會有很大的危險，因爲盡職的表現是一種很珍貴和難得一見的美德。一個女人一旦成爲我們的，我們就不再是她的。

「親密」是肉的很好調味汁。請看看，我們那種雜交似的接吻習俗，使得接吻不再爲人敬重。這是一種令人厭惡的風尙，對我們的女士們很有傷害性，她們必須把自己的嘴唇獻給有三個男僕跟在身邊的每個男人。我們也得不到足夠的快樂。據說：我們吻美女和醜女的比例是三比六十。對於胃過敏的人而言，就像我現在的胃，爲了享受一個很好的吻而去忍受一個很不好的吻，那代價是太高了。

我很喜歡西班牙人和義大利人的愛，這種愛較具有禮、膽怯、私密和羞怯的成分。義大利人甚至向出賣肉體的女人求愛。「快樂，」他們說：「是有程度之分的，藉由求愛，我們尋求最高的程度的快樂；這些女人只出賣肉體——你必須追求她們的意志。」沒錯，我們必須藉由求愛的方式來贏得她們的意志。如果月亮讓她所愛的美少年恩迪明（Endymion）睡覺，看著一位一動也不動的男孩來自我取悅，那難道不是很瘋狂嗎？

在愛情世界的統治者的義大利，有一句格言說：除非一個男人跟一個跛腳的情婦睡過覺，否則他就不會體會維納斯的最美妙之處。我想，也許這樣一個女人的跛腳缺陷爲做愛增加了新的快感。但我最近獲知，古代的哲學家認爲，跛子的腿不需要正常的營養，所以腿上方的部分就會更有力量。所以古臘人輕蔑織布的女人，認爲她們的性欲比其他女人強烈，因爲她們從事靜態的工作。關於這一點，我可以補充，即她們坐著工作時身體動來動去，刺激她們的性欲，就像馬車的搖晃和震動刺激女人的性欲。但理性有其未逮之處。我們的心智很容易相信虛假和輕浮的印象，所以我一度只憑這句格言的權威，就說服自己去相信一個跛腳的女人會提供我更多的快感，也認爲這種缺陷是她的魅力之一。

但並非所有的快感都是一樣的。僅僅不變和善良的意志並不足以保證深情的存在。「背叛」可能隱藏其中，就像可能隱藏在別的地方。有些女人只用一隻大腿去做這件事。還有些女人寧願給你那隻大腿，也不借給你她們的馬車。你必須注意，你是基於其他原因而取悅她們呢？還是你只因那一點而讓她們滿意，就像一個強健的馬夫？如果她們吃你的麵包時，對上面所塗的牛油產生一種更令她們愉快的想像，那會怎麼樣呢？「她把你抱在懷中，但她在思緒中卻抱著另一個男人。」

見面很困難、突襲很危險、早晨之後很羞愧——「疲乏、沉默以及嘆息，」賀拉斯（Horace）說——就是這些爲調味汁增加了強烈的味道。有多少令人愉快的放蕩遊戲，是源於我們在談及愛的運作時模樣顯得很莊重又保守啊！甚至快樂也努力要藉由痛苦來增強：當快樂會刺痛和刺耳時，它就更加甜美。情婦的嚴厲會令人苦惱，但如果太容易屈服，老實說：會更令人苦惱。

爲什麼波匹兒（Poppea）掩飾自己的臉孔的美呢？還不是爲了在她的情人的心中強化她的美？爲何女人甚至會在腳跟之下掩蓋每個人都想要展示——以及看到——的那些魅力？爲何她們用那麼多障礙物，一層一層地，去遮蔽我們的欲望——以及她們的欲望——所主要聚集的部分？她們那種處女的害羞、刻意的冷淡、嚴肅的臉容，聲明她們對事情無知，其實她們比可以成爲她們的老師的我們知道得更多，這一切都是爲了什麼目的呢？還不是爲了刺激我們的欲望，讓我們想要去征服、消除和踐踏所有的那些儀禮和障礙？

要是我們讓她們表現得很愚蠢，要是我們強暴她們那溫柔的甜美和童稚的羞怯，要是我們讓她們高傲的額頭屈服於我們的熱情所透露的慈悲，對我們而言不僅是快樂，也是榮耀。男人說：克服女人的羞怯、貞節和節制，是一種榮耀，任何一個男人，只要他說服女人去放棄這些美德，就是背叛了她們以及他自己。我們想要認爲，她們的心顫動著驚慌之情、我們的言詞傷害了她們的耳朵的純潔、她們憎惡我們談話的樣子，還有，她們只會屈服於純然的暴力。

美雖然足夠強有力，但如果沒有這些小小的手段，卻無法爲人所喜愛。你可以在出售最高度和最珍貴的美的義大利，看到美被迫使用其他手段，讓它變得爲人所嚮往，還有，儘管有這些詭計，美還是很低劣、無力，因爲這畢竟是任何人都可以買到的美。

在我的時代，我已表現很大的良知處理我的愛情，就像在處理任何其他契約中的事情。我所沒有的熱情，我不會假裝出來。我經常告訴我的情婦有關熱情的產生、力量、衰微、突發和間歇——一個男人並不會總是保持同樣的步調。

如果我仍然保有我在熱情確實難抑時所寫給女人的所有信札，也許可以發現一、兩頁值得交給那些沉迷於這種瘋狂行爲的無所事事的年輕人。

我總是不做承諾，但我認爲，我所做勝過所說。就算女人善變，很明顯是善變且有時是全然善變，但她們卻發現我很忠實。只要我掌握住她們，我從來不會與她們斷絕關係，就算斷絕關係，也不會憎惡和蔑視她們。我認爲，這些親密關係無論多麼透露醜聞成分，我都表現出善意。沒有錯，我有時是會對她們的詭計和遁詞稍微表示生氣或不耐煩。我會表現性急的情緒，雖然時間短暫，情況輕微，但我坦承時常壞了我的身價。

只要她們在任何時間問及我的意見和判斷，我總是會毫不猶疑地提供她們仁慈和精明的忠告，如果刺痛了她們，就幫她們捏一捏。她們唯一的抱怨可能是，比起我們今日的情人來，我是有點太認眞了。在本來可能很容易違背承諾的時候，我都信守承諾。她們時常會有條件投降，希望我對這些條件不會那麼看重。我不只一次防衛她們不受到我的侵犯，讓她們在遵循我的準則時比遵循她們自己的準則時更安全。

愛神維納斯賜給我們狂喜——批評她的人這樣說——讓我們失去理智。然而我所知道的並非如此。我知道，甚至在最關鍵的時刻，一個男人也可能控制自己，想到別的事。就我自己的經驗而言，我發現，維納斯並不是很多人——比我更有美德的很多人——所宣稱的萬能女神。如果跟一個長久渴望的情婦度過很多夜晚，享受一個男人可能想要的所有自由和機會，然而還是忠於自己的誓言，只跟她接吻和擁抱，拿瓦瑞的王后會認爲這是奇蹟，我卻不以爲然。

只要我可能，我都會冒著危險去與女人幽會。我時常以最困難和不可能的方式安排見面——最不可能引起懷疑，且我認爲最可能做到。我最不害怕的地方會是最不會被人看到的地方。你可以很自由地敢於去做沒有人認爲你會敢去做的事：困難使事情變得容易。

我最不會以坦誠的性器官方式去進行這種事，但沒有人比我更知道，這種方法是多麼沒有效。然而我並不懊悔，因爲我此時不再會有什麼好損失的。如是我能夠重新來一次，我還是會使用同樣的方法，不管它會是多麼沒有結果。「愚蠢」和「不足」在一種不值得的行爲中是很值得的。

最後，我不會完全得意忘形。我取悅自己但不會忘記自己。我保有大自然給我的一點理性和謹愼——有一點情緒，但不會迷戀，永遠不會有背叛、忘恩、惡意或殘忍的表現。我不會不惜一切代價追求這種惡德所帶來的快感，我只滿足於其簡單和適當的代價。一個人必須點到爲止：這樣子，任何人都不會受到傷害，除非是愚人。

我以這種方式做這種事，視之爲很健全，足以活化沉重的心智和身體。如果我是一個醫生，我會把這個藥方提供給一個脾性和情況跟我一樣的人，讓他的生活具有活力且延年益壽。當我們在快進入老年後期而脈搏還在跳動時，我們需要揑揑自己，逗樂自己。

但恕我說——希望不會有殺身之禍——我相信除了在年輕時代，愛是不合時節的。美也是一樣。在成熟的年紀，美已經有點過時，雖然沒有像在老年時那樣過時。拿瓦瑞的瑪格麗特就像一個女人所會做的那樣，爲女性提出了美的聲言，她認定一個女人要一直到三十歲才不必說自己很美，而開始說自己很善良。

就這些事情而言，除了道聽途說之外，我沒有其他主張做爲根據。我認爲，只要我們的女人聽我的忠告就夠了。我勸她們——以及男人——要有節制，但如果因年紀輕而做不到，也不要太過分，要謹愼。亞里斯提普斯（Aristippus）的學生們看到他進入一間妓院，都臉紅起來，於是他說：「罪惡不在於進去，而在於不出來。」如果一個女孩不介意自己的良知，她還是要注重自己的聲名。

我建議她們以漸進的方式進行，不要那麼快就運用她們的迷人之處。她們如果隱藏自己的迷人之處，更會激發我們的欲望。就像塞西亞人（Scythians）一樣，如果她們以逃走爲方法，會更容易征服我們。

我們從女人的孩提時代，就在愛的大事上訓練她們。她們的優雅、衣著、知識、言談和教育主要是以此爲目標。她們的女家庭教師只灌輸她們愛的意象——就算持續專注於此事，以致使得她們厭惡也在所不惜。

我的女兒——我唯一的孩子——此時的年紀正是更成熟的女孩可以結婚的年紀。但是她的性情慢呑呑、無生氣、易感傷。她的母親順著這點教養她，結果現在才開始要戒掉幼稚的愚蠢行爲。有一天，我在場，她大聲朗誦一本法文書，剛好看到「fouteau」一字——一種知名的樹的名字❶。她的女家庭教師很粗魯地打斷她，要她略過這個尷尬的字。我沒有說話，以免干擾到她們之間的準則。我從不干涉這種莊重的事。女性的管理有其自身神祕的過程，我們最好任其自然發展。但是如果我的想法沒有錯的話，二十個僕人的言談，也無法像那個善良的老年女家庭教師的單單一句譴責，那樣讓我的女兒對這種禁忌語的意思和用法留下那麼深的印象。

就讓我們的女人稍微放棄一點她們的儀禮吧，就讓她們儘情地說話吧。與她們相比，我們會發現我們在這方面就像小孩。有一天，我剛好被安排在某一個地方，在不為人看到的情況下可以偷聽到她們的談話，但我怎麼能複述這些談話啊？**聖女瑪利亞**啊！（Notre Dame!）我大聲說：我們必須研究阿瑪迪斯（Amadis）❷的用詞以及薄伽邱（Boccacio）的故事，才能成為她們眼中的聰明人物：好好利用我們的時間啊！每個字、例子、策略，她們都懂得比書上的還多。那是在她們的血管中所產生的一種知識。大自然、青春、健康——優秀的學校老師——都把這種知識灌輸輸進她們的靈魂中。她們不必學習愛：她們生殖了愛。

那個好人，在我年輕時毀掉了他的城市中的很多高貴的古代雕像，以免讓它們汙染了女人的眼睛，但只要他沒有閹割掉馬、驢以及所有的大自然，他就是浪費時間了。

也許，比較正經的方法是，讓她們知道本然的事實，而不是讓她們依據狂熱的幻想去做猜

---

❶ 即樺樹，但其法文發音很像一句粗俗的猥褻語。

❷ 譯註：中世紀一名遊俠武士。

測。她們會經由希望和欲望，用誇張三倍的其他東西來取代。我的一個朋友提出了他的偉大目標，但就時間和地方而言，他都沒有機會以較適當的方式付諸實行，結果失敗了。我們的男孩子在我們的公共建築的階梯和牆壁上所亂塗的那些驚人的圖畫，產生了多麼大的傷害啊！這使得女人們對於我們眞實的設備產生一種無情的輕視心理。

去壓制女人之中的這種強烈和自然的欲望，是很愚蠢的事。當我聽到她們誇談她們的少女欲望和退隱的意願時，我會嘲笑她們。她們的退隱表現太過分了。如果她們是一個沒有牙齒的老女人或一個患了肺病而形體枯皺的年輕女人，也許就有點接近事實——雖然並不是完全可信。但那些仍然擁有生命和呼吸的人竟然這樣說，就太過分了。她們的自我讚美變成一種譴責。這讓我想起一個被懷疑性無能的鄰居。爲了排除這種指控，他在結婚的三、四天之後發誓說：他在一夜之中做了二十次。我可以補充說：這種誓言證明了他對整個事情的無知，也使得妻子與他離婚。

據說，在我們的內戰期間，我的地區的一個女孩從窗子跳下去，以避免被住在她房子的惡棍士兵所強暴。她這一跳並沒有喪命。由於沒有人阻止她，她試圖用小刀割破自己的喉嚨。無論如何，在傷了自己後，她坦承那士兵只是苦苦追求她，送她禮物。她很流利地說出這個故事。她身體沾著血，你會認爲她是第二位盧克麗色（Lucrece）❸。然而我清楚知道事實，那

❸ 譯註：古羅馬一烈婦。

就是，她在之前和之後都不是那麼難搞的女人。因此，如果你英俊又配得上，你的情婦還是拒絕你，也不要認定她是貞節的典範：這並不意味說：獵場看守人不會有機會。

當然了，我只是在談那些大肆誇談自己的冷淡和冷漠並期望別人相信的女人。她們以那種方式這樣談並沒有意義：沒有欲望就沒有美德也沒有節制。當然，當她們厚顏地談著，眼神洩露言語的虛假，當她們只是以傳統的方式喋喋不休地談著，一直在違逆眞正的本性，那其實是很不錯的消遣。

如果我們無法抑制她們的想像力，我們又能從她們那兒得到什麼呢？字面上的事實嗎？然而，她們中有很多人會避免會傷害她們的貞節的任何外部接觸——「做的時候沒有目擊者」——而我們最不懷疑的人，也許就是最令我們害怕的人。默默進行的罪是最惡劣的。關於失去童貞而不會感到羞愧或甚至並不知道，也有其他方法。「因意外或笨拙，」聖奧古斯汀說：「一個助產士在試驗一個女孩的童貞時，可能把它破壞了。」有些女人尋找自己的處女膜時卻失去了它。

事實上，我們無法準確地規定我們所希望她們不要去做的事。我們對於她們的貞節的整體想法是很荒謬的。爲了取悅我們，她們必須變得很冷淡，不爲人所看到。我不知道，亞歷山大和凱撒的功績是否眞的超越了一個美麗年輕女人的決心——這個女人在我們的社會的亮光和交際中長大，卻仍然保持完整的狀態。不做事是最難做的事。我認爲，終生每天穿著一套甲冑，比終生保有處女膜容易。

有一件事在未來對我們而言可能是一種榮譽，那就是，我們時代的某一個博學的作家——是一個巴黎人——已經很努力說服我們的女人寧願死，也不要貞節受侵。我很遺憾，這位作家並不曾聽到一個女人所說的話——我是在土魯斯（Toulouse）聽說的。這個女人曾經歷過幾個士兵的撫弄。「讚美上帝」她說：「我生命中有這麼一次感到充分滿足，沒有罪惡感。」事實上，這種殘忍與法國的溫和氣息並不相配，而謝天謝地，自從我們這位作家提出他的美好忠告後，法國的溫和氣息就完全沒有了。現在，女人遵循好人兒麥羅（Marot）❹的準則，在做的時候說「不」就足夠了。

再補充一下。我不建議女人把她們的責任稱爲「榮譽」。「責任」是核心，「榮譽」是外皮。我也不建議她們提出她們的「榮譽」做爲她們拒絕的藉口。我認爲，如果她們支配自己的欲望和意向——這兩者並不涉及「榮譽」，因爲它們不會外顯——則這樣甚至會勝過如果她們支配她們的行爲。「只因被外力禁止去同意，所以才去拒絕……那還是同意。」欲求一件事跟去做一件事，一樣是對良知很大的違逆。尤有進者，這些行爲都很私密，不很容易爲別人知道——這就是「榮譽」之所在。一個女人應該尊敬「責任」的本身和喜愛「貞節」的本身。一個有榮譽的女人會寧願失去榮譽，也不要失去良知。

除了對上帝敬畏以及如此珍貴的榮耀有其價値之外，我們的時代的墮落也會讓她們對自己

❹譯註：法國十六世紀詩人。

很小心。如果我是她們，我無論如何不會把我的名聲信賴給危險的人。在我那個時代，說出我們所做的事情會感到快樂（僅次於做事情的快樂），我們只會把這種快樂告訴最親密和最忠實的朋友。但是現在，一般的席間閒談都會大獲喜愛，大受女人暗中歡迎。

學識處理事物的方式太精細。我的男侍會做愛，也會知道自己在做什麼。但如果你把李奧．希伯利斯（Leo Hebræus）或費奇諾（Ficino）談及愛的行爲與思想的文章讀給他聽，他就會摸不著頭腦。當我每天所做的事出現在亞里斯多德的作品中時，我大部分都認不出來。爲了學者們著想，這些事都被裝飾或隱藏在另外的大衣中。神啊，但願這些事是正確的，但是，如果我去涉及的話，我會讓藝術變得自然，一如這些事使自然變得做作。

嗯，那麼，拋開書本，只以簡單和實質的方式來說吧。我認爲，愛只不過是我們渴望去享有我們所欲求的東西。愛神維納斯特別就是排泄體液時所帶來的快感，類似大自然在提供其他排泄時所賜給我們的快感——而這種排泄會因爲沒有節制或不謹愼而變得邪惡。

這種快感帶來荒謬的興奮；它激發出愚蠢的動作；它發揮最美妙的作用時，出現那種無止境的狂熱之情，臉上露出怒容和殘酷的神色；明顯愚癡的動作中透露出嚴肅、恍惚的模樣；我們的喜悅之情和分泌物混雜在一起了；最高的快感時刻，就像痛苦，淹沒在嘆氣和昏迷中——當我考慮這一切時，我就跟柏拉圖一樣認爲，諸神是爲了自己的娛樂而創造出人。

一方面，大自然把我們推向這種快感，把它最有用、令人愉快和高貴的功能，跟這種欲望結合在一起。另一方面，它讓我們譴責和避開它，視之爲不莊重的事情，視之爲讓人臉紅以及要藉由節制而排除的事情。但是，如果我們說那種生下我們的動作像野獸，那我們難道不就是野獸嗎？

也許，我們要做的事是，去責備我們自己產生了人這樣愚蠢的東西，並把產生人的行爲和涉及這種行爲的那些部分說成是可恥的（現在我的那些部分是足夠可恥和可憐的）。每個人都不去看一個人誕生，每個人卻都急著看一個人死去。消除掉一個人時，我們在光天化日之中使用一處大田野。但在創造一個人時，我們儘可能悄悄躲在一個暗黑和隱密的角落。當我們在創造生命時，我們確實都藏起來、臉紅起來，但是，知道如何消除掉我們所創造的東西，卻是很多美德和一種榮耀的本源。

人對自己而言是很可怕的東西，他的快樂是一種折磨，他沉溺於不快樂之中，他是多麼怪異的動物啊！我們是狂熱分子，認爲把自己變得不自然是對大自然的一種尊敬，以自我輕視來看重自己，提議要藉由變得更壞而變得更好——我們只在濫用自己時表現得很聰明。

啊呀，可憐的人，你有足夠必然的困擾了，不用自己創造困擾來增加困擾。你的本性就足夠可憐了，不用藉由藝術來增加本性。你有很多眞實的瑕疵，不必捏造想像的瑕疵。難道你認爲，除非有一半的自在在困擾著你，否則你就太自在嗎？你認爲，除非你創造出新的責任，否則你就沒有履行你對大自然的所有責任嗎？

夠了！你會毫不猶疑地違背大自然的普遍律則，你會因爲你自己的怪誕律則很怪誕，而堅持它們。你的教區的律則占據和束縛著你：上帝和世界的律則無法打動你。但你試試逾越你的教區教士的一些規範吧——你的整個一生都關係到這些教士。

然而，如果我最想要的是去取悅，結果卻暴露我的缺點，那我不是很冒失嗎？就我現在所能做的一點點事情而言，我並不必讓我想尊敬的人感到很困擾。大自然應該滿足於讓老年人顯得很可憐，卻不必讓他們也顯得很荒謬。為了讓老年人一星期中三次出現一點點精力，我很不喜歡看到他們昂首闊步，表現得很自負，好像他們在不久的將來會有一個大日子等著。

這種誇耀是屬於青春鼎盛期的。不要相信它會維持那種你自然在你心中熾燃著的美麗火燄：它會在道路的中途遺棄你。如果一個男人徘徊到黎明，儘管看到情婦輕視的眼神目睹他那笨拙的無禮行為，他卻不會慚愧得要死，那麼，這樣一個男人就不曾經驗到那種榮耀：用一夜英勇的功績將情婦的輕視眼神打累了。當我發現一個女人生我的氣，我不會急著譴責她的玩忽行為，我會轉而懷疑大自然很可能待我不仁慈，傷害到我。

現在我為自己滔天的胡言亂語做結論。我說：男人和女人都是同一模子塑造出來的。除了教育和習慣之外，他們之間的差別並不很大。柏拉圖會邀請兩性去參與他的「理想國」的所有使命，無論在戰時或平時。哲學家安提斯色尼斯（Antisthenes）不承認女人的美德和我們男人的美德之間的所有區別。譴責一性比原諒另一性容易多了。鍋喜歡笑壺黑。

第六章

婚姻這件要謹慎處理的事

一五六五年，我與芳思華・德・拉・恰賽格妮（Françoise de la Chassaigne）結婚。我當時三十三歲，但我贊成的是三十五歲結婚，據說這是亞里斯多德的看法。柏拉圖並不禁止任何人在三十歲前結婚。他嘲笑在五十五歲之後結婚的人，倒是很正確。他批評這種人的後代，認為他們不配享受食物和生活。

泰勒斯（Thales）確實設了限。他在年紀很輕時被母親催婚，就說：「太早了。」等到年紀大了，母親又催婚，他就回答，「太晚了。」

在今日，婚姻對於基於快樂、好奇和無所事事而不可能避開它的一般人而言，是更加適合的。但對於天性被寵壞——例如我——而憎惡每種束縛和義務的人而言，婚姻並不適合。就我自己的自由意志而言，就算「智慧女神」要我，我也不會跟她結婚的。但我們努力反對也沒用——日常生活的習俗和習慣會勝過我們。

我大部分的行為都由事例而不是選擇來指引。一般而言，我並不會基於自己的意向而結婚。我是被外在環境引向婚姻的。就算事情很令人不愉快，不止如此，就算事情也很醜陋、邪惡和可憎，它們也會藉由環境或意外而變得為人所接受——人類的所有行為都是那麼徒然！

既然我已經嘗試了，我要說的是，我被說服時是處於比現在更沒有心裡準備和不聽勸的狀態中。然而，雖然我被視為行為放蕩，事實上我是比自己所承諾或預期的，更加嚴格地遵守婚姻的準則。

當一個人被套上腳鐐手銬，要掙脫就太遲了。一個人必須謹慎注意自己的自由，但是一旦接受一種義務，就應該遵守一般責任的律則的規定。

有些人在涉入這種婚約時，想要表現對它的憎惡和輕視，這是很不適當又不公正的。我聽到了女人轉傳一則美好的律則，將之視之爲神聖的神喻：

服侍妳的丈夫，視爲主人
但要防範他，視爲叛徒

——這是一種口號似的吶喊和一種挑戰。這律則也是同樣有傷害性和破壞性的。

我太溫和，不會心存這種陰謀。說眞的，我的機智還沒有臻至那麼靈巧和精緻的境地，而致將理性和不公加以混淆，或者嘲笑所有不合我口味的律則和條理。由於我憎惡迷信，所以我不會隨意反宗教。就算一個人不經常盡責任，他至少應該喜愛和承認它。如果你與你的新娘結婚但卻不支持她，那就是背叛。

只要有人看到我時而對我的妻子冷淡、時而對她溺愛，於是就認爲其中有一者是虛假的，那麼，他就是笨蛋一個。

我的妻子啊，妳很清楚，根據我們的時代的律則，一個風流的男人就不再適合對妳求愛或愛撫妳了。他們說：一個聰明的男人可能會努力去贏得一個女人，但與她結婚卻證明他是一個愚人。就讓他們去說吧。我是遵行往昔簡單的風尚。事實上，新奇事物讓我們這片貧瘠的土地付出了如此高昂的代價（我不知道我們是否已付了最後的買單），所以我完全排斥新奇的事物。我的妻子啊，讓我們，妳和我，以美好的往昔法國方式生活。

已結婚的男人時間多的是，所以如果發現自己還沒有準備好，就不應該嘗試或匆匆進行他們的第一件大事。如果一個男人發現自己很激動或很急躁，最好立刻放棄有關婚姻的交合的任何企圖，等待以後他比較不心煩意亂的場合，不要在第一次的攻擊時遭受突襲並受挫，讓自己事後很不快樂。

女人錯在她們以輕視、過於挑剔和生氣的模樣接受我們，因而在燃起我們的情欲時將它捻熄。畢達哥拉斯的媳婦說得很對，一個女人跟一個男人上床時，應該把她的羞怯跟她的襯裙一起脫掉。

攻擊者的心智受到很多不同的恐慌所煩擾，很容易變得害怕。一旦想像力讓一個男人感到這種羞愧心理——只有在最初的攻擊才會如此，因爲最初的攻擊比較具渴望和熱烈的成分，也因爲一個男人在進行這樣的第一次時，比較怕失敗——一旦一個男人在開始時表現很差，他就會爲此事感到生氣和憎惡，這種情緒會在以後的場合緊附著他。

我傾向於認爲，我們的時代所充斥著的那些阻止圓房的有趣符咒❶——我們幾乎只談這種東西——其實只不過是恐懼所導致的結果。我知道某一個人的事例。我可以爲他保證，一如爲

❶ 神奇的結，繫在皮革、棉布或絲綢上，據說可以阻止婚姻的圓房。

我自己保證，他不可能是很虛弱或著了魔。他聽到一個朋友陷入不尋常的困境，而當他發現自己身陷類似的處境時，就想起朋友的這件事，其影響力很強，使得他遭遇同樣的不幸。從那次之後，對於自己的災難的卑劣回憶，就完全支配著他，讓他處於持續的無助狀態。無論如何，他努力要藉由另一種戲法來解除想像力的這種戲法。他事先公開坦承並宣稱自己的毛病。如此他緩和了自己騷動的心情。由於他與失敗妥協，他的性能力所受到壓制就消失了。最後，當他重新支配自己——他的恐懼緩和，內心無掛礙，身體放鬆——他就足夠鎮定，可以處理和溝通，把毛病解決了。

一旦一個男人在一個女人身上獲得成功，其後就不可能在她身上失敗了，除非是身體眞正虛弱。他也不會再害怕災難出現，除非在歷險活動中，我們的內心因欲望或敬意而過分興奮，特別是如果情況是不可預見的，而時間又很緊迫——這樣就無法防衛了。

我知道有些人藉由別的事情，讓自己感到有點饜足，意在減輕欲望的強烈——我也知道另一些人，他們年紀大了後減少自己的野心，如此讓自己變得更有性能力。我知道有一個人藉由一種方法來舒緩自己的壓力。原來，一個朋友提供他一種反魔咒的符咒，可以非常有效地預防這種不幸的發生，讓他很放心。但我最好敘述事情的經過。

一個出身高貴家庭並跟我很親近的伯爵，要跟一個美麗的女人結婚。這個女人以前曾被一個婚禮的客人追求過。伯爵的朋友們內心都很不安，尤其是其中一個老女人，是他的親戚，而慶祝活動就在她家舉行。她告訴我說：她害怕巫術可能存在。

我要她信賴我。我讓她放心，說我剛好有一個小小的金牌，上面刻著星座的符徵，如果放在頭上，用一根絲帶在下巴地方繫牢，據說有助於防中暑或頭痛——其實完全是無稽之談，就像我們正在討論的事情那樣無稽。賈克斯．培勒提爾（Jacques Peletier）當初住在我家時剛好給了我這件古董。

我想要利用它，並告訴伯爵說：他也許會像他之前的其他人一樣遭受到不幸，特別是有客人在場，他們最喜歡這樣了。但我鼓勵他勇敢上床。我要對他做一件友善的事，甚至創造出我能力所及的一種奇蹟，只要他以名譽保證不向別人透露此事。

我告訴他說：如果客人們在為他端來傳統的午夜肉湯時，他發現情況不妙，就對我做一個手勢，其餘的就交給我。

他腦中充滿了關於此事的無止境的流言蜚語，所以當他開始要面對要事時，發覺自己那受到困擾的想像力確實阻礙著他。因此，他在約定的時刻對我做了一個手勢。於是我在他耳邊低聲說：他應該起床，藉口是要把我們從房間趕走，並且以開玩笑的方式取走我肩上的睡衣——我們的身材大約相同——把它披在他自己的肩上，一直到他按照我的指示做完事情。

我的指示是這樣的：當我們全都離開房間，他就去小解，重複某些字語和動作三次，每一次都把我給他的絲帶纏繞在他的腰部，把那金牌繫住，讓它跨越他的腎部。他做完之後，把絲帶拉緊，就很有信心地回去做他的正經事——不要忘記蓋上我的睡衣當做毯子。

這些把戲是讓事情成功所必要的。我們的幻想無法排除一種想法：既然方法很奇異，那想必是源自一種深奧的學問：由於無意義反而提供了分量和對它的敬意。確實是如此。我那塊金牌上的圖形比太陽更能滿足性欲，其效果是具刺激作用，而不是阻礙作用。

這是一種突發的奇想，沾染了奇異的成分，讓我做了一件很違反我本性的事。我很厭惡各種精巧、祕密和騙人的動作，我憎惡各種詭計，就算詭計只是消遣之用，且為達到很好的目的——因為雖然動作可能是天真的，其方法卻是邪惡的。

在還沒有「占有」之前，身為丈夫的男人應該悠閒而逐漸地進行幾次小小的嘗試以及輕聲的請求，不要執意進行即刻的征服。那些知道自己的性器官天生很順從的人，只需注意不要讓想像力過分運作。

我們應該注意到性器官的那種桀傲不馴。當我們不需要它時，它卻不斷強行要膨脹自己，當我們非常需要它時，它卻暈了過去。它專橫地與我們的意志權威作戰，對於我們的內心或手部的每種哄誘，表現出高傲的倔強。

雖然它的反叛讓我們有理由抱怨連連，也是我們定它的罪的充分證明，然而，如果它請我為它辯護，我也許就會對所有的其他器官起疑，懷疑其他器官陰謀整它，只因這些器官嫉羨它具有重要性又有提供快感的功能。我認為，它們共謀聯合整個世界來反抗它，邪惡地指控它造成它們自身的一般缺陷。

我就讓你自己去判斷，我們的身體是否有任何一部分會偶爾抗拒我們的意志，不去發揮功能，是否會時常違抗我們的命令而自行其是。我們的五官多麼時常不自主地抽動，暴露出我們最內在的想法，把我們出賣給第一個旁觀者！難道那些血管和肌肉，是唯一不經我們同意或不讓我們知道就膨脹和收縮的嗎？我們不會命令我們的頭髮矗立，也不會命令我們的皮膚因恐懼或欲望而顫動。我們的雙手時常會伸到我們沒有指示的地方。我們的舌頭和聲音會隨意打結或結凍。當我們沒有東西可吃時，我們的飢渴感覺並不會因此就不發生作用，而我們正在談到的那另一種欲望也一樣。只要它們認為適當，它們都會很快又無緣無故遺棄我們。

那些紓解我們的肚子和腎臟的排泄管，有它們自身的膨脹和壓縮，不必經過我們的同意。聖奧古斯汀（Saint Augustine）為了支持「意志」之為最高權威的論點，宣稱他看過一個人，能夠在他高興時讓屁股排泄東西。評論奧古斯汀的維維斯（Vivés），比奧古斯汀更加進一步，舉了他自己的時代的一個事例，說一個人能夠放出像音樂的屁。但這些事例幾乎無法成為證據——因為難道有任何器官比屁股更粗暴和輕率的嗎？

談到事例，我自己就知道一個很粗糙和不受控制的事例，有四十年的時間使得這個事例的當事者不斷發出爆裂聲，很可能持續到他去世為止。千眞萬確，我不僅聽說而已，我知道我們的肚子會由於沒有噴出一點氣以致於瀕臨死亡境地。我衷心希望，那個允許我們隨心所欲飛行的「皇帝」也給了我們這種力量。

我們為了我們的意志而提出了這種控訴。其實我們可以以更理性的方式譴責意志的反叛和反動。它難道是經常想要我們准許給它它所要的東西嗎？它難道不是時常想要我們所禁止給它它所要的東西並讓我們明顯受傷害嗎？它難道有讓我們更容易以我們的理性去支配它嗎？

在做結論時，我要代表這位男士——我的當事人——提出以下看法。事實上，這位男士的情況與一位共犯的情況是緊密地連結在一起的；尤有進者，他所受到的指控，就本質上而言不能歸咎於他的搭檔；再者，他的搭檔要做的事，是要邀請——就算時辰非常不適合——而不是要拒絕；最後，這種邀請要祕密與暗中進行。基於以上各點，我們認爲，控訴他的人毫無疑問是有惡意又不公正的。

如果情況是如此，大自然就會鄭重聲明，律師和法官的論辯和宣判都無用，並且大自然會繼續它的美妙行事方式。如果它允許我們這位當事人有些特權，它就會做得很好。身爲凡人的我們的這位當事人，是唯一不朽成就的創造者，而根據蘇格拉底的說法，那是一種神聖的成就，那就是愛，而他自己是不朽的欲望，他自己是一種不朽的半神。

但讓我們繼續說下去。

愛神維納斯活生生，赤裸裸，喘著氣，她在味吉爾（Virgil）的描述中最美：

女神講話了，雪白的手臂溫柔地抱著他，愛撫她這位猶疑的伴侶。忽然，他燃起那慣見的火燄，那熟悉的熱氣刺穿他的脊髓，他回以她所欲求的擁抱，在他妻子的胸中熔解了。

我唯一不滿的是，味吉爾對她的描述，就一位已婚的維納斯而言是有點太熱情了。在這種很審重的事情中，欲望通常並不那麼放蕩——它們是比較嚴肅和枯燥的。

「愛」不喜歡我們讓它以愛以外的形態出現。如果它在那源於另一種頭銜——如「婚姻」——的熟悉狀態中運作，則會顯得很微弱，因爲「婚姻」除了受制於魅力與美之外，也受制於理性。

不管人怎麼說：他們就是不會爲了自己結婚。他們結婚是爲了或比較是爲了他們的後代和房子。婚姻的習俗和利益關係到我們的種族勝過我們自己。因此，我喜歡由第三者所安排的匹配，由另一個人做選擇而不是由自己做選擇——然而，這一切是多麼與愛的傳統脫節啊！

如果在這種可敬和神聖的結合中使用了愛之放蕩的熱情與誇張，那會是一種亂倫。亞理斯多德說：一個人必須謹慎處理自己的妻子，否則以太淫蕩的方式刺激她，則極度的快感會使得她踰越理性的限度。亞里斯多德是基於良知方面而說，醫生則基於健康方面而說：過分熱烈、耽於肉欲和頻繁的快感會糟蹋精子，有礙懷孕。另一方面而言，人們說：爲了提供無精打采的交合——這種交合自然是如此——所需要和有效的能量，一個人必須少去做這件事，必須間隔相當長的時間。

我們對於妻子的愛是足夠合法的，然而根據神學的說法，限制這種愛也是很適當的。我想，我有一次曾讀到聖湯瑪斯．阿奎那（Saint Thomas Aquinas）的說法，認爲婚姻是可禁止的，其中的一個理由是：親密之情會變得太過分而帶來危險。

神學和哲學一定對任何事情都有其說法。不會有什麼行爲的私密和祕密程度，會逃過這兩者的檢視和權限範圍。最好的學生會學會如何明智地分配他們的自由——女人會準備為了來一回合而自由地暴露自己，但在面對一個醫生時都會表現得很羞愧。

所以，我會為了這種學問而教那些太激烈的丈夫——如果還有這樣的丈夫——一些事情。在妻子陪伴下所享有的快感如果太過分，是可受遣責的，在婚姻中跟在婚姻外濫用這種快感都是應受指責的。在這種遊戲中，第一次性欲衝動所讓我們想起的那些可恥把戲，不僅會以不道德的方式，也會以有傷害的方式，加諸我們的妻子身上。至少要讓我們的妻子從另一個人身上知道什麼叫「無禮」。事實上，她們都為我們的工作做好了準備。而我總是以很單純的方式去面對工作。

我們的詩人味吉爾描述了一種婚姻，它享有和諧和滿足氣息，然而卻沒有透露過分的忠心意味。難道他是暗示說：一個女人可以屈服於愛的衝動卻仍然在某種程度上尊重婚姻的責任嗎？我們知道，一個僕人可能欺騙他的主人，但卻不會恨他。美、機會以及命運——因為命運同樣也插一手——可能把一個女人引向一個陌生人，只是她不會失去她與丈夫之間的所有約束力量。

讓我苦惱的是，看到丈夫不喜歡妻子，只因丈夫自己做錯事。我想，無論如何，我們不應該因為自己犯了錯而減少對她們的愛。基於慈悲和懊悔，她們對我們而言應該是更珍貴的。

如果女人拒絕那些被引進社會之中的生活律則，她們不應該受到責備，因為是男人不經過女人的同意就制定了律則。她們和我們之間自然會有爭論和爭吵，就算我們和她們之間有著最親近的了解，也會有風暴。

我們知道，女人在愛的實務上的能力和熱情，勝過我們無數倍——其實我們從她們自己的嘴中就可以知道這一點——但我們卻對她們很不體貼。我們就以在這方面能力很出名的一個羅馬皇帝和女皇爲例。皇帝在一夜之間破了十個沙美西亞（Sarmatian）處女的瓜。但在同樣的一夜之間，女皇帝做了二十五回合——「停止時很累但不滿足。」或者，再以阿拉貢王后（Queen of Aragon）爲例。有一個女人抱怨丈夫太經常求愛。我想她這樣抱怨，倒不是因爲太經常求愛造成她的困擾（我認爲，除了在宗教，否則不會有奇蹟），而是爲了抑制男人的權威。總之，這位善良的阿拉貢王后聽了就規定一天六次是適當和必要的限度，她說她不去管女性的強烈需求和欲望，這樣做是要建立一種容易達到因此是永恆的標準。醫生聽到此事就叫了出來：這是什麼樣的欲望啊，這種欲望聲稱要表現得很適度、很貞節，卻需要這樣的一種代價！然而，雖然我們知道並接受了這一切，卻還繼續規定女人尤其要表現節制——違者還要接受最可怕的懲罰。

沒有其他欲望像性欲那樣難以反抗，然而我卻只要她們去抗拒它，不僅視之爲一種平常的罪惡，並且也視之爲一種很可憎的事情，比反宗教和弒親更惡劣——而我們男人卻同時去接近它，不會感到恥辱，不會受到譴責。

我們要女人同時很健康、豐滿、出身高貴，然而卻要很貞潔：也就是說既熱情又冷淡。我們告訴她們說：婚姻會讓她們免於燃燒著欲火，其實婚姻只不過是我們的小點心。如果她們嫁了一位精力旺盛的丈夫，丈夫會因在別的地方發洩精力而自豪。如果相反的，他們嫁了一位虛弱不堪的男人，則她們雖然結婚了，卻比女僕或寡婦更糟。我們認爲她們很豐足，因爲她們有一個男人跟她們躺在一起，但是相反，我們只是加深了她們的需求，因爲觸碰和陪伴會燃起她們的欲火。而這種欲火在她們單獨一人時就會比較靜寂。

簡言之，我們以各種方式誘惑她們，滿足她們。我們不斷激發她們的想像力，然後我們卻去找錯。

讓我們坦承事實：我們之中幾乎每個人都害怕因妻子的錯失而感到羞愧，甚於因自己的錯失而感到羞愧；幾乎每個人都爲了自己的美好女人而表現出良知方面的憂慮（這是一種美妙的慈善！），甚於爲自己而表現這種憂慮；幾乎每個人都寧願犯偷竊罪和褻瀆神聖罪，寧願讓妻子犯謀殺罪和異端罪，也不要讓她不如丈夫貞節。這是多麼不公正的罪之天平啊！我們和她們都可能做出數以千計的墮落事情，其傷害性和不自然的程度比色欲更嚴重。但我們衡量我們的罪行時，不是根據其性質，而是根據我們的利益。

我們對於女性不忠的憤怒是源於那種肆虐人心的最徒然又最具騷動性的病態——嫉妒。「嫉妒」和她的妹妹「羡慕」，在我看來是最愚蠢的戲班。至於後者，我幾乎沒有什麼可說的。前者我一看就知道，就是這樣。

藉由野蠻國家的影響力，這種病態的熱度增強了。紀律較好的民族受到它的影響——在合理的程度內——但不會一發不可收拾。盧玖勒斯（Lucullns）、凱撒（Cæsar）、龐培

（Pompey）、安東尼（Antony）、卡圖（Cato）以及好男人都戴了綠帽，也知道自己戴了綠帽，卻沒有大驚小怪。那個時代只有一個笨蛋勒皮都斯（Lepidus）：他因此悲傷而死。

讓我們同意一件事做爲裁決：這件事的核心在於意向。丈夫苦於戴綠帽，但不遣責妻子，或者不會對她有敵意，而是對她有責任以及對她表示讚美。雖然僅僅「戴綠帽」這個名字就使得很多人感到很驚嚇，但我知道有男人自願藉由戴綠帽而贏得好處和出頭機會。我們不是每天都看到有女人爲了丈夫的好處，以及基於他明確的命令和安排——就像羅馬皇帝加爾巴（Galba）基於純然的禮貌而下命令——因而委屈自己嗎？這位羅馬皇帝在晚餐時款待妻子梅色娜斯（Mæcenus）。他注意到妻子和客人開始眉來眼去，於是他就在坐墊上躺下來，好像陷入深睡中，讓他們兩人滿足欲望。當一個僕人冒昧從桌子上拿走一個碟子時，他就欣然坦承自己的心意。「你這個惡棍！」他坦誠地大聲說：「你難道不知道我是爲了梅色娜斯而睡覺嗎？」

好奇心總是不好的，但就此事而言是有害的。愚蠢的是，我們去窺探一種病。每種藥都會使這種病變得嚴重，病的恥辱會因嫉妒而變得更強烈和更公開，而對其所採取的報復行爲會傷害我們的孩童，而不會治癒我們自己。我那個時代的那些知道這個事實的人，是經歷多大痛苦才有所了解啊！如果愛說閒話的人無法同時紓解情況，給予治藥，我們最好用匕首刺殺他，而不只是拒絕他。

我們很容易嘲笑那些努力要避免戴綠帽的人，就像我們很容易嘲笑那些戴了綠帽卻渾然不知的人。如果我們的私人不幸從不爲人知的狀態中被拉了出來，悲劇性地展示在公告臺上，那是沒有用的——不幸是在爲人所知時才會傷害我們。我們說一個妻子很好，說一樁婚姻很幸福，不是因爲確實如此，而是因爲沒有人說出相反的看法。

人應該很謹愼，不要去知道這種令人苦惱也沒有用的事。羅馬人有一種習俗，就是他們航行回來時，會先派一個人去警告妻子他們將到達。

但世人還是會繼續喋喋不休。我知道有數以百計很莊重的男人，他們雖然戴了綠帽，卻沒有因此較不爲人所尊重。一個有價値的人不會被輕視，而是會被同情。因此，要讓你的美德可能克服你的不幸，讓好人詛咒不幸的發生，讓做壞事的人只要一想到不幸就發抖。

尤有進者，我們之中從最渺小到最偉大的人，有誰會逃過被人談論呢？你會聽說很多好人當著你面受到譴責——你也不要認爲沒人在背後談論你。不止如此，女人也在嘲笑。在我們這個美德的時代，除了和諧和美好的婚姻之外，她們還會嘲諷什麼呢？

你們之中沒有人是不曾讓別人戴綠帽的：大自然會讓同樣的事發生，會補償，會一報還一報。這種事情頻繁發生，應該早就減少其傷害性了。這種事幾乎成爲一種常態了。

尤有進者，這是很痛苦的事，不能說出來！有什麼地方你可以找到朋友，敢於向他透露悲苦，而他不會嘲笑，或者利用這個機會享受一下？智者會把婚姻之苦當做祕密，也會把婚姻的甜蜜視爲祕密。把一個人所知道和感覺的事全都告訴別人，通常都是不莊重又有害的——對像我自己這樣多嘴的人而言，這是主要的困難所在。

如以同樣的方式勸女人不要嫉妒，那是浪費時間的。她們的本質本來就是多疑、虛榮和好奇的，不可能有眞正的治藥可期待。沒錯，她們是藉由一種比疾病更可怕的健康形態來痊癒——她們用以甩掉這種熱狂的方式，是把它轉移到丈夫身上。然而，我不知道一個男人是否有比妻子的嫉妒更難忍的痛苦。女人的嫉妒是一種傷害，除了逃避或忍耐別無他法，而這兩種方法又很困難。我認爲，那個曾說眼瞎的妻子和耳聾的丈夫構成快樂姻婚的人，是個很明智的人。

我們也要考慮：我們加諸女人的重責是否會產生兩個違反我們的意向的結果，也就是說：這樣會不會讓追求者更想要攻擊，而女人更容易屈服。關於第一點，藉由增加標的的價值，我們會強化征服的欲望。也許維納斯本身藉由使用我們的法律做爲淫媒，狡猾地提升了她的貨品的價值。簡言之，就像佛拉米紐斯馬戲場（Flaminius）的主人所說：那全是用調味汁調出不同味道的豬肉。至於第二點，如果我們比較不害怕戴綠帽，難道我們就比較不常會戴綠帽嗎？——就女人的本性而言，越禁止，她們就會越渴望。

我們幾乎是經常很不公正地評斷女人的行爲，就像她們也很不公正地評斷我們的行爲。無論是不利於我或有利於我，我都樂於坦承這是事實。畢竟是一種很惡劣的無節制傾向促使她們容易改變，使得她們不會把感情限制在任何一個人身上——無論他是誰。尤有進者，不去表現得暴烈，是違反愛的本性的，不去表現得易變，是違反了暴烈的本性的。看到這種激情保持不變，也許反而比較奇怪。它不只是一種生理的激情：如果貪婪和野心沒有限度，色欲無疑也是沒有限度。

女人也許會跟我們一樣辯稱，她們喜愛多樣和新奇，這兩者都是男女共有的。但她們會更進步辯稱——我們男性不會——她們會胡亂買東西；她們做一件事要很努力，不只是做了就好；她們總是有非做不可的事，而我們男人卻時常沒有；最後，當她們試用我們時，可能會發現我們與她們的選擇不相配。丈夫的意向善良並不足夠。因此，她們的易變多少比我們男人更可以原諒。

經驗教我們要把做家事的美德列爲已婚女人最重要的事。我會讓我的妻子去做家事，視爲涉及她自己的利害關係的事，在我不在時，讓她完全管理我的事。這對於一個家庭的母親而言，是最有用和榮譽的事。無論如何，雖然我見過很多貪婪的女人，卻很少看過一個會處理事情的女人。這是一個男人應該在一個妻子身上尋求的最重要特性——它是唯一會毀壞或保留我們的房子的嫁妝。

在我認識的幾個家庭之中，我看到一種情況會很痛苦：先生在大約中午時回家，爲了自己的事而搞得筋疲力盡，顯得很懊惱，而夫人卻仍然在閨房中打扮和梳頭。這是王后才會做的事，也是問題所在。藉由我們男人的汗水和勞動而讓我們的妻子處於無所事事的狀態是很荒謬又不公平的事。只要我做得到，沒有一個人會比我更全然、安靜、自由地享受自己的房地產。如果丈夫提供了物質，大自然本身就會要求妻子提供外形。

然而女人經常會讓她們的丈夫很苦惱。只要事情的處理是丈夫所同意的，她們就會認爲不夠有尊嚴。她們必須以粗暴或狡猾並且經常造成傷害的方式去篡取，否則就不會有她們所欲求的體面和權威。

第一個藉口證明她們完全正當。我知道有一個女人告訴聽告解的神父說：她侵佔了丈夫的全部匯款，是爲了更慷慨地分發救濟金。這種宗教的慷慨——你會相信的！此事很不利於一個可憐的老人但有利於她們的孩子，她們就抓住這個藉口，很榮耀地滿足她們的熱情。

就算我不會意識到被欺騙，我還是看得出，我很可能會被欺騙。如果將一個朋友與這種合法的婚姻相比，則一個人再怎麼讚美一個朋友的價值也不爲過。我在動物的單純中看到一點點友誼，我是多麼虔誠地表示尊敬啊！

就算別人會欺騙我，至少我並不會欺騙自己說，我能夠提防她們，也不會爲了提防她們而絞盡腦汁。我在家中提防這種背叛行爲，不是藉由躁動的刺探和騷擾，而是藉由娛樂和強化自己。

如果一個人的事情都做得很好，卻還去找一個妻子，讓大量的嫁妝加重他的負擔，那是沒有好處的。這是最會毀掉一個家庭的負擔。我之前的人一直都在謹防這種危險，我也是。

但是，如果有人勸我們不要娶富有的妻子，唯恐她們比較不會感恩，比較不容易操控，這樣也是有欠考慮的，因爲這樣是要一個人爲了可能的損失而放棄明顯的好處。如果一個不理性的女人枉顧正當的理由，把它視爲不正當的理由，她並不會付出什麼代價。事實上，這樣的女人在犯最大的錯時，會對自己有更高的評價。但女人越富有，越容易表現好的本性——就像她們越美，越容易以貞節自豪。

我認爲，女人很少天生適合支配男人，只在天生的能力和母性的能力方面是例外——除非是要懲罰一些男人，這些男人因愛而瘋狂，故意沉迷於性之中。但我們現在所談的較成熟女人不會這樣。

讓她們去判斷如何分配房地產是很危險的。她們在選擇繼承人時時常會表現得很怪誕和不公正。她們永遠無法排除她們在生產時所培養的怪異欲望和不健康偏好。我們通常會看到她們溺愛孩子中最虛弱以及最脆弱的那位，或者那些仍然陪伴著她們的小孩。由於她們不具選擇最有價值的小孩的心力，所以就會僅讓自然的印象來支配她們——就像動物只認出牠們在哺乳的幼獸。

我們很容易根據經驗就看出，這種我們很看重的自然親情的根基是很脆弱的。爲了微少的錢，母親會讓我們抱走她們的小孩，代之於別人的小孩。大部分的母親對養子的掛慮勝過對她們自己的孩子的掛慮。在我所住的地方，到處都可以看到，女人要爲小孩餵奶時都靠羊奶來解決。我的兩個男僕在出生後不曾吃母奶超過一星期。

讓一個母親去處理房地產的事宜，等到孩子長大到合法年紀才放手，這確實是很合理的。但是，如果父親認爲孩子們長大後不可能表現得比母親更有智慧和能力，就不會好好教養他們。另一方面，讓一個母親依賴孩子，那是很不自然的事。她應該享有足夠好的生計，可以根據自己的年紀和身分維持自己的生活——因爲讓她忍受貧窮是比孩子們忍受貧窮更困難和不適當的。受苦的應該是兒子，而不是母親。

我們想到要排除所有破壞婚姻之結的方法，以更加鞏固婚姻之結。但是，我們的意願和感情之結卻會在限制的力量緊縮時變得鬆弛。相反的，羅馬人的婚姻卻因爲人們有自由可以破壞婚姻而維持在很有榮譽與未被破壞的狀態中。羅馬人與妻子很親密，因爲他們可以在喜歡時與她們分離。由於離婚完全自由，所以經過了五百年或更多年才有人離婚。

每個人都知道，美好的女人不會成打成打出現，尤其在婚姻中更是如此。婚姻是一種充滿荊棘的協議，一個女人的意願很難忍受婚姻的束縛那麼長的時間。雖然男人在這種協議中的條件是比較好，但要堅持到底也是夠難的。只有時間是快樂婚姻的眞正試金石，試試它是不是始終處於溫和、忠心和快樂的狀態中。

在我們這個世紀中，女人通常都會延遲表現她們對丈夫的深情和善行，一直到她們失去了他，或者，至少延遲表現她們的善意的外在證明，一直到她們失去了他——有點太遲和不合時了！勿寧說她們是證明只在丈夫死後才愛他。我們的生活承載著責罵，我們的死承戴著愛和禮節。就像父親隱藏他們對孩子的深情，妻子則出於莊重的敬意而隱藏對於丈夫的愛。

這種神祕現象我並不喜歡。她們搔著臉頰、扯著頭髮也沒有用。我在一位女僕或祕書的耳中低語：「他們好嗎？他們如何生活在一起？」我一直記住那明智的回答：「最不會感動的人最會無事忙。」

她們的啜泣對生者而言很惱人，對死者而言並沒有用。我們會樂於讓她們在死後嘲笑我們——只要她們在我們活著時對我們微笑。讓一個男人因怨恨而死又復生，看到那個生時對我的臉吐口水、死時吻我的腳的女人——這樣不就夠了嗎？就讓那些丈夫活著時哭的女人在他死時笑吧——並且公開地笑，也對自己笑。

因此，不要去注意那雙哭著的眼睛以及那可憐的聲音。是要去看她的舉止，她的皮膚，她厚厚的面紗下豐滿的臉頰——她在那兒以直白的法語說話。很少有女人在成爲寡婦時健康沒有改善的，而健康是不會說謊的特質。那拘於禮儀的臉孔會比較不往後看，比較會往前看——那是對新買的東西的預付金，而不是對舊債的償還。

我年輕時，有一個現今還活著的美麗又貞節的寡婦，她的衣服穿得很漂亮，超過我們的法律對守寡女人的規定。有人譴責她，她就回答說：她已經決定永不再找伴或結婚。

在接近我們的大山所在的一個地區，女人們都扮演馬丁神父（Father Martin）的角色，也就是說：既是神父又是書記。她們對已故的丈夫表現得非常悲傷，回憶著他們美好和怡人的特點，但同時她們也記下和公開他的所有缺點——好像要補償她們的悲傷。然而，她們這樣做，卻勝過我們在只是失去一個朋友時大肆表示虛假的讚美：好像表示哀悼眞的會有啟發作用，或好像眼淚洗我們的眼睛眞的會淨化我們的內心。

我在此時此地表示，我拒絕人們只因爲我的死，不是因爲我的優點而對我美言。我看出，最會快速破裂的婚姻，是那些基於美和色欲的婚姻。我們需要較堅固和持久的基礎，也需要較有力的防範措施。沸騰的大膽熱情是沒有價值的。

愛與婚姻是由不同的途徑去接近的兩個目標。一個女人可能會屈服於她不會嫁的男人。很少男人與情婦結婚而不後悔的。就像格言所說：這就像弄髒你的籃子，然後用髒籃子敲你的頭。我在我的那個時代曾看到，在一個美好的家庭中，婚姻以羞恥和不誠實的方式解除了愛。斟酌之處是差很多的。

雖然目標不同，但就某一個意義而言，婚姻與愛是可以相容的。婚姻有實用性、公正性、榮譽和經常性——是一種枯燥但不變的快樂。愛則完全建立在快樂之上，也是在一種較敏銳、生動和強烈的程度上提供快樂。在婚姻中，女人所惠賜的東西太豐盛了，會鈍化深情和欲望的鋒刃。

婚姻是一種嚴肅和虔誠的結合，因此我們從其中所享有的快樂應該受到限制，應該很是嚴肅，由一種莊重的成分來加以調節。它應該是一種基於良知的快樂。

一樁美好的婚姻——如果有的話——會排斥「愛」的伴隨和條件，努力讓「友誼」的伴隨和條件再度出現。它是生命的美好伴隨，充滿忠貞、信賴和無限的有用又堅實的服務和相互的義務。一個女人一旦品嚐到其滋味，就不會希望成爲丈夫的情婦。當丈夫在別的地方發出叫聲，熱烈地追求他的獵物時，就讓任何人問他：他寧願讓誰遭受恥辱？——是他的妻子還是他的情婦？她們之中哪一位的不幸會讓他最痛苦？他希望讓誰處在較高的地位？——在健全的婚姻中，答案會是沒有爭論餘地的。

我們看到極少的人在婚姻中是快樂的，這就是婚姻的價值和代價的表徵。如果以美好的方式形成，以正確的方式看待，在人類社會中並沒有一種財產比婚姻更高尙。雖然我們沒有它不能活，但我們卻藐視它。我們看到鳥籠就是這樣：外面的鳥不想進去，裡面的鳥不想出來。

第七章

宮廷的奴役狀態

我並非天生就仇視宮廷生活。我經歷過相當長時間的宮廷生活，我會很高興光臨大聚會的場合——只要不太頻繁，並且時間方便。但在羅浮宮以及忙亂的宮廷中，我會強迫自己退隱。群眾會迫使我獨處。

如果我有心想變得富有，就會去服侍國王——這是最有利可得的工作。但是我不曾接受國王的慷慨表現——事實上，我不曾要求，也不值得得到。我也不曾獲得服務國王的回報。我不會在不該吝惜生命的地方吝惜我的錢包。只要君王們沒有從我身上取走什麼，他們就是給了我很多，只要他們不傷害我，他們就是對我行好：這是我對他們唯一的要求。

我年輕時熱衷於工作，甚獲成功。但我在適當的時機退了下來。自此之後，每當野心蠢蠢欲動，我時常都避免再涉入。我很少接受也從未徵求過傭金。

我在君王之間處理小事，都刻意不去欺騙他們，也不讓他們以我的名義去行騙。我不僅憎惡欺騙，也憎惡任何人利用我欺騙別人。我不會為這種行徑提供素材或機會。

並不是說我希望揭露欺騙的眞面目。這樣就會表示我對世事無知。我知道，欺騙時常會好處多多，讓我們大部分的商業和職業得以維持和壯大。

職業外交官努力掩飾自己，儘可能假裝跟他們所應付的人想法相同。至於我自己，我會說出最坦誠的想法，顯示我自己的原貌——一個稚嫩的協商新手，寧願事情失敗，也不要我自己做人失敗。

然而，到目前爲止我相當幸運（無疑大部分歸因於運氣），很少人像我一樣在處理兩黨的事務時那麼成功、不啟人疑竇、很獲得好感、保有親密關係。

我行事作風自由而開放，很容易取悅別人，讓他們在第一次認識我時就相信我。「眞實」和「誠懇」在任何時代都可以通行無阻。除外，如果一個人對自己攸關得失的事情不存私心，他就永遠不會受到質疑或爲人所不喜歡。我非常坦誠，也不會讓人懷疑我有所掩飾，因爲無論會傷害我多深，我都無話不說（我不會在他們背後說壞話）。我的表現明顯不會很激動，都很單純，也有同樣的作用。關於我的所做所爲，我所尋求的唯一回報是把事情完成。我不做長篇論辯，也不大肆修飾。每一次的所做所爲都爲它自身的目的而光明正大地進行，如果能夠的話都會達到目的。

至於其餘的，我不會受制於對偉大的事物的激情——無論是愛或恨。我也不會被任何個人的人情債或冤曲所阻礙。我只是以忠心和尊敬的感情看待我們的國王，不會被我自己的利益所激勵或限制。我因此很喜歡自己。

我對某個人所不會說的話，不會在適當的場合稍會改變語調對另一個人說。我無論如何不會說謊。別人信賴我會保守祕密的話，我會眞誠地保守祕密，但我儘量不去接受這樣的信賴。君王的祕密對那些對它們不感興趣的人而言是很惱人的負擔。

我跟他們之間有這樣的協議：他們儘量不向我透露私事，但信任我向他們透露的一切。我所知道的，總是比我想知道的還多。你自己的開放談話會開啟別人的談話：它會像酒或愛一樣把他們引了出來。

李希瑪楚斯國王（King Lysimachus）問菲立匹德斯（Phillipides），他應該把所有皇室東西中的什麼東西給他，菲立匹德斯很明智地回答說：「隨你的意思，但不要透露你的祕密。」如果你要一個人去做一件事，卻不把底細告訴他，他會很不高興。但我只要知道我被信賴去協調的事，就滿足了。如果我必須成爲欺騙的工具，至少不要讓我知道。我不要以忠心的僕人出名，以致人家相信我會背叛別人。

但有些君王不會只部分接受一個人，他們會拒絕有限度和有條件的服務。我沒有辦法：我告訴他們我會做到什麼程度。我不會成爲一個奴隸，除非是很合情合理——而甚至這樣也是很困難的。

所有的這一切都不合時尙。這樣並不會有很大或持久的效果。在我們的這個時代，天眞的人協調事情時也無法不僞裝，與人往來時無法不說謊。在整個行政工作中，有些必要的工作不僅是卑下的，並且也是邪惡的。也許這樣的工作是可原諒的，因爲它們對我們而言是有用的。但是，就讓一些人去做吧，因爲這些人會爲了國家好而犧牲他們的榮譽和良知，就像另外有人會犧牲生命。公眾的福祉需要有人會背叛、說謊和屠殺：我們就把這些工作留給較會服從和較會適應的人吧。

人永遠在僞裝，我不知道他們自認爲得到什麼好處——除了當他們說眞話時並不會爲人所相信。我們的一些君王誇口說：如果他們的襯衫知道他們的眞正意向，他們就會把它燒掉，又誇口說：凡是不會僞裝的人，就不會知道如何統治，其實，這樣只會讓那些與他們交往的人心生警戒而已。

我有一度擔任拿瓦瑞國王（King of Navarre）和蓋斯公爵（Duke of Guise）的調解者，當時他們兩人都在宮廷。至於他們兩人都很誇耀的宗教，其實只是一種堂皇的藉口，藉以保持他們的跟從者的忠心，但事實上，他們兩人都沒有爲宗教所感動。只因恐懼被新教徒所遺棄，拿瓦瑞的國王才沒有回歸他的祖先的信仰。如果蓋斯公爵能夠遵行「奥格斯堡自白」（Confession of Augsburg）——他的叔叔洛林的紅衣主教（Cardinal of Lorraine）讓他對此「自白」很感興趣——但不會傷害到他的利益，他就不會對它採取揶揄的態度。這些就是當我必須面對這兩位君王時，他們內心的想法。

我寧願成爲討人厭的人，也不要成爲拍馬屁的人。我同意，由於自傲和倔強，所以我才會那麼直率又開放——用從自己的家中所帶來的言語和神態的自由來面對偉人。有時，我認爲自己有點太自由了。

但是，除了我的教養之外，我還沒有足夠的機智來迴避突然的問題，沒有能力足以即興編造謊言，沒有記憶力足以記得臨時說出的話，也沒有信心足以應付。所以，我只好訴諸誠正，想到什麼就說什麼，結果如何，就聽天由命了。

有些人在反駁我時通常都會說：我的所謂的儀態的自由和單純，其實就是「技巧」和「精巧」的表現，是判斷力，而不是好運氣。他們這樣說，讚美的成分勝過侮辱我的成分。但他們把我的狡猾說得有點太狡猾了。

時常有人問我：如果有任何人在我較年輕時重用我，我會自認適合做什麼。我回答說：什麼都不適合。只要可以讓我免於成爲一個主人的奴隸，我會樂於承認我是沒有用的。

但我會把事實告訴主人兼國王。我會調整他的儀態——如果他讓我這樣做——而調整的方法不是藉由我所不了解的學術課程，而是以悠閒的方式觀察他的動作，用我的人雙眼一項項加以評斷。我會讓他了解一般人對他的看法，對照以阿諛他的人的想法。如果我們都像國王一樣被「阿諛」這種害蟲所苦，那我們都會比國王更壞。

不久以前，我試圖阻止一個年輕的君王表現報復的行爲，我並沒有要他忍受侮辱，也沒有針對「報復」這種逞一時之快的情緒的可怕結果對他說教一番。我只是努力讓他品嚐相反的措施的美之所在。我向他描述寬宏大量和美好性情所會帶來的榮譽與敬意，讓他轉向另一種志趣。在這種情況下，就是要以這種方式去面對這樣一個人。

我的職位會是一個無名的職位，否則它就不會有成效。並不是每個人都可以擔任這個職位。人們時常會在一個君王的耳邊低語什麼，這樣不僅沒有用，也不明智。其實有時我們可以以一種強烈的方式提供一種善意的指責。

然而，如果一個國王誇耀自己堅強抵抗敵人的攻擊，但他無法忍受一個朋友忠告他的那種自由——忠告只會刺痛他的耳朵——那麼，他就無法令人相信。沒有人比國王更需要忠告，然而國王最喜歡的人通常都看重他們自己，勝過看重國王。他們寧願照顧自己，因爲對君王提供的大部分助力都會有很嚴重的危險。這種事不僅需要自由與深情，也需要勇氣。

我知道如何只以明顯的眞誠態度說話。我不像我的大部分朋友那樣，很容易以各種閒談取悅一位君王的耳朵。君王不喜歡嚴肅的談話，我則不喜歡說故事。

我們應該對我們的國王表示忠心，無論國王好壞，因爲這是他們的地位所應得的。但是至於尊敬和愛，這要取決於他們的美德。他們的權威需要我們的支持，讓我們幫助他們吧。但是如果我們以終極的觀點來看待臣民和君王的關係，我們就沒有理由不應該表達我們對於公正和自由的眞實看法。

由於王冠和權位是由運氣所賜，而不是優點所賜，所以如果我們因這兩者的錯置而譴責一個國王，那時常是錯誤的。相反的，他們沒有什麼技能，運氣卻那麼好，這倒是很奇妙。祕密所在是，大部分的事情都是自動完成的。我一度爲一項國家大事的莊嚴留下深刻的印象，但是一旦我知道那些實現此事的人的動機與技能，我就發現都是頭腦普通的人在運作。最普通的方法也許是完成任何事情的最好方法，只不過並不是炫耀任何事情的最好方法。爲了堅持國王的權威，明智的情況是，平凡的人都會看到最遠處的柵欄。有人在某件事上徵詢我的意見時，我都以整體的方式去權衡它，把事情的重點和主要驅使力留給老天。至於我們的智慧，如果你檢視它，它大部分是機會之子。

然而，世界上最艱難的行業卻是國王這種行業。我會比大部分的人更樂於忽視他們的錯誤，因爲我會考慮到他們的工作有其讓我驚奇的無法忍受之壓力。但他們的美好特性卻會消失而不復見，因爲他們的美好特性只能藉由比較的方式而爲人所知覺到。我們並不會允許這樣。

他們的耳朵聽了太多的讚美，都聾了，他們幾乎不知道什麼是眞正的讚美。我們會緩和與認可他們的缺點，不僅藉由喝采，也藉由模仿。患疝氣有助於宮臣受寵，而我也看到有人假裝耳聾，尤其進者，浪蕩、不忠心、殘酷、迷信、優柔寡斷，都成了時尚——還有更糟的，如果有的話。

事實上，我看到我們的國王孤獨一人坐在飯桌旁，四周一堆宮臣對他喋喋不休，一群陌生人注視他吃著，我時常感到很可憐，不是很嫉羨。阿風索國王說：在這方面，他的王國中的驢子且勝過他，因爲驢子可以隨心所欲自在而快樂地吃著東西。我從來不曾去想像，一個明智的人坐在凳子上，而二十個人對他嘮叨不停，會有任何好處。

麥克西米利安皇帝（The Emperor Maximilian）的性情跟其他君王的性情完全相反。其他君王在急速處理他們的最重要事情時，都把馬桶改變成威嚴的王座。麥克西米利安皇帝則不允許任何人看到他的這種姿態，會偷偷轉開去小解，審愼的樣子一如任何的處女。我自己講話的樣子很冒失，但在這方面卻自然表現得很端莊，所以，除非有必要或爲了快樂起見，否則我幾乎不會讓別人看到那些我們習慣上不暴露的部分和行動。我在此事之中所受到的拘謹壓力，超過我認爲適合一個人的程度，尤其是像我這樣獲得好評的人。我可以說：麥克希米利安非常羞怯，在遺囑中規定，他一死就要立刻爲他穿上襯褲。有一件事他疏忽了：他沒有補充說：那些爲他穿上襯褲的人要矇上眼睛。

當國王的好處都是想像的：每個人都有某種程度的君王本質。說眞的，我們的法律夠寬容了，一個法國男人一生幾乎不會感覺到君王在他身上施壓兩次之多。真正被壓服的人是我們之中那些故意把領子伸進軛中的人。如果一個人愛自己的家，不去攻擊鄰居或涉入訴訟，他就會像威尼斯的總督那樣自由。

我曾把行乞的男孩帶回家幫我做事，但他們不久就離開我的廚房，脫下傭人制服，回歸先前的生活方式。我在不久之後發現他們其中一個收集路邊蝸牛來吃，我用懇求或威脅的方式都無法說服他放棄行乞中所發現的愉悅。乞丐跟富人一樣有其莊嚴和快樂之處，據說也有他們的頭銜和政治階級。

有些人以安全為藉口對國王說教，要他們警戒，不要信賴別人，其實這種說教，是要他們陷入混亂和毀滅之中。要經歷危險，才會做值得注意的事。我知道一位君王（亨利三世〔Henri III〕？），一個很有軍事和進取勇氣的人，他的好運不斷受到這種說教所傷害：因為他讓朋友們緊緊地護衛他，不與他的敵人妥協，不信賴比他強有力的人，不管對方提出什麼承諾，或不管他可以獲得什麼好處。我也知道另一個君王（拿瓦瑞的亨利〔Henri of Navarre〕？），他採行完全相反的措施而意外地享有好運。

這位君王有一次這樣向我描述他自己：他跟任何人一樣預知事情的趨勢；如果沒有解決方法，他就決定面對結果；如果有什麼事是可以做的，他就發揮自己可以發揮的所有機智和精力去做，然後靜靜地等著。事實上，我曾看過他在處於嚴重的危機時堅持自己的自由和鎮定。我發現他在逆境中表現得比在順境中更偉大——他的挫敗比他的勝利更加光榮。他在哀悼自己的災難時，比他在慶祝自己的勝利時更像一個人。

現今這個時代或地方，最有利於一個君王去享有最明確和偉大的美德之回報。我認爲，第一個最先努力藉由這種方法以贏得尊敬的人，將會勝過所有的對手。強迫和暴力是會有成果，但並不會經常如此。我們看到商人、藝匠和鄉村法官，在表現軍事方面的勇氣時，與最高位的貴族不相上下。就這點而言，一位君王的名聲會在群眾中消失不見。但是如果讓他努力在人性、眞理、忠心、節制，尤其在正義方面發光，那他就幾乎沒有對手。他只能經由人民的善意去做事，但要贏得人民善意的唯一方法是經由這些特性，只有這些特性對人民具有實質的用途。

我們的國王至少可以在外在改革方面做他們想做的事。他們的私人喜好會成爲公眾的法律。在宮廷中所做的任何事，都會在法國其餘地方成爲一種法令。因此，我希望我們的宮臣會顯示出他們不喜歡那種討人厭的褲子，因爲這種褲子大大暴露我們所希望隱藏的身體部分。還有那種肚子部分很大的緊身上衣，因爲這種上衣讓我們看起來像別人，當我們要武裝自己時會很麻煩。還有那種女人似的長髮以及那種親嘴唇和雙手的愚蠢習俗。要讓我們的宮臣表明，一個男人不適於在宮廷的大廳中出現時衣服沒有扣鈕子、頭髮鬆開，沒有佩劍，好像剛從廁所出來。還有那種與我們的祖先的習俗相反的習俗，即我們在王室人員面前必須脫帽，站著，無論在什麼地方都一樣——不僅在王室人員面前，並且也在現今存有的所有國王三等親和四等親面前這樣做——還有其他類似的新奇作爲和墮落風俗。是的，這些只是表面的缺點，但卻是不祥的徵兆。與我們看到灰泥剝落和裂開時，我們會警覺到，整個結構搖搖欲墜了。

那些在自由的氣息中成長並且會自我管理的民族，會把其他形態的政府管理視爲怪異和不自然。那些習慣於君主政體的人也是如此——只不過我認爲，源自人民的政府是最合理和自然的。縱使他們非常不滿又困難地排除了一個惱人的國王後，還是去創造和接受另一個國王，因爲他們無法去憎惡奴役狀態。

我們全以這種方式行動，因爲習慣會讓我們看不到事情的眞實面向。出現在舞臺的「莊嚴」面具，會以某種方式感動和欺騙我們。我自己景仰國王的是，他們有成群的景仰者。人們對他們表現的尊敬和屈服是很適當的，除了跪著的人對他們表現的尊敬和屈服是不適當的。我的理性並沒有被迫去鞠躬和行禮，那是我的膝蓋的事。

發揮在國家大事中的美德，是有著很多摺痕、角落和曲折的美德，俾能適應人類的脆弱。我努力要應用在國家大事中的那些準則和風格，就像在我身上產生時那樣原始、新鮮、沒受到汙染，就像我使用在我自己的工作中那樣。但是，我卻發現它們不適當又危險。參與群眾行列的人，必須時而走一條路，時而走另一條路，手肘要彎進來，在遭遇到驚嚇時要閃避。他不能根據自己的方法以及自己爲自己所擬定的方式去生活，而是要根據別人的方法以及時間、人和機會所擬定的方式去生活。

柏拉圖說：如果一個人毫髮未傷地逃離了世界的把弄，那他就是奇蹟似地逃脫了。

我認爲，如果我必須全心全意投身於這種工作，我就需要很多的再塑造過程才會適應。只要有時間又很勤勉。我可能就會有成就，但是我沒有這個意願。我在這方面的經驗讓我感到很厭惡。懶惰加上喜愛自由——我的主要特性——與這樣工作是完全抵觸的。

我所擁有的最佳特質，在這個時代會是沒有用的。我的自在模樣會被認爲是脆弱和懦弱；我的信仰和良知會被認爲是迷信和過分講究。我的坦誠會被認爲很惹人惱、不體貼和粗魯。

但壞運氣對某種事情會有好處。出生在一個腐敗的時代並不壞：你將會以很低的代價享有美德的名聲。在我們的時代，如果你只是一個弒親者和褻瀆神聖者，那你算是一個誠實和體面的人。根據這個標準，我會是很偉大又很難得的，就像如果根據以前一些時代的標準，我會自認爲很粗俗又像侏儒，在那些時代，就算沒有更好的事情同時發生，也會很常見到一個人復仇時表現得很有節制，言出必行，不會狡猾，不會欺騙，也不會因爲別人的意志或時代的潮流而放棄自己的信念。

我決定讓俗世艱辛地運作，也不要扭曲我的信念去爲它服務。

第八章

我在山上的房子

由於我早就無法忍受公共職責以及宮廷的苦役，所以我就在一五七一年三十八歲身體還很健康時退隱到我自己的房子。我計劃在父親留給我的這個美妙的住所中平和又安全地度過餘生，成爲我過著獨立、安靜和悠閒的生活的聖地。

我不是逃離人，而是逃離事務。我們爲別人生活已經夠久了，就讓我們餘生爲自己生活吧。既然上帝已經提供我們悠閒來爲我們離開世界做打點的工作，那就讓我們準備好，捆好行李，離開同伴，脫離事物在別處對我們的把捉，也脫離我們自己。世界上最偉大的事情是知道如何讓你自己屬於你自己。

如果你計劃退隱到自身之中，首先要準備歡迎你自己。如果你自己的雙手無法抓著你，那麼你去信賴它們，就很愚蠢了。一個人置身在社群之中會失敗，孤獨一人也會失敗。

然而，如果我們總是預期不幸、不去享用我們仍然擁有的便利、躺在一張硬床上、把錢丟在河中、挖出我們的眼睛，以及沉溺在不舒適之中——就像虔信的人出於狂熱、哲學家出於邏輯所做的那樣——那就過分有美德了。

對我有用的東西會少很多。在幸運之神眷顧我的時候，就爲她不眷顧我的日子做心理準備；在身體無恙時儘量想像會降臨的疾病，這樣就足夠了。當我在門口看到一個乞丐時——時常比我更健康，更有精神——我就會以同理心想像自己置身於他的處境。當我想像貧窮、疾病、侮辱和死亡緊隨著我，我就會決定不被它們所驚嚇，因爲一個不如我的人都會耐心地接受這一切。我不願意認爲，心智較弱的人會比一個心智較強的人做更多的事。我知道我們的舒適生活會多麼不確定，所以置身在享樂的最高點時，我會記得向上帝提出我的主要祈求：願祂讓我滿足於我所擁有的東西。

較明智的人，擁有偉大的靈魂力量，會爲自己打造一個完全是精神方面的避難所。但我只有平凡的靈魂，必須以物質享受養活自己。哲學家阿色希勞斯（Arcesilaus）擁有金盤和銀盤，用它們來進食，我不會認爲這樣就較沒有德行。如果他不去接受自己以樸實和慷慨的方式去使用的財富，那我對他的評價會更差。我們應該盡全力把握生命的快樂，因爲歲月會一項一項把它們從我們身上奪走。

我的房子位於一座小山上面，從它的名字可以看出來。它聳立在芳香和清新的空氣中，家具齊全，足夠寬敞還有餘——王室的人員曾一度跟所有隨從住在那裡。

一五八四年，整個宮廷都由我照管。拿瓦瑞的國王到他自己從未來過的蒙田地方來造訪我。有兩天的時間，我的家人服侍他，不用他的任何一位僕人的幫助。他准許不必對食物或餐桌的設備做預警性的測試，他還睡在我的床上。孔得王子（The Prince of Condé）、德·羅罕先生（Messieurs de Rohan）、德·土雷恩先生（M. de Touraine）、德·貝斯尼先生（M. de Béthane）、德·哈勞科先生（M. de Harraucourt）、王子的那一連軍人的少尉、他的掌馬官，以及大約三十七位其他男士——加上男僕、童僕和衛兵——全都住在我的地方。又有大約一樣多的人睡在村莊中。他們要離開時，我放走一隻牡鹿到我的森林中，讓國王陛下享受兩天的狩獵。

一個人為了退休生活而選擇的消遣，應該不是辛苦的，也不要讓人感到不愉快，否則就沒有意義了。我不喜歡農事——不過園藝卻是可行的——而那些喜歡農事的人應該很適度地縱情其中。

我在鄉村和農田工作之中出生和成長。自從我的祖先——我現在所擁有的土地的地主——把他們世襲的土地留給我之後，我就忙於處理我手中的地產。然而，我卻不知道如何用筆和籌碼算出一列數字。我無法辨識大部分的通行錢幣。我無法在田野或穀倉中說出某一種穀物和另一種穀物之間的差別，除非差別很明顯。我幾乎無法分辨我的花園中的甘藍和萵苣。

我不知道一般的家庭用具的名字，也不知道每個小孩都熟悉的最基本農業原理——更不用說機械的技術、商業和商品，或水果、酒和食品的種類和特性。我無法醫治馬或狗的病。

既然我必須完全公開我的羞愧感，我就要說：不到一個月以前，我因為不知道使用酵母做麵包，以及酒為何要裝在大桶，結果出了很大的糗。就算給了我物資以及廚房中的所有設備，我也會挨餓。就算我體認到這種荒謬的事確實很荒謬，我也不必要加以隱藏。我時常知道我犯了錯，我犯錯很少是偶然的。

說眞的，我很晚才處理房子的事。我的祖父讓我長久以來都免於這方面的負擔，所以我已經傾向於另一件我較喜歡的事。然而，不管我這方面的經驗如何，這件工作還是很吸引人，並不困難。如果一個人任何事情都會做，這件事情他也會做。

我的外表雖然顯得很粗心和無知，但卻一肩挑起家事。雖然做家事有違我的本性，我還是忙著做。那種據說很迷人的建築所帶來的快樂，還有打獵、園藝以及其他隱居生活的樂趣，都不會讓我過分感到有趣。

爲此我生自己的氣，就像我因爲不喜歡而無法享受無害的快樂那樣生自己的氣。我不要求我的工作透露博學或費力的意味：只要它們有用、方便、令人愉快，就足夠眞實和健全了。

有些人對我低聲說，我對於農事的無知是源於輕視，說我不知道我穿的布料的名字和價錢，也不知道如何烹調我賴以爲生的食物，原因是我的心是專注於較高階的事物上。這些人簡直要了我的命。這種情況會是很愚蠢的，不會讓人引以爲榮。其實我寧願成爲一位很會騎馬的人，也不要成爲好邏輯家。

我們喜歡腦中老是想著宇宙，其實，宇宙沒有我們也會運作得很好。我們會爲人類憂心——而不會爲米歇爾．德．蒙田憂心，其實，他會更加緊密地接觸到我們。

同樣的，我不會無緣無故刺探我的僕人的性格。我請一個小伙子來當我的裁縫師，我不曾知道他講過眞話，就算講眞話對他有好處。我在雇用一個僕人時，並不會問他是否純潔，只會問他是否勤勞。我不會想要知道那個爲我看管騾子的人是不是賭徒，只要他身體強健就好，我也不會想要知道我的廚子是否會說髒話，只要他會燒菜就好。完全就像在席間閒談中一樣，我喜歡機智，不喜歡學問；在床上，我喜歡美勝過善。

我剛剛一直跟一位管家談話，他是義大利人，曾經服侍過已故的紅衣主教卡拉法（Cardinal Caraffa）。我問他工作的細節。於是他開始談起腹部科學，表現出像在處理某種深奧神學論點的人的那種威嚴模樣。他很博學地說出我們坐下來吃東西之前食欲的特性，以及我們吃完第一道菜——以及第二道菜——之後的食欲的特性之間有何區別。他描述在第一種情況中如何以適當方法挫一挫食欲的銳氣，在第二種情況和第三種情況中如何刺激食欲。然後，他描述調味汁的順序，先是調味汁的成分的一般性質，然後是特殊性質，以及每種成分的效果。然後，他描述以季節來區分沙拉之間的差異，哪一種應該熱吃，哪一種應該冷吃，以及如何裝飾調味汁，讓它們看起來悅眼。之後，他開始談著整套服務的順序，充滿深思熟慮的氣息。他大量使用高尚和莊嚴的用語，是我們談論一個帝國的行政時所用的詞語。我不知道這對其他人的影響力是否跟我一樣。但是，當我聽到一位建築商誇口使用莊嚴的字語，諸如壁柱、柱上楣以及科林斯式（Corinthian）和多里斯式（Doric）或飛簷，我會立刻似乎看到阿波里頓王宮——雖然他所談的全是有關我的廚房的門的微不足道的東西。

我在責罵僕人時都是全心全意的——不是虛晃一招，而是眞正在詛咒他。然而，一旦煙消雲散，如果他需要我的話，我會樂於幫助他。我會立刻讓過去煙消雲散。我稱呼他爲蠢人和笨驢時，並不是意在永遠這樣稱呼他。接著我會說他是一個誠實的人，但我不會因爲這樣而認爲自己說謊。要不是因爲自言自語是弱智的表現，我幾乎每天都會聽到我對自己抱怨說：「去他的這個笨頭笨腦的人！」然而我並不認爲這是我的精確描述。

我們因爲隱藏怒氣而使得它變得更強烈：你越壓抑它，你的壓力越大。我寧願主人打僕人的耳光，就算有點不公正，也不要爲了露出嚴肅和鎭定的臉色而折磨自己。我寧願顯露自己的情緒，也不要爲了情緒而鬱鬱寡歡，傷害到自己。

在我的家中，我會忠告所有有權利表達怒氣的人，首先要省省怒氣，不要隨意發洩它。這樣會減少怒氣所造成的傷害，減弱它所造成的結果。如果一個僕人因爲沒把一張凳子放定位，或沒把杯子洗乾淨，你就責罵他一百次，那麼，你責備他偷東西就不會有什麼效果。其次則要把怒氣限制在標的上，不要浪費在空氣中：通常，他們都是在被罵的人還沒有出現在他們面前時就罵起他來，尖叫著，並且在被罵的人死了之後還這樣做。他們與他們自己的陰影作戰，把暴風雨推進房子的一些部分，他在那兒，並沒有人會受到懲罰或很生氣，除了那些必須聽著喧囂聲的人。

我認識數以百計的女人，有人說：加斯孔（Gascon）女人有一種天性：你很容易讓她咬住一塊很熱的鐵，卻不容易強迫她鬆開牙齒說出她在生氣時心中的想法。使用強硬、激進的方法只會使得她表現得更糟。如果一個女人說丈夫很差勁，結果被他壓進水中，而她每次從水中出現時，都只做出搔搔頭的手勢，那麼這就是她的倔強——類似於她的忠心的倔強——的眞正形像。

我生氣時，會儘量讓怒氣表現得很強烈但時間很短暫。我會完全縱情於暴烈的程度和速度，不去管我說了什麼。我會大肆說出不分靑紅皀白的侮辱言語，不會去注意把目標針對我認爲會造成最大傷害的地方——因爲我通常只使用舌頭做爲我的武器。

在情節嚴重時，我的僕人的結果會比情節輕微時好。輕微的情節會讓我措手不及。最糟的是，一旦你瀕臨懸崖邊緣，不管誰或什麼東西推你，你都會掉落崖底。是掉落的力量帶著你往下墜。但如果是嚴重的情節，我會很滿足，認為我的訴因很正當，犯錯的人顯然會等著我很正當地發作我的怒氣。我會為了讓他不如預期而感到很得意。我會硬起身體，控制自己，知道一旦怒氣往上沖，讓我忘形，我會持續很久的時間。

所以我會與易於跟我爭論的人達成協議：「如果你先看到我發作了，無論對錯，就隨我發作，我也會以同樣的方式對待你。」只有當兩方的怒氣衝撞，才會爆發眞正的風暴。然而，兩方的怒氣很少會同時出現，而是其中一方源於另一方。如果讓人可以先自由發洩怒氣，對方不要發怒，我們就會全都生活在平和中——這是很好的忠告，但很難做到。

年紀大脾氣也大，於是我就研究如何抑制脾氣。如果做得到的話，我會注意將來不要那麼容易生氣、難以取悅，就算有更多的藉口也是一樣。無論如何，到目前為止，我已經被認為是最有耐性的人之一。

我害怕承認我性情溫和，溫和到幼稚的程度，無法拒絕跟我的狗嬉戲，就算牠在最不適當的時間要我這樣做，我也無法拒絕。我跟我的貓玩的時候，誰知道我對牠來說是不是一個玩具，就像牠是我的玩具？我們以我們的把戲平等地娛樂對方。如果我有惱怒或嬉戲的時間，牠也有。總結來說：有一種敬意和人類的責任在，它們不僅把我們跟有生命和情緒的動物連結在一起，甚至也跟樹和植物連結一起。我們應該對人公正，對其他動物仁慈：牠們和我們之間有一種交流和相互的責任。

我盡可能努力減少我們家中的虛禮：例如，當一個客人宣稱他到達時，我要出去迎接他，或者例如我要在門口接待他，或者他要確定我在家。我時常會忘記這其中的一種必須做的無益事情。如果有人選擇要生氣，我也沒辦法。讓他生氣一次勝過每天都受制於這種永恆的奴役狀態。

除了我在成長過程中對這種事費心之外，我在社會中也多所走動，知道我的國家的禮節。我可以把這方面的事教給大家。但有些禮節很麻煩，如果一個人之所以疏忽，是出於自己的選擇，而不是教養不好，那也會是很得體的。我看過有人因爲過分有禮而顯得很粗魯。

虛禮禁止我們去表達自然和合法的行爲，我們只是服從它。理性禁止我們去做不合法和邪惡的事，然而我們卻不去聽從它。在我的房子之中，虛禮是不存在的。每個人都以自己的方式行動。一個人可以講話，也可以不講話，隨他高興。我會坐著，默默無言，沉思著，專注於自身而不去冒犯我的客人。

我喜愛秩序與潔淨勝過豐足。在我的家中，我很小心注意必要的事物，很少注意外表的模樣。

很少有房子的主人（我是指那些情況像我一樣還好的主人）能夠完全依賴另一個人去一肩扛起處理事情的重責。這種情況使我無法相當自在地款待訪客。我敢說：我像一般討人厭的人那樣，阻擋了不少客人，因爲他們是希望來吃一頓美味餐，不是因爲我的儀態吸引他們。

最荒謬的是，看到一個主人在房子中顯得坐立不安，對一個僕人低聲細語，對另一個僕人怒目而視。事情應該悄悄進行，不為人知覺到，好像一如平常。我也認爲，一直對你的客人談到你的好客的細節，無論是以誇口還是辯解的方式，是很令人反感的。

如果僕人在別人家與人鬥毆，或一個盤子裡的東西濺出來，你就笑笑吧。當那家的主人在跟管家討論早餐要吃些什麼時，你就盡情深睡吧。

我是根據我自己的經驗來談，我十分了解，處理一間房子對某些人而言會是多麼令人愉快的事。我不想根據我自己的困惱和錯誤來判斷此事。

我大部分的時間都在家裡度過。我想要讓家成爲最令我感到愉快的地方，不知道會不會成功。我希望父親遺留給我的是他對家事的熱愛，而不是其他東西。只要我能夠一度像我的父親那樣喜歡我的職業，你就儘管藉由你的政治哲學來批評我的工作微不足道、沒有生產性吧。

我認爲，最榮譽的工作是服務國家、對社會有用。但我已經放棄這種工作，部分出於良知，部分出於懶惰。我滿足於享有這個世界，不用忙於在其中鑽營：過一種可以忍受的生活，讓它不會成爲我自己的負擔，也不會成爲任何其他人的負擔。

第九章

關於我的錢盒

除了處理自己的事情之外，我並沒有任何其他困擾。伊比鳩魯說：富有並不會終結憂慮，只會改變憂慮。我就來敘述我自己的經驗。

自從童年以來，我都以三種不同的方式生活。在持續了大約二十年的第一個時期中，我靠的是零用錢和別人的資助——沒有任何明確或固定的收入。所以，我有多少就花多少，並且以比較自由和愉快的方式去花，因爲我認爲那全是意外之財。我的生活不曾比較好過。

我發覺，我的朋友的錢包總是爲我打開著，因爲我首先就決定，只要借錢到期就還錢。結果我發現，就因爲我都準備要還錢，所以導致多次延期還錢。事實上，我是表現一種節約型和有點狡猾的誠實。

無論如何，我總是因爲借錢而蒙受其害。我沒有勇氣親自開口，通常是藉由寫信來表達我的訴求。一般而言，這是一種很差的訴求方法，剛好幫了想拒絕你的人很大的忙。

我天生會在還債之後感到很滿足，好像從肩上卸下了重擔，把自己從奴役的陰影中救了出來。當我的行爲很正當，讓別人很高興時，我也會感到很快樂。

但是，如果涉及計算問題和討價還價，那就不一定了。在這種情況中，如果我找不到一個人來幫我做此事，我就會延遲付帳，不管會引起多大的傷害。這是因爲我怕會造成不可避免的口角，而基於本性和說話方式，我在這方面都會居於下風。我最厭惡的是講價：這只是彼此表現厚顏和欺騙，一來一往，經過一小時的推托和辯論後，兩方爲了五分錢的差價互罵髒話。

在那些日子裡，我通常都把事情交給命運，心情很好，比我現在交給我的謹慎思考和判斷力時更好。就算是很會處理事情的人，也會以恐懼的心情看待這種不確定的生活。他們不會停下來想著：首先，大部分的世人都過著相同的生活。凱撒（Cæsar）為了成為凱撒負債超過一百萬。很多高尚的商人開始做生意時，都賣掉自己的農場，經由「橫越很多暴風雨的海洋」，把所得運到東印度群島。其次，他們沒有看出，他們所依賴的確定性幾乎不會比危險本身更確定和安全。雖然痛苦離我兩千哩遠，我卻認為跟就在和眼前時一樣近。何況，我們得到的財富越多，就越有機會造成貧窮的破口，攪亂我們的屏藩。

我的第二個階段是，我有自己的錢。我處理事情很得當，短時間之內就把小小的收入儲蓄起來，累積成可觀的數目。我對自己說：一個人眞正擁有的錢，就是他從平常的費用中省下來的錢，而他不能依賴未來的收入——無論它可能多麼確定。

我問：如果有什麼意外降臨我身上，怎麼辦呢？我心中充滿這種無益和可怕的想像，很敏銳地想到要存足夠的錢，以應付隨時出現的緊急情況。當有人提出異議說：可能的緊急情況會是無止境的，我會回答說：就算我沒有為所有的緊急情況預做防範，我也是想要盡可能做到。

要完成此事，需要費心又焦慮。我不透露我的金錢情況。雖然我經常談到自己，卻不曾談到我的錢，除非像其他人那樣說假話——這些人在富有時就假裝自己很窮，或者在很窮時都宣稱自己很富有。

我要去旅行嗎？我不曾認為自己準備了足夠的錢。我帶越多的錢，心中就越害怕，有時怕沿途有危險，有時怕看管我的行李的人不忠於我——就像其他很多人一樣，除非我親眼看到行李，否則我不會感到安全。如果把錢盒放在家裡呢？這樣我會爲懷疑的心理所苦。更糟的是，我只好放在身上。我的心思一直在那盒子上。

總而言之，我認爲看管錢比取得錢更麻煩。我從自己所擁有的錢中幾乎得不到好處，或完全得不到好處。我的餘錢較多了，但我還是認爲我的花費減少不夠多。就像比昂（Bion）所說的，有滿頭頭髮的人並不喜歡你從他頭上拔一根，就像禿頭的人也不喜歡。一旦你決定要保有一定數目的錢，它就不再是你的了，因爲你不能花它。我寧願典當我的衣服或賣一匹馬，也不要讓那存了我的錢的錢包破了一個口。你無法在你心中找到它，打開它。它變成一塊布，你認爲只要你去碰它，它一定會垮掉。

危險在於，凡是意在累積財富的人，最後將無法享受自己擁有的東西。因此，世界上最富有的人就是大城市的警察和守夜人。我的結論是，所有的富人都是很貧婪的。

我的這種喜歡存錢的特性持續了幾年，但很幸運地，不知道是什麼好心的惡魔把我從其中趕了出去，之後我完全不再去介意我存的錢了。然後，我花了一筆錢去享受一次快樂的旅行，結果學會如何排斥對錢的喜愛。所以我現在開始我的第三種生活方式——確實比較有樂趣，我也以比較明智的方式去調節。

我使用我的收入到了極限——有時稍微高或稍低，視情況而定。我做一日吃一日，有足夠的錢應付一般性的消費就滿足了。至於不平常的偶發事故，再怎麼節省也不夠應付的。如果你認爲命運之神會不顧自己保護你，那是非常愚蠢的。其實，我們只能用自己的武器與命運之神作戰——命運之神的武器在我們陷入困境時會辜負我們的。

如果我省了一點錢，那是爲了一個特定和即刻的目的：不是爲了買我不需要的土地，而是爲了享樂。「不貪心，」西塞羅說：「就等於是荷包中的錢；不渴望買東西就等於是收入。」我不會害怕匱乏，欲求也不會更多。我非常榮幸，我在人自然會很貪婪的年紀這樣修正自己。我知道自己免除了老年人最常見的愚蠢表現，也免除了人類愚蠢的定論。

在我自己手中擁有房地產的十八年之中，我不曾說服自己去看一看地契，或檢視我基於需要而審視和支配的交易。這倒不是像哲學家那樣去輕視世俗和短暫的事物。我的本性還沒淬鍊到那個地步。我是如實評估事情。不，這其實是一種不可原諒和幼稚的懶惰和疏忽。其實我會做很多事，就是不會去看一看地契，或者成爲工作的奴隸，去詳讀塵封的羊皮紙文件。或更糟的是，不會去詳讀別人的塵封羊皮紙文件，就像找工作的人所做的。

由於沒有適當地處理事情，我先去了很多很好的機會。然而，就我所處的環境而言，我的考慮是很健全的。如果我的謹慎不足夠周到，那就無藥可救了。我不會責備我的謹慎，也不會責備我自己；我會譴責我的運氣，不是我的工作。

我不喜歡去知道我的損失情況和事情的雜亂無章情況。我在帳簿中記下我的記帳疏忽所損失的錢。但我也不想知道自己擁有多少錢，這樣我就比較不會感覺到我損失多少錢。由於我沒有足夠的力量可以抗拒逆境造成的衝擊，也沒有足夠的耐性去做我的事情，所以我就決定把一切留給運氣——接受所有最糟的情況，樂意忍受最糟的情況。我唯一不願做的事是費力和費心。我只追求若無其事的境地以及像牛群那樣的安靜。

如果我的朋友要我向第三人問某件事，我會非常困擾。如果我要一個人爲我做事，回報我對他的恩情，那麼，我會認爲，其花費並不會少於要我爲一個對我沒有恩情的人做事。除了後者這種情況，以及只要不讓我去做很多工作和負很多責任（因爲我完完全全抗拒憂慮），我一直都很樂於幫助任何需要的人。沒錯，我拒絕接受好處的時候，多於找機會提供好處的時候——亞里斯多德說，這是比較容易的方法。我的運氣很少允許我爲別人做好事：一旦做了，通常都是浪費精力。然而，如果我出生於高貴的家庭，我就會渴望爲人所喜愛，而不是爲人所懼怕或敬仰。我要以更傲慢的態度表達這種想法嗎？我會比較想到給別人快樂，而不是爲他們做好事。

柯拉特斯（Crates）自處於貧窮的境地中，是爲了免於爲他的房子擔心。但我不會這樣做。我對貧窮的憎惡不會小於對痛苦的憎惡，但我還是會樂於去改變我所過的生活，去過一種較卑微、較不忙於做事的生活。

但是，無論富有或貧窮，我們都需要味覺，以品嚐自己所擁有的東西。讓我們快樂的是享受，不是擁有。如果沒有健康的身體和健全的心智，我們就無法享受財富。不然就是一個人會成爲笨人，味覺會變得單調，會喪失味覺：他無法享受自己擁有的東西，就像一個感冒的人無法品味馬得拉葡萄酒（Maderia）的酒香，或一匹馬無法品賞身上的華美馬具。痛風的第一次劇痛出現時，就會了解到以「閣下」（Sire）和「陛下」（Your Majesty）身分享受食物是多麼重要的事！

「豐盛」是阻礙和抹煞味覺的最大因素。像土耳君主那樣看到三百個女人可以任他支配，任何人都會倒胃口。

由於我並沒有努力要獲得任何東西，也沒有努力要浪費任何東西——餘生都很舒適，不做好事，也不做壞事——也由於我只想要順利過活，所以感謝上帝，我很容易做到這一點。

就最壞的情況而言，我會努力減少花費，防止貧窮的到來。這是我主要關心的事，我認爲，不必別人逼我，我就會成功。我的眞正需求不會消耗掉我所擁有的東西。會有足夠的東西留下來讓「壞運」（Ill-Fortune）去啃，它的牙齒不會觸及我的痛處。

第十章

我在塔中的書庫

我在家的時候，時常都待在我的書庫中。這個書庫就像你會在鄉村中發現的書庫那麼美好。它位於我的大門口的上方。在下面，我可以看到我的花園、中庭、農家庭院，以及建築物的每個部分——在一會兒之間，我可以俯視我的房子的所有小物品。在那裡，你將會發現我斷斷續續地翻閱一本又一本的書，沒有條理，也沒有計劃。有時我沉思，有時——走來走去——寫筆記，口述你現在可能讀到的我的感想。

書庫位於一座塔的第三層，以前是大儲藏室，是房子中最沒有用的地方。第一層是我的小教堂，第二層是一間臥房加上壁櫥，我時常在那兒睡覺，免得被人打擾。每天早晨和晚上，有一個大鐘敲出《福哉瑪利亞》（*Ave Maria*）的曲調，聲音震動整座塔。最初我自認永遠無法忍受。但現在我很習慣了，不會表現得很惱怒，時常不會醒過來。

我在書庫中消磨大部分的日子以及一天大部分的時辰。夜晚時，我從不會在那裡。隔壁是一間很舒適的書房，光線很充足，有一個壁爐冬天可以用。我怕麻煩勝過怕花錢，麻煩使得我避開所有的工作。要不是因爲麻煩，我是可以很容易就在不遠的地方——在兩邊以及同樣高度的地方——建造一座長廊，大約三千吋長，三百六十吋寬。一道爲某個目的而建的牆達到了必要的高度。每一個避難處都應該有一條散步道。如果我設座位，我的思緒就會睡著。只有當我的腿讓我的內心動起來，我的內心才會動起來。那些沒有拿著書做研究的人，全都會處於這種困境。

我的書庫是圓形的。唯一一道平坦的牆是在我的桌子和椅子後面。所以只要一眼的工夫，我就可以看到我四周的所有數以千計的書，在五層高的彎曲書架中排列著。房間寬是整整四百八十吋，它的三扇窗子面向寬闊和優美的視野開著。

冬天時，我不會一直待在那裡，因爲那兒是房子中最多風的地方。但我喜歡它位於遠處，需要爬梯，既可以運動身體，又很隱密。

不久前，我拜訪了法國最博學且又富有的人之一。我發現他在大廳的一個角落做研究工作，大廳只用一個掛毯隔開，四周是一群隨意發出噪音的僕人。他告訴我說：他認爲喧囂的聲音很有用。由於遭受噪音之苦，他更加隱入自身以及自己的思緒之中。他說：他在巴都亞當學生時，他的書房俯瞰一座公共廣場，他很習慣於馬車的喀拉喀拉聲以及一般的吵鬧聲，所以他不僅忘了噪音，也變得需要它。我剛好相反。我的思緒很敏感，很容易受到騷擾。當我的頭腦專注於什麼事情時，甚至一隻蒼蠅的營營聲也會造成傷害。

我的書庫是我的王國，我在這裡努力要成爲絕對的支配者——讓這個唯一的角落遠離妻子、女兒和社群。在別的地方，我只具言語方面的權威，並且權威也不明顯。

我們全都應該稍微隱退到一個地方，完全自由，成爲自己——在那裡建立自己的自由，建立我們的孤獨和隱密之處。在那兒，我們必須自己娛樂自己——笑著，談著，好像並沒有家庭、物品、扈從或陪侍的人。所以，就算我們失去了所有的這一切，沒有了它們，也不會覺得那是什麼新奇的事。

我認爲，如果一個人在家沒有一個地方可以讓他感到很自在——可以自我取悅，隱藏起來——那他就會不快樂。

第十一章

閱讀的日子

對於一個擁有馬匹的人來說：行動是很容易的。如果一個病人有治療的辦法，我們就不會同情他了。這就是我從書中獲得的好處。

書可以解除我的懶散，把我從我不喜歡的同伴中救出來，如果悲愁不太極端的話，書也可以減少我的悲愁。書是我老年時的舒適狀態和孤處情境。

當我爲陰鬱的情緒所苦時，沉浸書中對我是最有幫助的。書迷住我，驅除我心中的烏雲。我只在沒有較自然和有活力的消遣時才訴諸它們，但它們不會因此就反叛我。它們總是以同樣的歡迎姿態接受我。

然而，充其量我卻很少使用它們，就像一個守財奴很少使用他的金子。我知道，我可以在我想要的時候享受它們，所以只要我擁有它們，我就滿足了。我旅行時總是帶書，無論戰時或平常都如此。但我還是時常會幾天或幾個月不看書。「我什麼時候總是會看的，」我對自己說：「明天或我喜歡的時候。」同時，時間悄悄地溜走，也不會造成傷害，因爲你無法想像，當我知道書在我手邊，想要就可以打開，這是多麼令人舒慰的事啊。它們是我的生活中多麼令人精神爲之一振的事啊。

書是這次人生之旅中我所發現的最佳糧食。我確實會爲那些有了解力卻被剝奪了這種糧食的人感到難過。

但是，閱讀書籍卻是跟任何其他工作一樣，是很費力的事，對健康也有很大的威脅。我們也不應該被它所提供的快樂所欺騙。它所提供的快樂，跟那種等著陷害外遇的人、守財奴、浪蕩子以及野心家的快樂是一樣的。書是足夠令人愉快的，但是，一旦過分閱讀會傷害到健康，損及我們的好心情——我們所擁有的最珍貴東西——那我們就要停止。我們從它身上所得到的，將無法補償如此大的損失。

我在大量閱讀的日子裡，通常會用一片玻璃壓在紙頁上，除去紙上的亮光，讓眼睛感到非常舒適。甚至現在，已經五十四歲了，我也不必戴眼鏡。我能夠看得跟以前一樣遠，看得跟任何其他人一樣清楚。沒錯，如果我在黃昏看書，我會注意到視力有點模糊和微弱。但是，無論如何，我總是認爲，閱讀會對眼睛造成壓力，特別是在夜裡。眼睛總是會很快變累，而我一直無法長久看書，不得不請人爲我朗讀。

我只喜歡容易和有趣的書，它們會刺激我的想像，或提供我忠告和舒適的感覺。如果我爲研究而看書，則是爲了學習如何了解我自己，以及教我生活與死亡的適當方法。

如果有人告訴我說：只爲消遣而利用繆斯女神，那會貶低她們的價值，我會回答說：他幾乎不知道快樂的價值，而我唯一能夠做的事是，不去補上一句話：除了快樂之外，生活中的任何其他目的都是荒謬的。我日復一日的活著，並且——以尊敬的心情說——只爲自己而活下去。年輕時，我是爲炫耀而讀書，以後是要爲了讓自己稍微明智，現在則是爲了快樂。從來都不是爲了獲利。

我在書中遇到困難之處時不會咬指甲。在搏鬥一、兩次之後，我會放棄。如果我堅持不放，只會損失我的時間和我自己，因爲我的心智只適合跳躍一次。如果我在第一眼時無法看到一個要點，則不斷努力只會使要點更加模糊。

如果一本書讓我感到疲累，我會很快拿起另一本。我只有在因無所事事而感到厭煩時，才會被迫去看書。

我不大會被新書所吸引，舊書似乎更有精髓。希臘人也不會吸引我，因為如果我對一種語言的了解僅止於基本的程度，不是很強，我就無法發揮判斷力。

在僅是有趣的書中，薄伽邱的《十日談》（*Decameron*）、拉伯雷（Rabelais）的作品，以及約翰·色坎都斯（Johanues Secundus）的《巴希亞》（*Basis*）是值得做為消遣用的作品（如果它們可以歸類為這種作品）。至於《阿瑪迪斯》（*Amadis*）和那類型的小說：它們甚至無法在我童年時吸引我。尤其是，我必須坦承，我這個老年人的沉重靈魂不再為阿里奧斯多（Ariosto）所誘惑，不，也不再為奧維德（Ovid）所誘惑，我幾乎沒有耐性閱讀他們。

我特別喜愛詩。就像柯林恩色斯（Cleanthes）所說：如果用喇叭強行發出聲音，它會具有更大的力量和刺穿性；我認為，一個句子在一首詩和諧狀態中被擠壓出來，會穿透我耳中，衝擊我的心，產生更強烈和美妙的效果。

從我童年的最早期，詩就具穿透和激動我的特性。但這種生動和與生俱來的感覺，是藉由不同的風格，以不同的方式被挑動著——沒有所謂較高和較低之分，因為每一者都有其程度，就像色彩。首先，我喜歡一種愉悅和精巧的自在感覺，然後是一種崇高和撩人的微秒感覺，最後是一種成熟和明確的力量感覺。但舉例會更加清楚顯示我的意思：奧維德、盧坎

（Lucan）、味吉爾。

我總是認爲，就詩而言，味吉爾、劉克里希斯（Lucretius）、卡圖勒斯（Catullus）和霍拉斯（Horace）遠居首位——特別是味吉爾的《農事詩》（*Georgics*），我視之爲一個詩人的藝術的最有成就的作品。比較之下，你會看出，《艾尼德》（*Æneid*）中是有些地方，如果作者有充裕的時間，就會把它梳理得更好。我深深認爲，它的第五卷是最完美的。

至於我心目中美好的泰倫斯（Terence）——拉丁文的雅緻與優美境界的頂峰——我認爲很令人驚奇的是，他多麼細密地描述我們自己這個時代的動機與風俗。我們現代的人的行爲，一直會讓我回去讀他的作品。無論我多麼常回去讀他的作品，我總是會發現新的魅力與美。

那些活在味吉爾的時代之後不久的人，對於有人試圖將劉克里希斯（Lucretius）和味吉爾加以比較，都會感到很生氣。我也認爲，他們不可同日而語，但我卻很難爲我的想法辯護，因爲我發現劉克里希斯的一個很美的段落讓我很著迷。我認爲，古人更有理由因爲有人將蒲勞塔斯（Plautus）和泰倫斯（Terence）並列而惱怒。

我時常說：我們現代的戲劇家（模仿很適合戲劇寫作的義大利人）會選取泰倫斯或蒲勞塔斯的三、四個情節，湊成他們自己的一個情節，把薄伽邱的五、六個故事擠進一個喜劇之中。我認爲，他們之所以在作品中過分使用題材，是因爲他們唯恐自己的魅力無法取悅別人。他們本身沒有取悅我們的能力，所以就想讓故事幫他們做到。

同樣的，我觀察到，美好的古代詩人會避開虛飾作風，不會追求西班牙人和佩脫拉克式

（Petrarchian）的荒誕奔放，甚至不會追求那些裝飾著以後各世紀的作品的較溫和與較節制的矯飾用語。但雖然爲些情況不存在，高明的評審們並不會感到遺憾，他們會讚賞卡圖勒斯（Catullus）的格言所具有的文雅、永恆的亮光和花中之美，視之爲勝過烏歇爾（Martial）的格言無數倍，因爲後者是以刺激的方式創造尖銳的效果。前者不必以費勁或刺激的方式就會讓人感覺到，不必以強迫的方式，就可以提供充盈的歡樂。但後者需要外在的助力，它們需要肉體，一如它們缺少機智。它們騎在馬上，因爲它們無法用自己的腿站著。

我見過優秀的小丑，他們雖然穿著平常的衣服，沒有化妝，卻把他們的藝術的所有快樂提供給我們。然而，一個不了解自己的行業的笨拙人物，卻必須在臉上抹粉，僞裝自己，拼命扮鬼臉，讓我們發笑。如果我把《艾尼德》和《瘋狂奧蘭多》（*Orlando Furioso*）加以比較，也許最能證明我心中的想法。我們可以看到前者高高而穩定地飛翔著，永遠朝它的目的地移動，純粹藉由翅膀的力量。後者則振翼、躍動，從一個故事跳向另一個故事，就像從樹枝跳向樹枝，除了短暫的倉皇之外，都不信賴自己的翅膀，然後在每個原野的終點著陸，唯恐喘不過氣、沒有了力氣。

我並不認爲，完美的韻律構成完美的詩。如果一位作家想要的話，就讓他用一個長音節來取代一個短音節——無所謂的。如果他因獨創而高興，如果他的心智和判斷力發揮作用，我會說他是一個寫壞詩的人但卻是一個好詩人。米南達要寫完一部喜劇的日子快到了，一個朋友笑他說：他還沒有動手，他回答說：「全都寫好了，準備好了——我只需要把文字加上去。」他說是這個意思。

自從龍沙德（Ronsard）和杜·貝雷（Du Bellay）爲我們的法國詩帶來榮景以來，所有初出茅廬的詩人都以自己的方式去使用誇張的語詞和誇大韻律——「聲音多於意義，」就像辛尼加（Seneca）所說。不經心的讀者都會認爲，詩人從來沒有像今日那樣多過。但是，這些詩人抄襲前述兩個詩人的韻律，卻不具前者的華麗描述，也不具後者的細緻想像。

完全自然的民間詩歌，其天真和優雅，使得它的美可以媲美藉由藝術而變得完美的最優秀的詩。這種情況可以見之於我們的加斯孔短詩以及從不具科學知識或不知寫作方法的國家所傳過來的歌謠。位於這兩個極端之間的詩是可以輕視的，不會不人所尊敬或看重。

很奇怪的是，我們的詩人數目多過詩的評斷者詮釋者。「寫」顯然比「認知」更容易。就這個層次的較低一層而言，詩可以由誡律和律則來判斷。但眞實、優秀、神聖的詩是超出律則和理性的。雖然你可以以穩定和精明的眼光看到它的美，但你只會看到一閃之間的華美。這一閃不會召喚我們的判斷力，它會強奪判斷力。

我的眼光夠清晰，但在涉及詩時就目眩了。我對詩的喜愛是無止境的，能夠在相當的程度上向別人加以陳述。但是一旦我要親自動手寫，就變得像小孩，嫌惡起自己來了。一個人有權利讓自己在各方面都顯得很愚蠢，但詩是例外。「神祇、人、賣書的人都不允許讓詩人顯得很平庸，」霍拉斯說。但願上帝讓我把這句話寫在我們的出版商的門上！

我在其他方面的閱讀，其樂趣多少摻雜著利益的成分，並且我也藉此學習去決定我的見解和行爲。就這方面的閱讀而言，對我最有幫助的書是普魯塔克（Plutarch）——他已被譯成法文——以及辛尼加。除了這兩人之外，我不曾嚴肅地閱讀任何學問十足的作品。就像丹尼亞斯的五十個女兒（Danaids）❶，我永遠在心中注滿它們又讓它們流出來——有幾滴水濺在我的紙上，但幾乎沒有或完全沒有水留在我內心之中。

他們兩者都有以下這個方便之處：我要在他們之中所尋求的知識，都會在無關聯的片斷中出現，我不需要持續專注，而我剛好是無法持續專注。普魯塔克的次要作品和辛尼加的書信——他們的作品中最佳的部分——都是如此。我不必很辛苦地讀它們，可以在我喜歡的時候放下它們，因爲其中任何一部分都不會牽涉到另一部分，或緊接在另一部分之後。

普魯塔克的作品中，有很多値得仔細閱讀的長篇大論，因爲在我的心目中，他是這方面的大師，是我知道的所有作家中，最能把藝術和大自然、判斷力和知識結合在一起的一位。但有數以千計的地方，他採行了省略和暗示的方式。他用指頭指著，如果你願意的話，你就循著路徑前去。有時，他對著事情的核心一戳就滿足了。我們應該學會把事情核心從書頁中拉扯下來，展示在我們的公共廣場之中。

例如這句話：「亞洲的住民全都成爲一個人的奴隸，因爲他們無法說出這一個音節：

---

❶ 譯註：根據希臘神話，她們於新婚之夜奉父命把她們的新郎殺死，因而被罰下地獄，永無休止地將水注入無底的容器之內。

不！」——這個句子也許爲拉．波提的《論自願的奴役》一書提供了主旨和時機。

普魯塔克和辛尼加的大部分最健全的見解都是一致的。其實，命運在大約相同的時期把他們帶進這個世界。兩人都是羅馬皇帝的導師，兩人都來自異國，兩人都很富有又具影響力。他們的教示是哲學的精華——既簡單又切題。

普魯塔克比較一致和不變，辛尼加比較有起伏和變化。後者很辛苦地防衛美德，抗拒虛弱、恐懼和惡德。前者似乎比較不看重敵人，不屑加速腳步或防衛自己。他的觀點是柏拉圖式的——溫和，很適應有禮的社會。辛尼加的觀點則是斯多噶和伊匹鳩魯式的，比較遠離日常生活，但在我看來是比較堅韌和較適合個人的。

辛尼加似乎贊成他那個時代的專橫暴政，他在譴責那位暗殺凱撒的系出名門的刺客時，我確知他的言論有違他的判斷力。普魯塔克是澈澈底底的自由人。辛尼加多的是矯揉做作的比喻和突發警句，普魯塔克多的是實質的言詞。一個讓你激動和感動，另一個讓你比較滿足和有所得。辛尼加刺激我們，普魯塔克引導我們。

西塞羅的作品中對我有幫助的部分，是處理哲學，尤其是處理道德的部分。但是容我大膽說出事實，他的文體讓我很厭倦。序言、定義、片斷、語源學占了他的作品的大部分篇幅。他那些具有力量和生命的部分被他的冗長的準備工作所窒息。我花一小時讀他的作品——對我而言算是很長——並試圖要回憶我所獲取的內容，結果通常一個字都想不起來。

我只是希望變得較明智，而不是較有學問，所以，這種具邏輯成分和亞里斯多德式的工具並不適合我。我需要的人是以結論爲開始的人。我非常清楚死和快樂是什麼：沒有人需要自找麻煩去剖析於它們。但在一開始時，我需要有良好和堅實的忠告，告訴我如何處理它們。文法的精細之處和語詞的巧妙結構做不到這一點。

我喜歡那種搗問題核心的理由：西塞羅的理由拐彎抹角，相當適合教堂、法庭和道壇——在這些地方，我們有機會打盹，在一刻鐘後醒過來，仍然跟得上線索。他的言談方式有助於以任何方式說服一位法官，或應付孩童和平常的人——你必須對他們說出一切，希望他們會聽進什麼東西。

我不需要有一位作家努力要讓我專心——對我叫五十次說：現在聽啊！現在注意聽啊！我離開家時都準備要注意聽！我也同樣不需要調味汁或開胃物：我可以吃生肉。這些正菜和開胃菜（*hors d'oeuvres*）不會刺激我的胃口，反而讓胃口疲乏。

我認爲，甚至柏拉圖的《對話錄》（*Dialogues*）也讓我卻步，它們寫得很過度，我很遺憾的是，一個有很多更好的事情可說的人，卻浪費那麼多時間在冗長和不需要的預備性談話上。如果我這樣堅稱，時代的審核會原諒我嗎？至少，我的無知會原諒我，因爲我不足夠懂得希臘文，無法欣賞柏拉圖的文體的美。

一般而言，我選的書，是使用學識的，不是導向學識的。但是，我也喜歡西塞羅寫給阿提克斯（*Atticus*）的信，因爲我在它們之中發現很大成分的個人幽默。我有強烈的好奇心，想要刺探我所讀的作家的靈魂和眞正的看法。一個人可以藉由一位作家在公共市場中所展示的書，來判斷他的才賦，但無法藉以判斷他的習尙或自我。我寧願聽布魯特斯（Brutus）在戰爭的前夜在營帳中對他的朋友們所說的話，也不要聽他在第二天早晨對軍隊的高談闊論。

然而，明確的低劣行爲是在於，諸如西塞羅和普利尼（Pliny）這樣的具天賦的人，竟然努力要從流言蜚語獲得一點名聲，甚至公開他們給朋友的私人信札——甚至還包括那些沒有寄出去的信，因爲他們確實不希望白費力氣和白費午夜點燈寫信的油。兩位羅馬的執政官，當了統治世界的共和國的高官，難道他們適合利用閒暇的時間，以美妙的方式把優雅的信件串在一起，爲的是贏得「懂得他們自己的保姆的語言」的名聲？任何學校老師會做得比這還差嗎？要不是芝諾芬和凱撒的事蹟遠遠超越自身的言詞，我懷疑他們是否會費心把它們寫下來。

至於西塞羅，我的一般看法是，除了他的學識之外，他並不具備心智方面的偉大資賦。他是一個很好的公民。他和藹可親，就像肥胖又食量很大的人通常所會顯示的那樣。但他很脆弱，很自負又有野心。他認爲自己的詩值得發表，我不知道如何爲他找藉口。寫出劣詩並不是可恥的事，但如果他沒有感覺到自己的詩是多麼與自己偉大名聲不相配，那就顯示出他的判斷力多麼差。

歷史是我最喜歡的，是我眞正追求的對象。歷史家是很愉快又自在的。一般的人——我所尋覓的對象——在歷史中以比在任何其他地方更生動和完全的姿態出現——包括他們的內在本性的眞實和多變，以粗略以及詳細的形態出現，包括他們的動機和方法的各種相互作用，以及那危及他們的命運。

那些寫傳記的人是很適合我的好對象，因爲他們著重的是動機，不是事件，是從內心出現的部分，不是外在發生的事情。這就是爲何普魯塔克尤其是我最喜歡的人。

我相當遺憾的是，我們沒有很多像狄奧克尼．拉爾休斯（Diogenes Laertius）這樣的人，或者說：他沒有更廣泛爲人所知或更爲人所欣賞。我很好奇，很想知道世界的偉大教師的生活與命運，一如我很想知道他們的學說和想法。

在這樣研究歷史時，我們必須去翻閱所有作者的作品，不要有所區分，無論舊或新的作者，無論是法國的或外國的，這樣才能讀到很多不同的內容。但我認爲，凱撒特別值得研究，不僅是因爲他的知識和儀態，也因爲他本人。除了他試圖爲自己不良的動機提出虛僞的藉口，以及他致命的野心很卑劣之外，我在他身上所能發現的唯一錯誤是，他太少談他自己——凱撒。

我剛持續不斷地讀完了泰西塔斯（Tacitus）的《歷史》（*History*）（我很少這樣——我已經有二十年不曾一口氣讀一小時之久）。這本《歷史》與其說是歷史的敘述，不如說是歷史的判斷。書中箴言多於故事。它不是一本用來讀的書，而是一本用來研究和學習的書。

無論如何，他用精巧的語詞和矯揉做作的比喻來掩蓋具體的說理，是以他那個時代的不自然文體寫成。他喜歡誇張的語言，一旦事情不具重點和複雜性，他就從字語中借用。

他寫作的方式像辛尼加，但比較具有血肉的成分。他的作品比較適合像我們這個病態和多難的世界。你可能時常會認爲，他是在描繪今日的我們，是在緊緊揑著我們。

我認爲他勇氣不佳，因爲他說，他之所以提到自己占有高階公職官位，不是因爲要出風頭。這是很可鄙的言詞，竟然源自這樣一個人的心智。一個人無論談到自己或任何其他人，都應該很坦誠。他應該摒棄禮儀，選擇眞實和自由。

在讀歷史時，我習慣考慮作者可能是誰以及可能是什麼樣的人。如果他是一個職業的寫作者，我期望從他身上學到的，大部分是風格和語言。如果他是一位律師，我們應該去注意，他在公民政府、法律爭論以及等等方面提供了什麼。如果他是一位大使，我們應該去注意他在消息的來源和談判的行爲方面說了什麼。我們應該經常追溯作者的本行。

我喜歡的歷史家，不是很單純就是很能幹。單純的歷史家，其要務只在於收集資料，忠實地加以記錄，不要有差別待遇，也不要加入自己的想法——讓我們根據自己的判斷力去尋求事實。誠實的佛洛伊沙特（Froissart）就是這樣一個例子。他在被困在錯誤中時，會很誠實地當場把它改正，他會把他所看到的同一事件的不同敘述提供我們，甚至把他那個時代流行的謠言提供我們。他的資料是赤裸裸的原始資料，每個人會基於自己的能力從中得到好處。

眞正能幹和優秀的歷史家有判斷力，可以篩選所得到的資料，選擇最可能是眞實的部分。他們會從一位君王的心智和性格中推斷他的意向，讓他說出適當的話。但有這種殊榮的人確實很少。

至於介於兩者之間的其餘歷史家（他們占多數），他們會把一切都糟蹋了。他們想要幫我們咀嚼肉。他們僭取判斷歷史的權利，因此根據自己的偏見扭曲歷史。他們選取值得知道的部分，時常把會讓我們學到最多事情的語詞和態度隱藏起來。他們把自己無法了解的任何事情都加以省略，視爲不可信——對於他們不知道如何以美好的拉丁文或法文表達的很多事情，他們也可能加以省略。

大部分的時代，但尤其是今日，人們選擇歷史家或傳記家的作品，是因爲歷史家或傳記家知道如何處理語言——好像我們是要從他們那兒學習文法！他們被雇用去把他們在街上所聽到的報導，編織成發出愉快聲音的字語，把很多廢話賣給我們。

但寫出好歷史的人，都會掌握或參與他們所描述的事件，或者至少曾有類似的經驗。縱使如此，對於眞相的探討是要很精緻的。阿希紐斯．波利歐（Asinius Pollio）在凱撒所寫的歷史中發現錯誤，可能是因爲凱撒的眼光不可能遍及各地，或者可能他相信自己的手下的人的錯誤敘述。

事實上，我們對於自己的事情的了解是不夠清晰的。爲了彌補記憶力的不足，我最近養成一種習慣，在已讀（並且不想再讀）的每本書終了的地方寫下讀完的日期，以及我對它的概括性心得。然而，我還是會時常打開一本書，以爲是未曾品嚐過的新書，其實在幾年前已仔細讀過，裡面寫滿了筆記。

有很多書就其題材而言很有用，但作者卻幾乎不會贏得讚美——是會讓工人感到羞愧的好書和好作品。我可能會寫及我們如何吃飯和穿衣，寫得很糟。我可能會收集我們時代的詔書，出版我們的君王的書信，會有很多讀者。我可能會節略一本好書（雖然好書的節略都是很差的節略），而原書身可能消失。也許後代會認爲這種作品很有用，但就我自己而言，我會得到什麼榮譽呢？——除非是很幸運得到的榮譽。很多有名的書都屬於這種。

大部分人的心智，都需要外在的事情來喚醒和刺激。我的心智則需要外在事情來耽擱和安頓——「懶惰之罪必須藉由消遣來抖落掉。」關於我的心智，其主要以及最難的研究，是在於研究它自己。書會消遣我的心智。我的心智本身激起它自身的力量就足夠了。大自然已經提供它——以及所有其他心智——足夠的題材去判斷和琢磨。

沉思對於知道如何探索和利用自己的人而言，是大程度的運動。能夠同時既較懶散又較有成果的事情，莫若沉思（消遣）自己的思緒——取決於我們的心智的特性。偉人讓此事成爲他們終生的工作。尤有進者，大自然已經在這件事上給了我們助力：沒有其他事情會像這件事那樣讓我們持續得那麼久又很容易做到。亞里斯多德說：這是諸神的事情。以及創造了諸神的快樂以及我們的快樂。

閱讀具各種面向，尤其會喚醒我的理性思考能力。它會讓我的判斷力而不是記憶力發揮作用。我寧願冶煉我的心智，而不是去布置它。

第十二章

我在我的散文中發現了什麼

我最近退隱到我的房子之中，決定盡可能什麼事都不做，所剩的一點時間都用來過著平和與私密的生活。我認爲，最能滿足我的內心的方法是，讓內心享有充分的休閒時間，俾能專注於想法以及在想法之中自得其樂。我希望，隨著時間的轉移，我的內心能夠因變得更安定和成熟而更容易做到這一點。

但情況剛好相反。像一匹脫韁的馬，牠更加放縱自己一百倍。我心中出現大量怪物和荒誕的動物，一個接著一個，沒有秩序或關聯。爲了更冷靜地沉思牠們的怪異和愚蠢，我開始把牠們放進寫作之中——希望及時讓我的內心爲自身感到愧疚。內心如果沒有目標就會迷失自己。無所不在就意味著無處可去。沒有風會爲無港之人服務。

除非閒暇時間過多，否則我從不會提筆爲文，並且寫文章的地方也限在家中。我的書庫位於我的房子的一個角落。如果我想到什麼，到那裡去查詢資料或寫下來，怕會在越過庭院時忘記——因爲我記憶力不好——我就必須請別人幫我記。所以我的書都是以片斷的方式寫成，時間上會有間隔，時常因爲長長的幾個月不在家而中斷。

我沒有糾察員來幫我把想法整理就序——除了訴諸偶然。有時，想法形成單一的行列前來，有時則形成隊伍前來。它們來時，我會把它們排成形。我要讀者看到我的自然和平常的步伐——蹣跚前進。

有時有人催促我去寫我們的時代的事件，這些人認爲，我看待事件的眼光不像別人那樣受到激情的影響，尤其是，因爲我有幸能夠親密接觸各個黨派的領導人。但是，他們不會想到，我並不會辛苦去追求塞勒斯特（Sallust）❶的榮耀，還有，持續性的敘述是最與我的文體大相逕庭的。

由於精力不足，我一直會中斷寫作。我的寫作和闡釋能力不值一提。就表達最普通的事物所要使用的語詞甚至字語而言，我比小孩更無知。

所以，我才只說出我知道如何說的事情，選擇適合我的能力的題材。除外，我的言論自由不受到任何束縛，就算我的理性和那比別人優秀的判斷力，會視之爲不謹愼和不合法的見解，我也照樣發表。

我們的判斷力是完成工作的一種工具。在我的《散文集》中，我會在每個場合都嘗試判斷力。就算是我不了解的題材，我也照樣嘗試去寫。我測試淺灘的深度，如果對我而言太深，我就待在岸上。我們的判斷力會告訴我們說不能再前進了。這是判斷力會引以爲榮的優點。有時，在面對一種無益和無價值的題材時，我會看看我的判斷力是否會提供它強度和支撐力量。還有，我會在一種有價值的主題上發揮判斷力。這種主題已經有數以千計的人輾轉處理過，也可以採行別人的途徑。在這種情況下，判斷力的工作就是選擇最佳的路徑。

但是我本性善於模仿。我寫詩時（我只以拉丁文寫），詩家顯露出我最近所讀的詩人的影子。因此，我很不喜歡寫爲人熟知的題目，唯恐我在處理時會有模仿他人之嫌。

❶ 譯註：西元前羅馬歷史家。

機會先提供我什麼題材，我就寫什麼題材。這些題材同樣能充分滿足我的目的：一隻蒼蠅也可以成爲題材。我不想針對題材發揮得淋漓盡致，因爲我不曾看到任何東西的全貌——那些答應要讓我們看到全貌的人，也不曾看到全貌。所有的東西都有一百個角度和面向。我選擇其中之一，也許只是舐它一下，再稍微揭露它的表面，有時捏到它的骨頭。我刺戳它，不是儘可能刺得廣，而是儘可能刺得深。我時常喜歡對著一種不熟悉的亮光翻轉一個東西。

我把弄我的想法——從布匹中剪下來的樣本，湊在一起，不成定型，沒有指望——我不必爲它們負責，也不必執著於它們。我高興的時候可以放棄它們，回歸到我的懷疑和不確定狀態，回歸到我的支配形態，也就是無知狀態。

我寫作的時候，會很高興不用書陪伴我，或者不用來回憶某些書，以免它們妨礙到我的寫作文體。我這樣說也是眞心話，因爲好的作者會讓我先失去我的本心。我的想法跟有些畫家一樣，他們把公雞畫得很差，禁止他的小孩讓一隻活的公雞進入他的工作坊。但是如果我沒有普魯塔克就幾乎不行。不管你寫什麼，他總是在你身邊，對著你拿出無止盡的財富。我很苦惱受到這樣的誘惑：幾乎每次觸碰他，我總是會偷取一個翅膀或一隻腿。

在家寫作也很適合我，置身在原始的鄉村中，沒有人會來幫助或改正我。我在這裡幾乎不認識一個人懂得主禱文（Paternoster）的拉丁文，或者同樣不懂標準法文或懂得更少。我自己是講巴黎地方的法文，與蒙田地方的法文有點不同。

我在別的地方可能會寫得比較好，但我的作品就會比較不像我自己的作品。我的作品的主要目標和優點只是要成爲我自己。我會樂於改正我的很多偶然的錯誤，因爲我寫得很快，很粗心。但是，我的自然和一般性缺點，如果移除了，會是一種背叛。

有人會告訴我，或者我會告訴自己：「你用過多隱喻了——你這一句太吹噓了——你那一句很可疑（我不會拒絕法國街上所流行的用語，我認爲那些會改正用詞的文法的人是笨蛋）——你這個見解很無知——你這部分太過分了——你在這裡玩笑太過火了——人們會認爲你以玩笑的方式所說的話是很當眞的。」針對這一切，我會回答說：「我有把自己描寫得很逼眞嗎？這樣就夠了。我正在做我打算的事。那些認識我的人將在我的書中再度見到我，而讀過我的書的人將在我身上見到我的書。」

但是，讓我困擾的是，我的心智通常都會激發出最深沉和最微妙的想法，也是那些最讓我高興的想法，而在這些想法被激發出來時，正是我最沒有預期和最沒有準備的時候——在馬上、在床上或在吃飯的時候——但主要是在馬背上，是在我的腦最活躍的時候。在我還沒有設法把它們記下來時，他們就突然消失了。

做夢時，我會承諾要記得我的幻象（我很容易夢到我在做夢）。但第二天早晨，在我仍能夠記得其一般氣圍——歡樂、悲傷或奇異——的時候，我越努力要去捕捉它們，卻越深深陷入遺忘的境地中。那些偶然出現在我腦中的想法也是如此。我只會留住模糊的影像——剛好足夠折磨我去進行一種無益的追逐。

當我注意看著爲我畫壁畫的一個畫家所使用的方法，我心中會產生模仿的欲望。他選定一道牆中央的最好地方去畫，表現出所有的技藝去完成。他在四周的空白處畫滿怪異、荒誕的形體，其唯一的魅力是多變和誇張。

我所寫的散文都是些怪異和牽強的動物，除非偶然，否則都沒有條理、持續性和比例。在這方面，我模仿我這位畫家，恰如其分。但他的工作中較偉大和美好的部分，我遠遠落於他之後。我沒有能力敢於以適當的手法畫出一幅華麗和完美的畫。

有些作家很荒謬，繞了一哩路，爲的是要找到一個優美的字。我寧願猛扭一個句子，讓它吻合我的想法，也不要爲尋覓正確的措詞而走離路徑一步。字語被造出來，是要它們跟從我們和侍候我們。如果法語不來，就讓加斯孔語（Gascon）來助一臂之力。我要我的題材捕捉和激發我的聽眾的想像力，讓他們沒有時間去記得字語。當我看到一個高貴的措詞，我不會叫道：**說得好**，而是會叫道：**想得好**。

具優美心智的人創造一種語言，不是藉由引進新奇的字語，而是以更有力和多樣的方式使用它，讓它適合他的目的。他不創造字語，而是豐富它們的意義。我們從周圍的很多寫作的人身上，很少看到這種才賦。他們足夠勇敢，不去走平常的大路，但他們的不謹慎會毀了他們。他們寫的東西只顯示出他們喜歡新奇的文體，是可鄙的表現。這種新奇的文體不會迷人，反而會貶低他們的題材。只要能夠展示一種新的語詞，他們就不會去介意說了什麼。爲了採用一個新字，他們會放棄一個時常是更有生命力的舊字。數以千計的詩人的單調散文寫詩。但是，最佳的散文卻閃亮著詩的光采、力量和大膽，也閃爍著詩的火花。

每當我提起筆，我都會向「三美神」獻祭，就像普魯塔克談判某人時所說：爲的是要感謝她們的恩賜。她們一直是遺棄我的。我缺少「文雅」與「美」。當我選擇一個生動的主題時，我是要讓它適合我的傾向，而我的傾向是與嚴肅和繁文縟節的智慧對立的。我選擇一個生動的主題，是要活化我自己，不是活化我的文體——如果我可以說文體是一種沒有形態、沒有受到支配的言詞，是一種隱語。我在紙上講話，就像我跟所見的第一個人講話。我很清楚，我有時做得太過分。我努力要避免矯揉做作，結果卻藉由相反的途徑陷入其中。

我的散文的名稱，並不經常包含其內容。時常，它們只是藉由一種信號而指出內容。會迷失主題的人是粗心的讀者，不是我。總是有某一個安隱藏在一個角落，儘管很難找到它，它一定會把讀者帶回來。

我隨時隨地都在放縱地流浪著。我的文體和我的心智一起流浪。如果你不要被認爲是十足愚人，就必須稍微表現是愚人。

我要讓我的題材標示出它自身的章節：在自身之中顯示出它在何處開始、中斷、再結合、結束，我不會用那些爲耳朵不靈光的人所準備的針法和轉折來編織它——也不會對我自己的說明提出說明。有誰不喜歡被人用心閱讀而不是以惺忪和不專心的眼睛閱讀呢？

如果我無法藉由我所寫的東西的重要性來吸引我的讀者，則要是我能夠藉由複雜性來吸引他，也許也是一種成就。「是的，但讀者會在以後後悔費心讀你的東西！」沒錯——但他仍然會費心去讀。

我把我的書的第一部分分成很多章，這似乎沒有激起讀者的注意力，反而把它給分散了。基於這一點，我把以後的幾章變長了。一個讀者如果不願意花一小時，就不會願意花任何的時間。

我借來的故事，則訴諸被我借的人的良知。我的結論是我自己的，是取決於我的理性，每個讀者可以自由加進他自己的例證。如果他不知道有任何例證，那他要注意，不要因此認定沒有例證存在——人類的經驗出奇地豐富又多樣。

我所處理的題材是我們的習俗和行爲。在這種題材中，想像的例子，只要有可能性，就會跟眞實的例子一樣合適。無論例子實際上是發生在巴黎還是羅馬，是發生在約翰身上還是彼德身上，只要人類有可能經驗到它們，都無所謂。我使用事物的實質，也使用事物的影子。

有些作家建議只敘述那些已經發生的事。我的目的——只要我能達到——是說出什麼事可能發生。但是如果我是從我自己所聽到、所讀到、所說或所做的事情中提供例子，就算最微不足道的情況，我也不會加以改變。我的良知一點點也不會去做假：至於因無知而可能做的事，我就無法說了。

無疑的，我時常談及那些精於題材的人處理得較好的事情，並且也以比較眞實的方式談及。我只是嘗試我的天生能力，不是嘗試後天所學到的能力。如果你發現我什麼地方有錯，我並不會難堪。我不會在我的作品中對別人負責，我不會爲了別人而對自己負責——甚至不會對別人感到滿意。尋覓訊息的人應該在訊息所在的地方去尋覓。凡是我沒有透露的東西，我都不會提供。

我提供我自己所沉思的事，我在其中所要揭露的不是事情，而是我自己。至於事情，我可能會在將來的某一天知道它們，或者也許我一度知道了，但如果我能夠在我發現的地方偶然碰到那個段落，我就會再度知道它們。

因此，請你們不要強調我所寫的東西，而是強調我如何使用這些東西。關於我所借用的部分，請你們判斷我是否知道如何選擇。我時常要別人為我說出自己無法說得很好的事情。我不會計算我借了多少：我會衡量它們。它們幾乎全部來自有名的作家，所以不用我說明，來源自然就很清楚了。

有時，我故意不去提及作者，是要挫挫那些輕率的批評家的銳氣。他們會猛批所有的事情，特別是那些以我們的平常語言去寫作的當代作家。這種平常的語言似乎使得每個人都有權利去批評和輕視所寫成的作品，視之為庸俗。我想看到他們在刺戳我的鼻子時，其實是在刺戳普魯塔克的鼻子；當他們自認在扯裂我時，其實是在扯裂辛尼加。

我確實會很樂於讓健全和精明的判斷力拔去我的羽毛。如果我是自己絆倒自己，我會認為是我的責任。我們自己的眼睛會看不到很多過錯。微弱的判斷力不在於沒有看出這些錯失，而在於有人對我們指出這些錯失時，我們卻拒絕去承認。

當我屈服於大眾的品味，讓自己心中點綴著引句時，我並不打算完全淹沒於其中。如果我遵循我自己的見解，就會以自己的聲音說話。我可以在我寫作的房間之中，以很輕鬆的方式，從我四周的書中去借用我不會費心看一眼的男士們的作品，寫出很多這樣拼湊、補綴而成的書。我只需要某一位德國人的導言式文章，就可以讓我的作品充滿引句，如此欺騙愚蠢的世人而贏得十足的名聲。

很多人藉由這些隨時湊成的陳腔濫調大雜膾，抄著知識的短路，其實這些大雜膾並沒有用——除了對那些同樣內容的題材有用。它們只是用來炫耀我們的學問，不是用來教導我們。我看過一些書，其內容作者並沒有研究過，也不了解。作者是讓自己的幾個博學朋友們分工研究書的題材，他本人則提供這種計劃，花點工夫把這堆沒有消化過的素材併湊在一起就滿足了。無論如何，紙和墨水是他的。這等於是買或借一本書，不是創造一本書。這樣向世人所顯示的，並不是他能寫一本書，而是他確實無法寫一本書。

我的做法剛好相反。有那麼多的東西可以借，我只要偷點東西，改變它和僞裝它，以達到一種新的目的，就算有人說我根本不知道它的眞正意涵，但我這樣做會很滿意。我們喜愛自然和現實的人，認爲「本源」比「學問」更見榮譽感。

至於其餘的，我會加上我自己的第一印象，但我不會改正這第一印象。我的目的是要研究我的想法的進展過程，讓每個想法保存在原生狀態中。我希望早一點開始，這樣我就能夠更清楚觀察到想法所經歷的過程。我也認爲，如果一個人認爲能夠做得更好，他應該把它放在一本新書之中，而不是在舊書中攙假。我怕因改動而有所損失。自多我的《散文集》在一五八〇年出版以來，我的年紀是有增長，但我懷疑智慧是否有增長。最後，凡是知道我很懶惰的人都會相信，我寧願再寫很多散文，也不要限制在修訂已寫出的散文上。

我的散文獲得好評，讓我很有信心，超出我的預期。讚美總是會讓人很愉快，只不過一般人的判斷大都會失準。如果我沒記錯的話，我的時代的最俗作品卻贏得了最大的喝彩。很多人在世人眼中是奇蹟，但他們的妻子和侍僕卻看不出他們有什麼值得注意之處。很少人受到他們的僕人的讚賞。在我的加斯孔（Gassony）鄉下，人們看到我有作品出版，認爲很好笑。閱讀我的作品的人越多，我就越會受到尊敬。在基恩（Guienne）這裡，我賄賂我的出版商，在別的地方，我的出版商賄賂我。

當我聽到任何人討論我的散文的語言時，我寧願他們保持緘默。他們不是在讚揚我的文體，而是在貶低我的判斷力。他們使用出的方法越間接，傷害越深。然而，如果有任何其他人提供更值得權衡的東西，我就會容易不察——無論任何其他作家是否以優秀或拙劣的方式把很多材料寫出來，或是否至少寫得很詳細。爲了讓書的內容更面面俱到，我會只採納開始的部分：如果我把它們擴大，我的作品就會多出很多卷。我在我的書頁中點綴了很多故事，這些故事什麼也沒說，但如果你仔細去探究，它們就會衍生足夠的東西，產生無限多的散文。

我的故事和我的引句經常都不是用來做爲一種範例、一種權威或一種裝飾。有時，我並不只因爲我使用它們，就看重它們。它們所承載的，時常超過我所說及的，它們所承載的是涉及一種較豐富和較大膽的想法的種子。它們承載一種較微妙的弦外之音——對於不想更明講的我自己，以及對於那些能夠了解我的心境人而言都是如此。我把事情只說一半，以混亂和不正確的方式說：也許有我自己的理由這樣做。

我自認我的作品中可容忍的那些部分，其之所以可容忍，是跟我看到的那些相當爲人接受的較壞事情加以比較。我認爲可容忍的那些部分，其實並不會令人感到愉快，我在檢視它們時會感到很厭惡。我心中有一種想法，一種模糊的影像，就像在夢中，它讓我看到我可以固守的一條較美好的線。我不知道如何把握它或利用它——甚至在那時，那想法也是很平庸的。

我寫這些散文是在試驗我的天生所擁有的部分。這些部分會屈服於重大的壓力。我的想像力和判斷力在黑暗中摸索。當我儘可能往前行進，時而失足、絆倒，我會在前面瞥見更多和更寬闊的陸地籠罩在不可刺穿的雲中。

當我想要判斷別人時，我會問他，他滿足於他自己的作品到多大的程度。我不想要以下這種卑劣的藉口：「我只是把它當做一種消遣——花不到我一小時的時間——之後我就不曾再看它了。」我會說：好吧，那麼把它放在一邊，給我一篇確實是你自己的作品——是你願意被別人評斷的作品。

是應該有一種法律來規範那些無用和魯莽的塗鴉者，就像規範流浪漢和無所事事者。如果有這樣的法律，我和數以百計的其他人就會被從這個王國驅逐出去。我這樣說並不是開玩笑。塗鴉似乎是一個病態世界的症狀。我們以前所寫的東西，從來沒有像我們的內戰開始以來那麼多。羅馬人是什麼時候瀕臨衰亡的邊緣的？除外，雖然我們的機智經過精煉，但卻沒有人在治理政府方面表現得比較明智。這些無益的書之所以產生，是因爲人們不專心於正業，而是急於找機會逸離事業。

但我最不算是寫書的人。我的正業是形塑我的生活——這是我的一種行業和職業。有任何價值的人，應該把價值顯示在他的日常習尚和言詞之中，顯示在他的風流韻事和他與別人的口角中，顯示在玩樂、睡覺和吃飯之中，以及顯示在處理事情和房子之中。一個穿著破褲子坐著寫一本好書的人，應該先修補他的褲子。你可以問一位斯巴達人（Spartan）想成爲優秀的演講家還是優秀的軍人——但不要問我，因爲要不是我已有一位優秀的廚子，我是想成爲一位廚子。天啊，我會多麼憎惡被認爲是一個使用筆的英俊男人，但在其他各方面卻是一隻笨驢！我雇用來寫我的口授文章的一位僕人，自以爲儲存了豐富的戰利品，因爲他偷竊了我的很多散文，並選出他最滿意的部分。他所得到的，將不會比我失去的多，想到這裡我就感到很安慰。

如果我選擇以博學的姿態寫作，我就會早一點寫了，因爲這樣比較接近學習階段，頭腦和記憶力也會比較好。如果一個人在晚年時從事寫作出版，自認會從其中擠出「做夢」、「老朽」、「胡言亂語」以外的東西，他就是笨蛋。人變老，就會變得閉塞、遲鈍。

無論如何，我是以少量的方式釋放出我的學識——但不會追求排場和氣派，釋放出我的無知。我寫出的是「無」——不是學問，而是沒有學問。我所選擇的題材是生命——我打算描繪的部分——完全展現在我眼前的那些歲月。

其餘的都跟死亡有關。如果我在遇見死亡時，跟其他人一樣喋喋不休，我可能會去記述我在離開世界時話特別多。

第十三章

我為何描繪我自己

我第一次有這個寫作的想法，是基於一種憂鬱的心緒。這種心緒大大違悖我天生的性向，它是因為我在孤獨中避難而產生的。由於我發現沒有其他事情可寫，我就把自己當做一種題材。當我寫其他任何事物時，我都會遊蕩、迷路。

有一天，我在巴―勒―杜克（Bar-le-Duc），有人獻給國王佛蘭西斯二世（King Francis 二）一幅人像，是西西里國王雷尼（King René of Sicily）畫自己的畫像。如果我們之中每個人同樣用筆畫自己的像，就像雷尼用蠟筆畫自己的像，難道不是合法的嗎？

如果我的構想所透露的新奇和奇異特性――這兩者應該會為東西增加價值――無法救我一命，那麼，我的這種愚蠢的嘗試就不會為我帶來榮譽了。這類的書是世界上唯一的一本。然而，其題材卻很無益又瑣碎，最佳的工人都不會對它表示敬意。書中唯一值得一說的是它的「誇張」特性。無論如何，它是那麼荒謬和不尋常，也許它會消失無蹤的。

我唯一的目的是揭露我自己。無論這些有關我自己的散文可能多麼微不足道，我並不會去隱藏它們，就像我不會隱藏我的年老的禿頭。身為描繪者的我在你面前所展示的，不是一個完美的臉孔，而是我自己。明天，如果我學到新的一課，剛好改變了我，我可能就會有另一個自我。

我寫我的這本書，只為極少的人，只花極少的幾年。我考慮到我們的語言改變得很快――它每天都從我們的指縫中溜失，並且自從我誕生以來，它有一半以上都改變了――所以，我敢於在很多私密的訊息中使用它，雖然這些私密的訊息會隨著現在活著的人的死而死，或者只會涉及那些探討不尋常的事物的人。

我不想聽到人們如此說到我，就像我時常聽到人們說到死去的人：「他是這樣活過和想過——他是這個意思——如果他在臨死能夠說話，他會如此如此說：提供如此如此的訊息——我比任何其他人更加了解他。」如果人們要說話，我是希望他們說出正確和公正的話。我將會很高興從另一個世界回來，只要有人描寫的內容，並非我的本然，就算是爲了替我增光，我也要指責他們說謊。

要不是我全力爲我已經失去的一個朋友❶辯護，他們就會把他撕成數以千計的片片。我知道我死後不會有一個人，爲我做出我爲這個朋友所做的事，也不會有任何人，讓我可能把我對自己的描述充分地向他透露。只有這個朋友知道我的眞正面孔，而他卻把它帶走了。所以，我才如此小心地描繪自己。凡是我無法表達事物的，我就用手指指著。

普利尼（Pliny）說：只要一個人能夠仔細探測自己的內心，他自己身上就有一門很好的課程。我在這裡所提供的，道不是我所要教別人的，而是我自己所學到的；不是給別人的一課，而是給自己的一課。如果我傳了出去，務必要接穩，因爲對我有用的東西，也許對別人也一樣有用。至於其餘的，我是不會有傷害性的。我只使用屬於我自己的東西；如果我做了傻事，那傷的是我自己。愚蠢的事會跟著我一起死去，不會有繼承人。

---

❶ 即拉·波提。

我們聽到一、兩個古人走這條路，只是我無法說，這是不是我的作風。除了名字之外，我對他們一無所知。從那時起，就沒有人再踏上他們的道路。

這是一種很棘手的事，比外表所看起來的還難，我是指走曲折的內心之路，刺穿它不透明的深處——選擇並緊抓住它無數的難以捉摸的映影。這是一種新奇又不尋常的樂趣，引誘著處於平常俗務中的我，甚至引誘著處於最有名聲的俗務中的我。

到現在已有很多年，我的思緒都專注在我自己身上。世界是向外看，看到對面：我則把眼光朝向內心。我一直在反省自己，嘗試著，考慮著。其他人，如果他們停下來想，就會發現，他們把心投向各個地方；心會向前行進。至於我，我是永遠在我自身之中旋轉。如果我研究別的東西，那只是為了把它應用在我自己身上，或勿寧說應用在我內心之中。如果我像那些較不具有利知識的別人那樣，說出了我所學到的東西——雖然我並不滿足於我的進步——我也不會認為這樣是不適當的。最困難的描述是描述自己。

習俗上，人們認為談到自己是邪惡的，並且禁止此事，因為此事似乎與誇口連結在一起。此事並不像給一個小孩一條手帕，而是像割掉他的鼻子。就因為有人喝醉酒所以就譴責酒，這樣就是該譴責的。這就像套住小狗的口套。那些把自己說得高高在上的聖者，以及哲學家和神學家也不會用這種口套套住自己。像我這麼渺小的人也不會這樣做。

我的行業和技藝是過我的生活。如果一個人禁止我談到我的生活的經驗、感覺和實踐，那就等於禁止一位建築師去談及他所知道——別人不知道——的建築物。

也許，他們的意思是，我應該在行動和成就上顯示自己，不是在字語上。但是，我的主要工作是描繪我的想法——想法是無法變得可觸摸的無形東西——所以要我在它們身上穿上輕飄的聲音之衣是很困難的。最明智和最虔誠的人都避免讓他們的生活出現在可見的事蹟中。我的行爲所顯示的是我的幸運，不是我自己。我的行爲會見到其自身的角色，不是我的角色——除非藉由猜測。我的行爲是其自我顯示的樣本。

但是，我所顯示的是我的整體：看一眼，就看到了骨架、肌肉、血管——有時是咳嗽，有時是心跳，以及其難以捉摸的效果。我寫的是我的行爲——是我和我的本質。

人們認爲，如果想到他們自己，就是對他們自己的想法感到滿意——如果教化自我，就是過分縱容自我。這種說法只適用於那些只懂皮毛的人，那些把自己看成是對內心很陌生的人，那些在他們的事業中看到自己的眞正自我的人，以及那些認爲內在的沉思是白日夢、建空中樓閣的人。

在評估自己是什麼樣的人時，我們應該很謹愼，但我認爲，在陳述這種評估時，無論是好是壞，我們也必須想著良知。貶低你自己不是謙虛，而是愚蠢。如果我自認非常善良和明智，我會到處宣揚。但過分讚美自己不僅是僭起，也是愚蠢。然而，改正這種缺點的方法，並不是禁止人們談到自己，因爲這樣也會阻止他們想到自己。

如果一個人開始想到自己，他就會發現，只有那些同時會讓他們謙卑的事情，才會讓他們感到自傲。最後，人類生存的微不足道，總是會對「謙卑」和「自傲」間的關係起了決定性的作用。只有蘇格拉底直搗他的神祇的箴言的核心：「了解你自己，」所以只有他配稱爲賢哲。只要一個人是以這種方式了解自己，就讓他大膽地說出來吧。

但有人也許會告訴我說：這種要讓你自己成爲你筆下的題材的意圖，只適合於偉大和出名的人，其名聲刺激我們想要知道更多有關他的事。我承認，一名機工幾乎不會把眼光移離他的工具，而去看一位平常的過路人。然而，當一個傑出的人物來到城裡時，每間商店和工作坊的人都會跑去見他。我知道，只有一個值得模仿的人，才應該描述自己的性格。很可惜，亞歷山大大帝，以及那些僅僅銅製和大理石雕像就會讓我們爲之認眞注視的人物，我們並沒有他們的日記。

這種異議沒有問題，但我認爲，這幾乎不是要點。我在爲本書之中，並不是在鑄造一座雕像，立在十字路口、公共廣場或教堂。這本書是意在放置於一間圖書館的一個角落，或娛樂一位朋友或鄰居——只要他想要更新和強化他對我的認識。

其他人受到鼓勵去談自己，是因爲「自己」這個題材很豐盛又有價値——相反的，我之所以談自己，是因爲我認爲這個題材很貧瘠又乏味，不會有誇耀的嫌疑。我在說出我在自己身上所發現的優點時都會臉紅。我與大眾之間有一個關係是：我借了印刷這種大眾工具，而其回報是，我的書頁在市場中可能會發揮一種作用，即用書頁來包一磅牛油，以免被陽光熔化。

就算沒有人讀我的書，難道我就沒有把握時間藉由令人愉快和有用的想法來自娛嗎？當我們享受那種最美妙的快樂時，它就會避開世人之手的接觸，不會遺留痕跡。如此全神貫注會讓我遠離煩人的思緒。所有微不足道的思緒都應該視爲煩人的。大自然已經提供我們大量自娛的方法，並時常歡迎我們去使用，是要讓我們可能知道，我們自己只有一部分是歸之於群居——並且不是最好的部分，也不是最多的部分。

一個人在出現於大眾之前，必須梳梳頭髮，洗淨臉孔。所以我永遠在梳洗我自己，因爲我就是我自己的大眾。我以自己做爲模特兒畫這幅像，時常不得不穿好衣服，把自己再度打理好，讓姿態可能呈現出更加像我自己的樣子，所以我已爲自己創造出比開始時更清新和明亮有膚色。我的書已經塑造了我，就像我已塑造了我的書。書的元素跟作者的元素一樣，是我的身體的一肢，專注於它自身的生命，不像其他書那樣專注於讀者所關心的事。

如果我稍微專心閱讀其他書，注意看看是否可以偷點東西來裝飾或援助自己的書，那會怎樣呢？我研究其他書，不是爲了創造一本書；我是因爲必須創造一本書，才研究其他書——就算我的研究只是去搔搔和捏捏某一位作者的頭部或腳跟，不是要形成我的看法，而是要試驗我的看法。

有很多次，當我不滿意其種行爲，卻無法很莊重或理性地公開譴責，我就在書中說出來——希望讓大眾聽到！事實上，這種狂熱的撻伐訴諸總是比訴諸肉體好。

我們吊死一個人，但無法讓他改過。我們是希望藉由他而讓別人改過。我也是這樣做。我的缺失可能是天生的，可能是無法改的。有美德的人做好事的方式，是在於爲大眾立下好榜樣，但我做好事的方式則可能是爲大眾提出警告。世界上可能會有跟我同類型的人，他們學習的方法是藉由避開，而不失藉由模仿。我對殘酷行爲的恐懼心理，會比仁慈行爲的任何範例，更讓我做出好事來。一位精湛的騎術教練改善我的騎姿，其效果還不如我僅僅看到一個律師或一個威尼斯人騎馬的姿態很不良。

尤有進者，這個時代很適合我們以相反的方向去改善事情：藉由不同意，而不是藉由同意。由於我從少見的好榜樣之中所得到的好處很少，所以我就利用很多的壞榜樣。我看到別人表現討人厭的行爲，所以我就表現令人愉快的行爲；我看到別人表現多變的行爲，所以我就表現前後一致的行爲；我看到別人表現粗暴的行爲，所以我就表現溫和的行爲；我看到別人表現惡劣的行爲，所以我就表現端莊的行爲。但我卻讓自己成爲一個不可能達到的目標。

我在出版回憶錄時發現了這種明確的好處。我的回憶錄在某種意義上等於是一種抑制力量。我時常會想到要忠於我所說出的有關自己的故事，也要符合我所描繪的有關自己的形像。尤有進者，我認爲我已提供了足夠的靶的，任何想要攻擊我的人都可以滿足他們的惡意，不會無的放矢。就算他們把我的邪惡之根轉變成長得很完整的樹，我那毫無拘束的自白也會發揮止謗的作用。

除了這個好處，我也希望，如果我去世之前的心緒讓某一個誠實的人感到很愉快，他就會想要找我當他的朋友。我沒有打仗就割讓了很多土地。他多年來因認識我而能夠知道的所有有關我的一切，此時就可以在三天的閱讀中獲得了，並且更確定又準確。可眞是有趣的想法！我並不會向任何個人低聲說出的事情，卻告訴了大眾，並且還叫我最好的朋友到書商那裡，親自去知道我最私密的想法。

如果我明確知道有一個跟我很相投的人，我會不辭遠路去找他。我認爲，同伴的美妙，花再大的代價去爭取都不爲過。哦，是爲了一個朋友！那句古老的格言多麼眞實啊：「友誼比火或水更美妙，更爲人所需。」

第十四章

關於我的生理結構

我的身高比中等身高略低，這個缺點不僅瀕臨畸形的境地，也帶來很多的不便。我缺少威嚴外表的權威性。亞里斯多德說：矮小的人很美，但不英俊。有一件事會讓你很苦惱，那就是，當你四周有僕人時，一個人走過來問道：「『先生』在哪裡？」——或者，當有人脫帽向你的祕書或理髮師行禮時，你卻只感覺到帽子的微風掠過。其他的美都屬於女人；身材的美是男人的唯一之美。

我再怎麼重複說我是多麼看重美，也不為過。不僅就服侍我的人而言，並且就野獸而言，我都認為美與善相差無幾。讓我很傷心的是，據說：蘇格拉底的臉孔和身體都很醜，很不搭配他的靈魂，也不搭配一個本身是那麼喜愛美的人。拉．波提那不好看的外表遮蔽了他的美好靈魂，但這種不好看的外表只是表面的，像是皮膚上的一個汙點，當我們第一眼在一個對稱的身體上看到時，才會不舒服。其實，一個人的外表並不是他的性情的保證，然而還是很重要。我有一個有利的面向——「我有說『現在有』嗎？不，柯雷米斯（Chremes）啊！我是『過去有』」（引自特倫斯〔Terence〕）。這個面向就其本身而言以及就它給別人的印象而言，其所顯示的，都和蘇格拉底所顯示的相反。

至於其餘的，我的身體很結實，結構緻密。我的臉孔豐滿，但是不胖。我的性向介於愉悅和憂鬱之間——是適度的樂觀和熱情。我的生理結構最好的部分，是它的柔軟，不會很僵硬。我的一些傾向比其他傾向較具個人成分，較令人愉快，但我很容易逸離這些傾向，易於表現相反的一面。

我很有活力，行動很輕快，一直到年紀很大時才有改變。我很少為疾病所苦。這是我以前的樣子。我不是在描繪現在的樣子。現在我已進入晚年，超過了四十歲。從現在以後，我將只是一半的人：每一天，我偷取自己的一點東西，把它們留在後面。

我來到這個世界時，官感完整，甚至完美。我的胃仍然足夠好，我的頭部和呼吸也是，甚至在發燒時情況也很好。

我的臉孔和眼睛經常透露我的健康情況。任何的改變都始於那裡，通常都顯得比實際的還差。我還不知道有什麼不對勁時，朋友就時常會對我搖頭。我照鏡子，並不會感到驚慌。甚至在我年輕時，我的臉色和神情不止一次顯得很不健康，是生病的前兆，但並沒有出現嚴重的後果。醫生們沒有發現我身體有病，就把不健康的臉色和神情歸因於我的內心和噬蝕內心的某種祕密的困擾，但他們錯了。我的內心不僅無憂無慮，也充溢著喜樂和滿足，就像它平常的樣子——有一半是基於本性，另一半是基於人為。

如果我們能夠支配自己的身體，一如支配自己的心智，我們就應該會較自在地生活。我認為，我的性情時常把我的身體從低潮中提升了。事實上，我的身體時常處於消沉的狀態中，而我的心智，就算它並不經常很是活潑和愉悅，至少也是很鎮靜和放鬆的。

我不記得自己的身體曾感覺癢過，然而抓癢是大自然讓人感到滿足的最美妙方法之一，並且就掌握在你手中——但很快會令人感到懊悔。我大部分是在我的耳朵的裡面抓癢，因為耳朵容易感覺刺痛。

我的步伐快速而穩固。我不知道我是比較不容易讓心智還是身體在某一個點上停下來。如果一個宣道的人能夠在講道時讓我專心聽講，他確實就是我的朋友了。在聚會的場合中，人們要講求禮儀，每個人都板著臉。我甚至看到女人眼睛凝視著，但我卻永遠無法阻止我的某一個部分遊移不定。縱使我是坐著，我也不會安頓下來。爲了比較容易做手勢，我幾乎經常帶著一根杖條，無論走路或騎馬都一樣。可以說，自從嬰孩時代以來，我的雙腳就像發瘋或就像水銀，因爲無論我把雙腳放在什麼地方，它們總是動來動去。

我的聲音很緊繃，讓我感到很累，因爲聲音高又強有力——我在抓著高官的耳朵談重要的事情時，他們時常要我降低聲量。生病或受傷時，我注意到，講話會騷動和傷害我的內心，就像我做了不謹愼的事時也會這樣。

至於諸如像衣服這樣無關緊要的東西，有誰嘗試讓它們回歸眞正的用途呢？——就是其眞正的優點所繫的益處和舒適？我所能想像的最荒誕的東西是扁平帽、垂在我們的女人頭上的天鵝絨尾巴，以及我們基於莊重而不能提到但卻又公開炫耀的那種鼓脹的東西。

我認爲很錯誤的一件事是，人們如此受時尙影響，只要時尙有所需求，他們就會每個月改變他們的衣服，以及對衣服的看法。我們爲了哀悼亨利二世順應宮廷的時尙而穿普通衣服才一年，絲服就爲人所輕視，看到有人穿絲服就立刻貶抑他爲商人。男人在胸部的中央穿著緊身胸衣，表現出世界上最冷靜的理性堅稱，這種衣服穿在胸部最適合。但是，過了幾年，基於流行，這種衣服卻往下伸延到大腿之間，於是每個人都在嘲笑以前的樣式，視之爲不舒適又荒謬。世界上所有的裁縫都無法發明足夠的奇裝異服，來滿足我們的虛榮心，所以，你可以確定的是，那種曾經爲人輕視的時尚終究會回歸。

就我自己而言，雖然法國人喜歡多樣的顏色，但我卻只穿樸素的黑色或白色衣服，是模仿我的父親。灑著香水的緊身上衣最先是會滿足我的嗅覺，但在穿了三、四天後，受益的人不是我，而是別人。我認爲一個男人在自己的家中穿著華麗衣服，是很不必要的：他的房子、侍從和餐桌對他來說就足夠了。

雖然我在冬天時很無法忍受不扣鈕子、不包著頭，但我的地區的工人卻會認爲，扣鈕子、包著頭是被捆住。我們的農人，就像我們很久以前的祖先一樣坦胸露腹。如果我們眞的天生需要穿短褲和襯裙，你可能就會認爲，大自然應該用較厚的皮膚來強化那些部分，就像它用較厚的皮膚強化我們的指尖和腳跟。

冬天時，我的腿部不會穿上比在夏天時更溫暖的褲子：四季都是一雙簡單的絲襪。沒錯，爲了緩和寒冷的感覺，我是會套上較溫暖的頭飾，在肚子四周加上更多東西，以防肚子痛。但是幾天之後，輕微的毛病適應了，我又變得跟以前一樣了。本來是一頂帽子，後來變成一條頭巾，本來是一頂軟帽，後來變成一頂有襯裡的帽。現今，我的緊身上衣裡面的塡塞物，只是一種裝飾。我已經到了這樣的地步，任何東西都不會有幫助，除非我加上毛皮和羽毛，在帽子下面加戴一頂便帽——到達這種程度，我走起路就很難了。

但我拒絕改變。如果我敢的話，我會樂於回到開始的地方。一旦我們同意被防範措施所苦，我們就會毀了自己。防範措施是永遠止境的。

第十五章

雜亂的習慣

我已活得夠久，可以敘述一下我到現在爲止的習慣。也許有人想要試一試，但我已經像嘗酒者一樣先嘗試了。在這裡，我以雜亂的方式寫出來，是根據我的記憶所提供的一些細節。我的習慣都配合環境的改變而改變。但我所要描述的，是我觀察到對我具最深和最長久影響的那些習慣——我認爲不必打破的那些習慣。

我一定要以強迫的方式才可能在白天睡覺，才可能在兩餐之間吃東西。我一定要起床很久之後才吃早餐，一定要晚餐後整整三小時才能去睡覺，一定要睡覺前才能性交，也不曾站著性交。

我無法容忍自己流汗，也無法用純水或沒有稀釋的酒解渴。我無法有一會兒的時間不戴帽，無法在吃飯後理髮。我沒有戴手套會很不自在，就像沒有穿襯衫那樣不自在。我吃完飯或起床後一定要洗臉。床上必須有頂蓋和帷幔，我才能睡覺——好像這些東西是不可或缺的。

我吃飯可以不用桌布，但幾乎一定要有餐巾，就像德國人。我比德國人或義大利人更會弄髒餐巾，因爲很少用湯匙或叉子。我很爲王室的習俗感到難過：每道菜還沒吃完就換餐巾以及盤子。

我會喜歡某些種類的杯子，不願意使用普通的杯子，也不會跟別人共用同樣的杯子。金屬杯，就算是金製或銀製，也不會比明亮和透明的玻璃杯更討我喜歡。我也想讓我的眼睛享受視覺之美。

這些挑剔行爲之中有一些我歸因於習慣，但是我天生就有其他的挑剔行爲。例如，我一天吃了豐盛的兩餐，胃就會過度負擔。然而，如果其中有一餐完全不吃，就會覺得肚子充滿空氣，嘴很乾，傷害到我的食欲。

我很喜歡好聞的氣味，因此很討厭臭氣——我認爲我會比大部人在更遠的距離就嗅到臭氣。就香氣而言，最簡單的香氣最適合我。你無法想像，各種氣味都會很奇怪地附著在我身上。只要我的手套或我的手帕觸碰到我濃密的鬍子，氣味就會整天停留在那兒。它們總是告訴我，我曾到了你什麼地方。

爲了更能精準地判斷，我希望能夠品嚐到突尼斯的國王（King of Tunis）獻給皇帝查爾斯五世（Emperor Charles V）的烹調：肉中塞滿芳香的草本，一隻孔雀和兩隻雉雞的肉價值兩百金幣。切肉的人在切著時，不僅餐廳和住處，連附近的街道，都會充滿香氣。旅行時，我在選擇住處時的主要考慮，是避開濃濁的臭味空氣。我很不喜歡美麗的城市威尼斯和巴黎，前者是因爲它的沼澤有惡臭，後者是因爲汙泥有臭味。

所以，我也爲長期暴露在夜晚的空氣中所苦。最近幾年，在時常持續整個夜晚的行軍中，我的胃會在五、六小時後開始感到很難受，再加上嚴重的頭痛，所以經常在黎明前嘔吐。當其他人去吃早餐時，我卻去睡覺，之後我才會跟平常一樣顯得有朝氣。

國王和哲學家都要上廁所，女人也是。他們必須很謹慎。但身爲簡單的一個人，我喜歡野放。除外，兵士和加斯孔人講話可以稍微自由些。所以，我要講講上廁所這件事。一個人應該固定在晚上的某一個時表做這件事，藉由習慣強迫自己務必去做，就像我一樣。他不應該像我在晚年的習慣的那樣，受限於地點或座位的方便，也不應該長久和拖時間坐著不動，造成困擾。除了骯髒的辦公室，還有什麼地方更需要乾淨和快速行動呢？在所有天生的要做事情中，這件事是我最不願被打斷的事。我見過很多兵士苦於排便不規則，但我的排便和我之間的約定從來都是準時進行，也就是一起床之後——除非生病或不巧的事情來干擾。

我做任何事都很慢，都會耽延：起床、上床以及吃飯。早上七點對我而言是很早的；就算有偏差，我都不會在十一點前吃午飯，也不會在六點後吃晚飯。

以前，我把發燒和其他疾病，歸因於睡得太久所引起的睏倦，所以我經常會對醒過來又睡很後悔。柏拉圖認爲，睡眠過多此喝醉酒還嚴重。

我喜歡單獨睡在硬床上，甚至不與妻子同睡——就像王室的人——並且蓋好被。我的床不會很溫暖，但自從我年老後，如果有必要，肚子和腳會加蓋東西。人們譴責西比奧（Scipio），因爲他很會睡；我則認爲，眞正的理由是，他沒有其他讓人們感到惱怒的事，所以人們才因此對他很惱怒。

睡眠花了我的生命的很多時間。甚至在我現在這樣的年紀，我也會一口氣睡八、九小時。我正在戒掉這個習慣，對我很有好處。這種改變最初很難，但三天之後就解決了。

我幾乎沒有看過有人，在必須少睡時做到了，我幾乎沒有看過有人，比我更經常運動，也幾乎沒有看過有人，在做一陣子辛苦的工作後比我不會累。我的身體可以忍受費勁的工作，只是無法忍受沉重或突然的費勁工作。最近，我避開所有激烈的運動以及讓我流汗的工作：還沒溫暖身之前，我的四肢就會很累。在沒有拿著條杖時，我會習慣拄著手杖，甚至表現得很高雅，靠在手杖上面，假裝很虛弱。我的朋友們警告我說：這種嗜好可能有一天會成為一種必要性。如果這樣，我將會是家中第一個得到痛風的人。

我可以整天站著，我不曾厭倦走路。但在公路上，我一直喜歡騎馬：走路時，汙泥會濺到我的屁股，並且在街上時，像我這樣矮小的人容易被推擠開。我一旦騎上了馬，就不願意下馬，因為無論身體情況很好或生病，我騎在馬上都感覺最自在。普利尼說：騎馬對於胃和關節都是非常好的。我當信差時並沒有出現出最壞的情況，因為當信差對於一個像我這樣短小精悍的人而言是很適當的。但是我決定停止做這種工作，因為它太累人，無法做很久。

無論躺著或坐著，我都喜歡伸展身體——腿伸到跟座位一樣高或更高的地方。

我的朋友認為我可以做寫信的工作。我要坦承：如果我有什麼可以讓我寫信的對象，維持我的興趣——就像我以前曾經這樣——我就會喜歡在信中發表我的想法。然而，我的寫信風格天生透露滑稽和隨意的成分，就像我的言詞，不適合公開顯示。我完全不知道如何寫有禮貌的正式書信。

我經常匆匆寫信——非常急速，雖然我的字跡差得令人難以忍受，我還是要自己寫，因為我找不到寫得跟我一樣快的人。我從來不會把信抄寫一遍，我已經讓那些與我通信且了解我的傑出人物習慣忍受我擦掉、重疊在一起的字，以及我的沒有邊緣或摺頁的信紙。那些我最辛苦寫出的信反而最糟——當我開始吃力地寫著時，表示我心不在焉。我從未不會計劃怎麼寫信：

前言引出後語。

就像我寧願寫兩封信，也不願摺好以及封好一封信——我總是讓另一個人去做這種工作——同樣的，當寫信的眞正工作完成時，我會樂於讓別人去加上那些修飾的文字、表示樂於服務的文字，以及我們附於信後的祝福語。我希望有一種新的習俗，也同樣會讓我免於在開始的時候寫些涉及頭銜和社會地位的炫耀用語。由於怕弄巧成拙。我時常都省略這些——尤其是對金融業者和法律人。在這些領域中，有很多新奇的頭銜、職稱和榮譽，由於是以很高的代價買來的，如果出現混淆或遺忘的情況，會讓收信人大發脾氣。

我不會抱怨我的想像力。很少有難以駕馭的思緒會妨礙我的睡眠，除了涉及到欲望的思緒，但這種思緒也不會讓我感到不舒適。我很少做夢，就算做夢，也是有關一般而言很令人愉快或很荒謬的荒誕事情，而不是令人傷心的事情。我堅信，我們的夢忠實地詮釋我們的傾向，但需要技巧才能解開和了解它們。我的夢經常是很溫和的，不會騷動我的身體或引起我說夢話。

吃飯時，我很少選某一道菜，而是吃最靠近手邊的那一道，很不願意朝另一道動手。桌子上擠滿菜品的情況，會讓我很苦惱，其他的擁擠情況也一樣。我很容易滿足於少數的變化。我喜歡在肉中加鹽，然而我卻喜歡不加鹽的麵包。我的麵包師傅不曾提供我任何其他麵包，剛好跟這地區的習俗相反。

在餐桌旁坐很長的時間，會讓我很生氣，也會對我造成傷害，也許是因爲自從小孩時代以來，我就讓自己習慣於一直坐著吃，因為沒有更好的事可做。因此，在我自己的房子之中，雖然我們吃飯的時間非常短，我卻通常都比其他人稍微晚到——就像奧古斯都那樣，但我卻不會效仿他先於其他人起身離開。相反的，我喜歡在吃完飯後還閒坐很長的時間，聽同伴講話，但必須是我不必加入談話，因為飽著肚子講話我會很累，很不好受，而坐下來之前大肆談論一番則會令我很愉快又有好處。

照顧我的人很容易禁止我吃他們認為有害的東西，因為我沒有看過的東西，我從來不會希望得到或向人要。但是一旦看到一盤菜，要叫我不要吃是不可能的。因此，我在節食時，必須與別人分開吃飯，因為如果我走向餐桌，就會忘記我的決定。當我要廚子改變一盤菜的煮法，我家中所有的人都會知道那是什麼意思：我厭倦了，不會去碰它。

我喜歡我的肉儘可能不要煮熟，甚至變質而有點臭味。只有肉很韌時我才會苦惱。至於其他的一切方面，我跟我們所認識的人一樣有耐性和無所謂。跟一般人的味覺相反的是，我時常覺得魚太新鮮、太硬——只不過這並不是我的牙齒有問題，因為我的牙齒一直很健全，現在才因為年紀大而開始有問題。我從小孩子時代就學會在餐前、餐後以及在早餐用餐巾摩擦牙齒。

我不是很喜歡沙拉和水果，但瓜類除外。我的父親憎惡各種肉汁，但我喜歡。吃太多，我會不舒服。但是談到食物的種類，我不知道有什麼食物我確實會不喜歡。我們全都會有不同和無法說明的口欲。例如，有一度我發現萊菔很合我的胃口，但以後卻覺得很噁心，現在則又很對味了。所以，同樣的，我也永遠在白葡萄酒和紅葡萄酒之間擺盪不定。

我很喜歡吃魚——我認爲魚的味道比肉還精緻，並且我認爲魚比較容易消化——所以星期五和四旬齋是我的節日。就像我把齋戒日不吃肉視爲良知問題，我的味覺也有良知問題，我不同時吃魚和肉：兩者的差異似乎太大了。

從我的年輕時代起，我就習慣時而掠過一餐不吃，可能是要刺激我的胃口，或者爲了專注手中的一件工作。我的心智和身體都會因過分飽滿而變得非常遲鈍。尤有進者，我很討厭將很健康又生動的愛神跟那個打飽嗝、全身酒氣的卑微酒神連結在一起。

有時，我也會因爲沒有合意的同伴而省掉一餐。我跟伊匹鳩魯一樣認爲，一個人應該不要考慮吃什麼，而是要考慮跟誰吃。好同伴對我而言是最可口的調味汁，是最令人滿意的菜肴。

我覺得正午吃飯比較好。我醒著時比睡著時較容易消化。我很少口渴，通常只因爲吃東西口渴了才喝水，並且都是開始吃飯後很久才喝。

就一個體形很普通的人而言，我算是很會喝酒了，在夏天以及在吃豐盛的一餐時，我喝酒不會超過奧古斯都的界限，他只喝滿滿的三杯，但爲了不讓那個堅稱喝滿滿的四杯是不吉利的德摩克利特斯不高興，我在必要的時候就推增到滿滿的五杯——一共大約一又二分爲一品脫。我喜歡小杯的酒，喜歡把它們喝乾，雖然別人認爲樣子不好看。我會在我的酒之中摻三分之一或一半的水。在家時，我遵行我的父親的習俗，是他的醫生開給他的處方。我在開始喝之前的兩、三小時，在酒窖中把酒混合好。這個國家的習俗最適合遵行：我會很不喜歡看到一個德國人在酒中摻水，就像我會不喜歡看到一個法國人直接把酒喝下去。

喝醉酒在我看來是一種嚴重的罪過。有些罪過是有「豐富」的成分——如果可以這樣說的話：知識、勇氣、謹慎、或技巧。但喝醉酒會讓人變得完全呆頭呆腦。今日世界上最粗魯的國家是那個尊重喝醉酒的國家：德國人會很高興唱任何種類的酒——他們要做的事不是去品嚐它，而是把它倒出來。然而，以法國人的方式喝酒——一天之中只在兩餐喝，並且喝得很適度——是太節省神祇的恩賜了。我認爲，我們每天都變得更有節制了。我記得，當我還是個孩子的時候，在我父親的房子裡，午餐、零食和晚上的小吃比現在更常見。並不是說：我們成長的情況更好：不，我們是比我們的領先更耽於愛情，而「愛」和「吃」這兩種娛樂很難搭配。

我很怕濃濁的空氣，逃離煙塵就像逃離瘟疫。我在我的房子最先會修理的東西是煙囪和馬桶，這兩者是古老建築常見和令人無法忍受的討人厭東西。我把盛夏時整天籠罩著人心灰塵，視爲軍事戰役最嚴峻的情勢之一。然而，我的呼吸卻很自由自在，感冒通常都會在不咳嗽、不傷害肺的情況下消失。

夏天的酷熱比冬天的酷冷更是我的天敵。除了比寒氣更難抗拒的熱氣所帶來的不舒適，以及陽光照在我的頭上的效應之外，明亮的光線也會困擾我的眼睛。面對熾熱的火般的熱氣，我再也吃不下東西。像我那樣狼吞虎嚥食物，不僅有礙健康和進食的樂趣，也是很不莊重的。我在匆忙之中時常會咬到舌頭，甚至指頭。我也無法悠閒地談話，而這件事本來是最佳的食物調味品——只要它是合時的、歡樂的、不會很冗長。

我們的歡樂會彼此嫉妒。它們會彼此衝突和阻礙。身爲精於提供歡樂藝術的博學之士艾西拜亞迪茲，把音樂從進食中驅除，唯恐它會打擾到談話。讓你的朋友吃得很愉快。並不需要什麼技巧，也不會帶來卑劣的愉悅。最偉大的將軍和哲學家，並不會輕視有關吃得愉快的知識與實際行事。我記得我在盛年時幸運之神賜給我三次餐會，讓我感到很美妙。我現在的情況不再允許我有這種歡樂，因爲每個客人都是根據自己的脾性和食欲，而提供有關歡樂的最佳趣味和善意。

我是平常的肉體所構成，所以我憎惡那些要我們輕視身體文化的人：我認爲，厭惡自然的歡樂，一如沉迷於自然的歡樂一樣是不正確的。一個人應該是不追求它們，也不逃避它們：他應該接受它們。

我這個大肆誇談擁抱生命的舒適的人，卻在仔細檢視它們時只發現風而已。嗯，那又怎麼樣？我們全身都是風。風比我們明智，它喜愛狂吹和轉向，它滿足於它自己的本性，不會去想及那不屬於它的穩定與堅固。

亞理斯多德說：有人輕視生理的愉悅，是因爲他們很愚蠢，但我知道，有人輕視生理的愉悅，是因爲他們別有用心。爲何他們不立誓放棄呼吸？爲何他們喜歡免費的日光？就讓他們靠火星、小惑星和水星過活，而不是金星、穀女星和酒神，看看會怎麼樣。難道他們是棲息在妻子身上時會試圖橫柴入灶的那種人嗎？

我跳舞時就跳舞，睡覺時就睡覺。我在果園中散步時，思緒有時會逸離，想到其他事情，但會再度回歸到散步、果園、孤獨的甜點以及我自己身上。

第十六章

我有千種心緒

不僅機會之風在吹著時我會移動，我自己也不斷在移動自己，過著不是很井然有序的生活。只要一個人注意自己，都會時常發現自己處於不同的心境中。我的心靈根據我提供的心態而呈現不同的輪廓。如果我以多樣的角度談到自己，那是因爲我以多樣的角度看待自己。事實上，人是一種虛榮、多變、起伏的程度相當奇妙的動物。

在某種程度上，我身上有各種矛盾的成分，視情況而異。害羞、無禮、純潔、好色、多話、沉默、笨拙、挑剔、機智、愚蠢、憂鬱、歡忻、虛僞、眞實、明智、愚昧、大度、貪婪、揮霍：當我轉動自己的身體時。我看到自己大約是這一切的總和——每個人如果這樣做，也會是這樣。因此，我無法以一個簡單、絕對或單一的字來描寫我自己。「我會分辨」是我的邏輯中最普遍的方法。

我不吃飯時，跟我吃完飯後是十分不同的人。如果我很健康，陽光又照在我身上，我會是一個好人；如果我腳趾爲雞眼所苦，我會悶悶不樂、心情不佳、令人無法接近。

我的馬的步伐一樣，但一會我會覺得是輕搖，另一會則會覺得是滑行。同樣的路，有時走起來較短，有時則較長。同樣的形狀今天覺得比較令人愉快，明天則比較不令人愉快。在某個時刻，我會想要什麼事都做，換另一個時刻，我會什麼都不想做。此時對我而言是一種消遣的事，以後會變成苦差事。我身上有一千種輕率和偶發的心緒。我是陰鬱的，我是暴躁的，我是痛苦的，我是歡樂的。

我拿起一本書時，會發現一個震盪我的靈魂的段落。但如果我以後又看到這個段落，就算盡最大力量去轉動、扭動和搖動它，它還是會像一個不定形、認不出來的補釘。甚至在我自己的作品中，我也無法總是重新捕捉我的思緒的意義。我不知道我當時想說什麼。在遺忘了原來以及可能較好的意義之後，我會很費勁地想出一個新的意義。

我每天只是來來去去。我的判斷力道不經常往前行進；它漂浮和飄動，「像一艘小小的帆船擱淺在多風的大海中」（引自卡圖勒斯〔Catullus〕）。我曾多次堅持一種跟我自己的意見相反的意見，就像我喜歡把它當做娛樂和運動一樣。我的心會以一種很令人信服的方式去專心於一種新的想法，所以把舊的想法放棄。我會被自己所傾向的意見所吸引，我的思緒的分量會把我推向新的意見。

我幾乎沒有記憶力，我不認爲世界上有任何人的記憶力像我的記憶力那樣不完美。我的其他能力很平庸，但就這一點而言，我認爲自己很稀罕、獨特，値得享有名聲。

如果有任何人要對我提出質詢，他必須一件一件提出來，因爲我無法一次容受或考慮一件以上的質詢。我每天接受一件委託的事，都要在筆記本中記下來。我使喚我的僕人時，只能說出他們的工作或出生地，因爲我很難記得他們的名字。其實，如果一個名字有三個音節或一個刺耳的聲音，或如果它以某一個字母開始或結束，我是叫得出來的——但也僅止於此。如果我活得夠久，我多疑也會忘記我自己的名字。我不只一次忘記我自己在三小時前發出或收到的口令，也忘記我把錢包藏在什麼地方。我會遺失我小心鎖起來的東西。我不會研讀書籍，只是翻書頁：遺忘作者、地方、字語以及其他情況。我善於遺忘，連我寫的文章也會忘記，時常會引用自己的話而不自知。

如果我要發表一篇很長或很重要的演講，我會很可憐，需要把它背起來——我學三首詩需要三小時。除外，在你的作品中，就因爲你可以自由改變字語與順序，反而讓你更難記。我越不信任我的記憶，我的記憶越糟：我的記憶最好的情況是在偶然以及時機適當的時候。如果我冒險稍微離題，就會迷失，所以我在講話的時候，會嚴格地只限制在我必須說的話上。然而，由於與我必須說的話緊緊繫住，我反而會與它鬆離。準備工作會激起很大的期望心理，非其所能滿足。一個人會時常脫掉襯衫去跳躍，結果跳的距離，反而不會比他穿著禮服去跳的距離更遠。

在我的鄉村的那個地方，當人們要說一個人沒有判斷力時，他們就說他沒有記憶力。如果我抱怨我在記憶力方面的缺點，他們就會因爲我說自己很愚蠢而譴責我——這樣使得我的情況更糟。但他們冤枉我了。經驗顯示情況剛好相反：很強的記憶力通常都配上很弱的判斷力。

當人們因爲我記憶力弱而質疑我的感情，他們也是冤枉我了，因爲我只有在友誼方面是最完美的。「他已經忘記，」人們說：「某種請求或某種承諾——他不再記得他的朋友。」沒錯，我是容易忘記很多事情，但卻從不會忘記責任。我只要這樣說就夠了：我感覺到履行責任是很痛苦的，但我不會被烙上惡意或忘恩的印記——這兩則都有違我的本性。

無論如何，我會從我的弱點中獲得舒適的感覺。這種弱點會使我免於一個更加嚴重的弱點——即野心。記憶力不好對於那些從事公共事務的人而言是不可忍受的。記憶力不好也讓我比較不多話。一般而言，一個人所記的東西比想法還多。如果我的記憶力對我很忠實，我早就會講話講個不停，把朋友們的耳朵都弄聾了。如果是這樣，那會是很遺憾的事。我注意到，我的幾個親密朋友，他們的記憶力讓他們對事情有全盤的觀點，開始講故事時都會扯到很久以前的事，強加很多不相關的細節，把事情弄糟了。由於我容易遺忘，所以我也不會費心去療癒傷害。還有，我再訪的地方以及再讀的書，會仍然對我微笑，透露出新奇的光采。

除了我的記憶力有缺陷之外，還有其他缺陷，造成我相當程度的無知。我的心智很遲鈍、不靈光，一點點烏雲就會阻止它的進展。例如，我不曾發現一個謎足夠簡單，讓我解得成。在下棋、打牌、玩西洋象棋以及等等的方面，我僅止於初等的階段。我的了解力很緩慢，很模糊，只不過，一旦我了解了什麼事情，我會在了解事情的期間，看得很清楚，很仔細。

當我能支配我的舌頭時，我的談話反而總是比較糟。說話的場合、同伴，甚至我的聲音的起落，會讓我說出更多的話，比我刻意斟酌我的用語時更多。因此，我說的事情比我寫的事情還好——如果兩者都沒有價值而必須做一個選擇的話。

連最微不足道的事情也要斟酌，這對我而言是一種負擔。我發覺，要忍受懷疑心理和仔細斟酌所帶來的折磨，比硬起心腸去接受擲了骰子後的結果，還要困難。很少有激烈的情緒會妨礙我的睡眠，但仔細斟酌卻經常會這樣。

旅行時，我喜歡避開又滑又陡的路。我堅持走谷地，無論它多麼泥濘，走起來多麼踉蹌。我會在我知道不會陷得更深的地方安全地走著。同樣的，我也喜歡澈澈底底的不幸，不會因存著情況好轉的希望而受到折磨和困擾。

在面對事情時，我會表現得像男子漢，但在爲事情做準備時，我會表現得像小孩。我對跌倒的恐懼，比跌倒本身更糟。遊戲是不上算的。最下面的梯級定最穩的：在那裡，你只需要支撐你自己。

我犯錯或遭遇不幸只能歸咎於我自己，因爲我很少問及別人的意見——除非是出於禮貌或我需要訊息。我會專心而有禮地傾聽所有的人的判斷。但就我的記憶所及，我只聽從我自己的判斷。雖然我不怎麼會看重自己的看法，但也不會更加看重別人的看法。

命運以同樣的方式加報我。就像我不尋求別人的忠告，我也很少給別人忠告。人們不會時常要求我的忠告，更不會時常遵行我的忠告。我不曾知道忠告改正或改善了公眾或私人的事情。甚至那些不得不聽我的忠告的人，也寧願接受別人的腦力的指引，而不接受我的腦力的指引。無論如何，我很注意我心中的安寧，一如我很注意我的權威，所以我寧願讓他們那樣。他們不看重我，只有在我主動時才會接受我，這就表示我是自己生活，生活在自身之中。

我對於想像的暗示力量非常敏感。每個人都會受到這種暗示力量的所影響，但有些人會控制不住自己。想像對我有深入的效果，我使用的技巧是，不去抗拒它，而是去躲避它。我只會跟健康的和快樂的人生活在一起。僅是看到痛苦的人，就會讓我感到生理上的痛苦。別人的感覺也時常會對我造成同樣的影響。一個不斷咳嗽的人會刺激的喉嚨和肺。我不願去見一個我很親近的病人，寧願去見一個我較不親近的病人。我所關心的病，我反而會得到，並根植在我身體中。我相信，當一個人充分發揮了想像力，他的想像力就會導致他發燒和死亡。

我年輕的時候，西蒙．湯瑪斯（Simon Thomas）是一個偉大的醫生。我剛好有一次在土魯斯（Toulouse）遇見他，是在一個富有的年老肺病患者家中。他告訴他的病人說：讓我經常待在這個病人身邊會對他有好處。只要病人注視著我的清新膚色，想像力專注於我的健康和精力，他就會發現自己的情況有改善。但湯瑪斯先生忘記補充說：我的情況可能會更糟。

只要我專心看著一個人，他就會讓我留下印象：一個愚蠢的面孔、一個令人不愉快的怪臉，或者一種做作的講話方式——尤其是惡德，因爲惡德會自然附著在我心中，幾乎無法抖落。我會說詛咒話，主要是模仿了別人。我唯一的詛咒話是「天啊！」——最簡單又最直接。我會很容易不知覺地接受這些表面的印象，以致於會連續三天說「陛下」或「殿下」，以後一星期都這樣說：不再說「閣下」或「勛下」。今天我意在表現得很愚蠢的語言技巧，明天我會很嚴肅的再說一次。然而，那種爲了娛樂別人或讓他們印象深刻和模仿天賦，我是沒有的，就像一塊圓木也是沒有這種天賦的。

我的美德，其實天眞的成分勝過美德的成分。或者較好的說法是，它是機會的產物。如果我天生的本性是不守法，我就會讓這種本性表現得很糟。我不曾觀察到我有堅定力量去抗拒激情——就算是最不強烈的激情。我不知道如何與自己爭吵和掙扎。我雖免於很多惡德，我並不會很慶幸自己。我之所以很害怕大部分的這些惡德，是歸因於命運，而不是理性。

因本性和判斷力之故，我非常憎惡「殘忍」，視之爲最壞的惡德。我每看到小雞被扭斷頭子和會感到一陣痛苦，我也無法忍受一隻兔子被我的獵狗抓住時所發出的叫聲。雖然我非常喜歡騎馬打獵，然而我每次活捉一隻野獸都會把牠放走。

我會被別人的痛苦所深深感動。如果我知道如何哭，我會很快為同伴而哭。只有別人流淚時——無論眞假——我才會流淚。

沒有人比我更不會憂傷了。我自己不喜歡受傷，也不喜歡別人憂傷。然而，世人卻很喜歡看重憂傷，說它是智慧、美德和良知的徵象。可眞是愚蠢和醜陋的徵象啊！義大利人用同樣一個字（la tristezza）來表示憂傷和惡毒，因為這種情緒就像「懦弱」和「卑下」那樣有害——並且經常是無用的。

我不會憂鬱，只是會沉迷於白日夢中。我的想像經常涉及死，甚至在最浪蕩的日子也如此。有一次，在與女士們一起打獵時，有人懷疑我專注於輕率的嫉妒心理或沉迷於我的狩獵好運。但是事實上，我是在沉思著朋友——不要管是什麼朋友。才在幾天前，這個朋友從一個派對回來，他的腦中像我一樣充滿無稽之談、女人以及歡樂，結果他突然發燒、死去了——說不定他的死在我腦中瑩迴。我永遠在沉思著我的思緒，然而我卻跟任何人一樣不會經常皺眉頭。

我的內心天生憎惡說謊，想到說謊就很厭惡。如果我不小心說了謊——突然的情況出現、沒有機會三思時，我有時是會這樣——我的內心就會很羞愧，懊悔之情會讓我很痛苦。一個人不能總是把什麼事情都說出來，這會是很愚蠢的。但他所說的一切應該是他的想法，否則就是欺詐。說謊是一種懦弱的惡德。一位古人以非常憎惡的口氣描述說謊：「這顯示輕視上帝卻恐懼人類。」

我對於遵守諾言非常堅持，甚至達到迷信的程度。因此我在任何場合都很小心，不會很明確地承認事情，或者會有附帶條件。誠信之結緊繫著我，比任何社會的約束更緊。你不會很容易藉一位公證人來壓制我，就像你不會很容易藉我所說的話來壓制我。在訂契約時，我的信用不會有問題，因爲沒有不良記錄。爲了安全起見，我的債權人要注意的是擔保品，而不是我。我寧願越獄或僭越法律本身，也不要踰越我的講的話，如果一種行爲不會閃亮著自由之光，它就不會是優美或榮譽的行爲。我知道有些人寧願給，不願借然後要還，寧願借錢給人，不願向人借然後要還，並且對待那些他們不用還人情債的人，好過他們要還人情債的人。我不會做到這樣的地步，但很接近了。

當我發現自己有一種缺陷，它本身很嚴重，也讓我很苦惱，所以我感到很不愉快，我就會試圖去改正它，但我卻永遠無法根除它。結果，我會看輕我的本然和所擁有的，而過分看重不是我自己以及我所缺少的部分。我會暗中尊敬外國人的行爲、政府和語言。我清楚知道，拉丁文吸引我，就像它吸引孩童或不說字的人，其程度超越它眞正的價值。我看重我的鄰居的房子或馬匹的程度，總是超越我自己的房子或馬匹，不是因爲它們比較好，而是因爲它們不是我的。別人的自信和信心總是讓我很驚奇。

從這件事再談到另一件事。我認爲，人們時常會無緣無故讚賞我，就像他們會譴責我。我認爲，他們從我童年時代起就賜給我一種地位，其層次和榮譽超過我應得的。在一個頭銜和階級調節得比較好，或者它們完全爲人所輕視的國家中，我應該會覺得比較自在。在我們的社會中，一旦人們爭論座位或走路區的優先次序，脣搶舌劍超過三次，就沒有禮貌可言了。爲了更能避免這種惱人的爭論，我都會按照次序，不隨意讓出一個地方或佔有一個地方。如不經我欣然同意，不會有人想要佔有我前面的位置。

簡言之，我在我身上唯一看重的東西，是每個人都認爲自己有的東西，那就是「判斷力」。每個搬運工或小女孩都會認爲他們足夠有判斷力，可以做他們的工作。

我認爲，大部分的錯誤看法，無論是大眾或私人事務方面的，其本源和源頭，都是一個人對自己存在誇張的看法。我認爲，我會很難找到一個人，對我的評價比我對自己的評價還低。我自認自己在每方面都很平凡，除了一個事實：我自認自己很平凡。

單純的農人都是高尚的人，哲學家也是。或者，那些我們現在認爲是高尚的人也是，他們那強有力和純潔的本性，因大量有用的知識而顯得很充實。像我這種不純種的人，以及更多這樣的人，都很輕視某些人的無知，又無法擁有另一些人的知識，坐在兩張凳子之間，是很危險又無用的，且又惹人厭：會困擾這世界的是他們。因此，我儘可能努力要回歸到我曾努力要遠離但卻徒然的那種最初和自然的狀態。

第十七章

法國騎士與羅馬公民

把房子留給我的人預告說：由於我有流浪的心緒，所以會把房子給毀了。但他錯了。現在我跟第一次掌理房子時一樣富裕，就算沒有更富裕——只不過我沒有獲得額外的職位和封地。

如果說命運並沒有對我造成嚴重的傷害，那它也沒有賜給我不合宜的恩寵。它大量賜給我的房子的所有禮物，在我之前的一百多年就在那裡了。

沒錯，命運給了我一些虛無飄渺的東西，是榮譽性質的和有名無實的，並沒有實質成分。它不是把這些賜給我，而是提供給我——提供給一個人，而這個人確實是完全實質的，只接受眞實和完全可以觸碰到的東西，將之視爲流通的貨幣。我樂於坦承，我認爲貪婪勝過野心，健康勝過學問，財富勝過高貴，以及不名譽不應該像痛苦那樣被人避開。

然而，一個人不能藉由檢視自己的欲望，來發現自己的需求。不僅就享樂本身而言，並且也就我們對享樂的幻想和希望而言，我們都不能讓自己所要求的東西來滿足我們。你希望我舉一個例子嗎？

我年輕的時候，尤其想要獲得聖邁可勳章（the Order of Saint Michael）。它在當時是法國貴族中最高的榮譽，也是很少見的。

命運很仁慈地滿足了我的渴望。一五七一年的十月二十八日，在國王的命令下，根據國王陛下寫給我的信，我由春斯的侯爵（Marquis of Trans）加斯頓·德·佛伊克斯（Gaston de Foix）親手封爲聖邁可勳章騎士。但命運免於讓我被提升到勳章的高度；命運把榮譽降低和貶低到我肩膀——以及肩膀之下。

一五七七年十一月二十九日，拿瓦瑞的國王（King of Navarve）亨利．德．波旁（Henri de Bourban）——在我不知情以及我不在的時候——寄給我公開信，要我擔任國王待客室男侍。

再者——我每次造訪偉大又強有力的城市羅馬的廢墟和墳墓，都會興起讚賞和尊敬之情。我們受命要照顧死者，並且我從孩童時代起就與這些死者一起長大。

在還不知道我自己的房子的事情之前，我就知道羅馬的事情。在還不知道羅浮宮（Louvre）之前，我就知道朱比特神殿（Capitol）和它的環境，在還不知道塞納河（Seine）之前，我就知道提伯河（Tiber）。盧庫勒斯（Lucullus）、梅圖勒斯（Metullus）以及西必歐（Scipio）的生活和命運，比我的同胞的生活和命運，更時常在我腦中流動。他們都死了。但我的父親也死了，同樣是死了。他與生命之間、與我之間隔離有十八年之久，就像那些人與生命之間、與我之間隔離有一千六百年之久。然而我會繼續珍視父親的遺芳，在一種完美和很生動的關係中接納他的愛與友伴關係。

在我的朋友們不再知道時，我會非常溫柔地談到他們。我曾爲了替龐培（Pompey）和布魯特斯（Brutus）辯護而引發數以百計的爭吵。這種友誼會仍然在我們之間持續：我們甚至對於當代事物的把捉也只是經由想像力。我發覺自己在我們現在這個時代並沒有用，所以就溜回那另一個時代。我對於古羅馬是那麼著迷，它的自由、公正和繁榮的鼎盛時期（我不喜愛它初創期和老年期）激起了我的熱情。

因此，每次我造訪它的街道和房子，以及那些像「對蹠地」那樣深的廢墟，我都會迷失在幻想之中。當我們看到了名人常造訪的地方，內心受感動的程度，甚至會超過我們聽到有人談到這些名人的事蹟或閱讀他們的作品時受到的感動，這是本性呢？還是想像力在發揮作用？我很喜歡端詳這些名人的臉孔、豐采和衣著。我在舌頭上把玩這些偉大的名字，耳中迴響著他們的名字。我會很希望看到他們談話、走路、進食。

尤有進者，羅馬在今日很值得我們去愛它。它是一個宇宙性的城市，是基督教國家的大都會。西班牙人和法國人都會住在那兒。甚至它的廢墟也是榮耀，它在墳墓中保存著帝國的符徵和形象。

因此，在命運賜給我的空洞禮物中，最會取悅我的這種愚蠢想像的禮物，莫過於我上次去羅馬時，他們頒給我羅馬公民的正式特許狀。這份特許狀蓋上了印鑑，鑲著鍍金文字，一派榮耀。他們頒給我時表現出優雅的大度風範。我的想像因此獲得了滿足。

我讓我的所有官感發揮了力量，爲的是要獲得這件東西，就算只是因爲我看重它以前所透露的尊嚴意味。我在這件事上遇到了一些困難，但最後都克服了，並沒有訴諸任何恩寵，甚至沒讓任何法國人知道。

我是經由教皇的總管家菲立波．慕索堤（Philippo Musotti）而訴諸教皇的權威。這位總管家特別喜歡我，爲我盡了最大力量。我在一五八一年三月五日收到特許狀的信，四月五日收到正式的文件，所使用的讚詞，跟同樣場合針對教皇的兒子色羅的公爵（Duke of Sero）賈可摩．布恩孔巴農（Jacomo Buoncompagnone）的讚詞是一樣的。

這是一種虛榮的頭銜，但我很高興獲得。我會很樂於看到在我獲頒前，是用什麼頒詞敘述的。

「最傑出的米歇爾．德．蒙田，聖邁可勳章的騎士，以及最虔誠的基督徒國王的待客室常任男侍，基於家庭的階級與榮譽，以及基於個人特質，高度值得被授予羅馬公民的權利。最傑出的米歇爾．德．蒙田，具備對於這個高貴的人而言很珍貴的各種優點，羅馬的元老院（Senate）和人民很樂於接受他和他的後代爲羅馬公民，准許他享受公民的所有榮譽與好處……這份元老院法令（Senatus-Censultus）將存放在朱比特的神殿檔案中，蓋上這個城市的常用印鑑。羅馬建城後二三三〇年（Anno ab urge condita Latn CXↃ CCC XXXI）」——我寫出這段，是要滿足跟我有同樣好奇心的人。

我先前不曾成爲任何城市的公民，所以很樂於被封爲空前或絕後的最高貴公民。

如果其他人會足夠深入地探討自己，他們將會像我一樣發現，其實是充滿了空洞和浮華氣息。我無法擺脫它們，就像我無法擺脫我自己。我們全都浸淫其中，但那些不會意識到的人會有好處——或者也許不會。

以下是古代德爾菲（Delphos）的神祇給我們的似非而是誡律：「檢視你自己；了解你自己；停留在你自己之中。一切對你而言都是虛無，內外都是如此；但如果是限於內，則比較不虛無。哦，人啊，除了你自己，萬物大都檢視自身，其勞動和欲求都只限於其需求。最虛無和匱乏的人，是擁抱宇宙的你：你是沒有知識的尋求者，沒有權威的官員，總歸來說：是鬧劇中的愚人。」

第十八章

我的消遣

有人天性靦腆、內向。我基本上是多話、外向，時常暴露在人們的眼光中，天生善於群居和交朋友。我自己喜歡也對別人宣揚的那種孤寂，意味著我的欲望和顧慮是內隱的，不是我的行爲是內隱的：所要避開的是事情，而不是人。說眞的，地點的孤寂會提供我較大的空間，讓我很自由。當我自己一個人時，我更加願意投入國家——以及宇宙——大事。

在家時，我的四周會有很多家人，我置身在一個很多人來往的房子中，會看到夠多的人，但很少是我樂於與之談話的人。我渴望結交的人，我們稱之爲眞誠又有天賦的人，我在想到他們時會去厭惡其餘的人。如果以正確的方式去了解他們，他們是屬於非常不尋常的類型，性格幾乎完全是先天的。

我們聚集在一起，只是爲了見面、談話，以及自由宣洩內心的想法，不會有進一步的成果。所有的話題對我們而言都是一樣的。就算缺少分量和深度，也不要緊——還是會有魅力和重點的。一種成熟和穩定的判斷力會點綴在所有的話題之中，與之結合在一起的還有仁慈、自由、歡樂和同志之誼。我們的內心揭露對力與美的看法，不僅討論國王的政治，私密的閒談也同樣很多。我甚至了解我的這些人的微笑和沉默，並且也許在餐桌上比在會議室中更加知道他們的事。希巴巴楚斯說：他只要看到一個人走在街上，就看得出他是摔角好手。

如果「學問」想要參與我們的談話，我們是不會推開它的——只要它不裝出平常的威嚴、傲慢和不耐煩的模樣，而是顯得很溫順，願意傾聽。我們的目的是要消度時間。如果是想要接受訓話，我們就會去尋找坐在寶座上的「學問」。如果它願意的話，就讓它暫時對我們屈身。

但是，雖然它很有用，又令人想望，我還是認為，只要是必要，我們不用它也可以做事的。天生美好的心智可以藉由其自身的力量去取悅每個人。藝術只不過就是去控制和記錄這種心智的運作。

我認為，心智的最有成果和自然的運作是談話。我認為，談話比生活中任何其他行動更美妙。如果我被迫選擇，我會寧願失去視力，也不要失去聽力和聲音。讀書是一種令人昏昏欲睡和微弱無力的工作，不會讓你感到很興奮。

如果我跟一個心智強有力以及一如粗魯的競技者一樣的人談話，而他用力擠壓我，左右刺戳我，那麼，他的想法就會激發我自己的想法。嫉妒心、競爭心與爭論就會刺激我，把我提升到更高的境地。在談話中，「表示同意」是絕對令人厭倦的。我們無法說出，我們與心智卑劣和病態的人持續談話，會造成多大程度的損失和墮落。這種談話最有蔓延性的傳染力——我從經驗中清楚知道，這種談話是多麼沒有價值。

我喜愛發表意見，也喜歡爭論，但只為了自己的愉快。如果是要做為一種光景，讓一些著名的旁觀者對你的炫耀機智和喋喋不休留下印象，我認為體面的人是最不適合這樣做的。

我在與人進行討論時，內心是自由自在的，否則觀念就不容易穿透內心，或植根於其中。對方的斷言不會讓我驚奇，對方的信念無論多麼違悖我的信念，都不會冒犯我的信念。無論想法多麼微不足道又誇張，我都會認為是人類智力的完全自然和適當的產物。像我們自己這樣的人，不會自認判斷力足以做絕對性的決定，就算不會被說服，也會經常樂於鎮定而欣然傾聽敵對方的說法。

如果我對於另一方沒有什麼話可說了，我會樂於以無稽之談去維持情勢。如果我喜歡星期四，不喜歡星期五，或者，我喜歡坐在餐桌的第十二個座位，而不是第十三個座位，或者，當僕人來幫我穿衣服時，我先伸出左腳，我都會願意原諒自己。

我會忍受朋友的粗魯對待——「你是一個笨蛋，你不知道你在說什麼！」我喜愛慇懃有禮的人的直爽談話，也喜歡快的思緒的言詞。我想要的是強有力和具男性氣慨的親密關係，那是一種像愛一樣會造成咬傷和擦傷的友誼。如果它是有禮的、做作的、避開震盪的、溫柔的，它就不會是強有力的，也不會是高貴的。

如果有任何人駁斥我，他會激起我的注意，不會激起我的怒氣。我會躍向我的對手，好像躍向一位老師。眞理的目標應該是我們的共同目標——他會怎麼回答？怒氣已扭曲他的判斷、迷亂已僭越他的理性了嗎？有用的方法是打賭辯論的結果，並且輸了，這樣就會更加記住我們是輸了——讓我的僕人告訴我說：「先生，去年你有二十次因爲無知和倔強而輸了一百金幣。」

但是，要讓我們這個時代的人了解這一點是很困難的。他們沒有勇氣改正你，因爲他們自己沒有被改正的勇氣。他們永遠在彼此面前掩飾自己。如果我強迫自己屈服於一個人優越的理性而獲勝，那麼，我就會比如果我贏了一個理性不如我的人更自傲。

我不介意自己贏還是輸。只要討論是以井然有序的方式進行，我可以整天進行辯論。我所需求的不是「強迫」或「巧妙」，而是條理井然——我們每天都在牧羊人和年輕男店員的爭論中看到這種井然有序，但不曾在我們之中看到。如果他們談話離題，我們會認為那是不好的表現——但我們自己卻經常這樣做。他們的喧嘩和缺乏耐心不曾讓他們逸出正軌；辯論仍然繼續進行下去。就算他們搶先，不去等另一個人，至少他們彼此了解。

只要一個人的回答是針對我所說的話，他都是以適當的方式回答了我。但是，如果他開始離題，迷失了要點和他自己，我就會以強烈和匆促的語詞要他回歸正軌，表現得很倔強、惡意、專橫，之後我會為此感到很羞愧。然而，要公平對待一位愚蠢的人是不可能的：這樣會毀了我的判斷力，傷害我的良知。

但這樣會是沒有接受事物的本然嗎？也許是，因此我會譴責自己沒有耐心，認為一個公正的人有這種表現，跟一個不公正的人有這種表現一樣是邪惡的。除外，最嚴重或持久的愚蠢行為，莫過於對於世人的廢話表示生氣。我每天會說多少甚至我自己都認為荒謬的事呢？天知道，還說出多少別人認為很荒謬的事呢？我們在遇見一個駝背的人時都不會氣惱，為什麼在遇見心態畸形的人要生氣呢？簡言之，我們必須生活在活生生的人之中，讓水流過橋下，不去擔憂，或者不去焦慮。

每個恰當的字，我們都不能只接受其表面價值。大部分的人都有很多借用的字，有很多人說了一件好事卻不知道。我有時會在辯論得正激烈時說出一些妙語，獲得比我希望或計劃獲得的更大效果：我們在說出來時只是數目多少的問題，但在對手接受時是份量多重的問題。

我認為，這些很普通的一般性陳述，並沒有什麼意義。這只是以一種概括性的行禮姿勢向群眾致意。然而，如果你眞正認識對方，你會個別對他們鞠躬，提到他們的名字。

每天，我都會聽到愚人說出有意義的話，但還是讓我們來檢視他們在何處學到的，以及他們的了解到達多大的程度。你會助他們一臂之力，但有什麼用呢？他們會在你說明時搶著說：「那就是我本來要說的——那正是我的想法——要是我沒有這樣表達，那是因為語言不足。」就順著他們玩下去吧！我們必須使用狡猾的手法來改正這種自傲的愚蠢。如果一個人不需要我們去救他，並且救他對他會更糟，那麼，你這樣做是不人性又不公正的。我喜歡讓他陷進更深的泥淖中——如果可能的話，深到他終會知道自己的錯。

愚蠢行為最令我苦惱的是，其自得其樂的程度，超過理性能理性地自得其樂的程度。尤有進者，這種言詞上的高傲和自滿的假笑，會讓聽眾更認為愚人優秀。有什麼東西比驢子更自以為是又表現得很倨傲和嚴肅的嗎？

至於因歡樂和關係親密而出現在朋友之中的巧妙應答，由於我天生愉悅，所以我很容易做得到。我在這方面表現放縱甚於機智，幸運多於是技巧。但我會是完美無傷的靶的。我可以接受不僅尖銳也涉及個人的回嘴，結果毫髮未傷。就算我沒有即刻回應，也不會以冗長的方式針對重點發言以拖延時間；我會避開它，暫時表現得低調。商人不可能一直獲利。大部分的人在機智失靈時，會改變他們的聲音或表情，或不理性地爆發怒氣，無法達到復仇的目的，並暴露自己的無能。在這種遊戲中，我們時常會去撥動那種象徵我們的不完美的祕密之弦，如果我們是處於審愼的認眞心情中，在觸動這種弦時都會很生氣。這樣做，我們會彼此暗示自身的缺點，其實是有利的。

還有其他的娛樂、惡作劇，粗魯又輕率，是法國式的，我非常憎惡。我的臉皮薄又嫩。我見過我們兩位有血緣關係的君王沉迷於這種事。在遊戲中鬧翻、吵架是很不好看的事。

如果我不特別費心，則很少有談話會讓我著迷。沒錯，言詞的得體和魅力會吸引我，就像言詞的嚴肅與深奧並不會吸引我。但如果言詞不得體、沒有魅力，我就會打瞌睡，不專心聽。在只爲閒談而閒談的不經意的談話中，我時常會說出不如小孩的愚蠢言語和愚蠢回答，或者更粗魯和笨拙的情況是，我會陷入冷酷的沉默中。

我天性好沉思，喜歡訴諸自己的內心，加上對很多平常的事物像小孩一樣非常無知，結果就有五、六個傳言說我是一個很荒謬的人。

因此，我這種難纏的性格使得我在與別人交往時表現得很挑剔。我必須篩選同伴，不適合過一般的群居生活。然而，我們卻都是與一般的人生活在一起，面對一般的人，如果他們的談話讓我們厭倦，如果我們不屑於去適應平常的人，則儘管他們講話都跟最講究的人一樣切中肯綮，我們就應該停止去處理自己和別人的事情了。所有的事情，無論是公事或私事，都涉及這樣的人；如果所有的智力表現都無法去適應別人的沒有智力表現，那所有的智力就都不是智力了。

雖然命運促使數以千計的人跟我的命運結合在一起，雖然這些人對我而言是不可或缺的，但我卻避開他們，爲的是要去依附一、兩個完全遠離我的圈子的人——或勿寧說去依附我永遠無法實現的一種虛浮的理想，這難道不是一種愚蠢的怪想法？我的模樣很溫和又隨和，無疑不會引起人們的敵意，就算不會爲人所喜愛，也不會爲人所憎惡。但是我的談話很冷淡，所以很多人會很有理由不對我友善；如果這些人誤解了我的冷淡，也是可以原諒的。

其實，我很能夠培養並保持珍貴和美好的友誼。我會熱心地投入其中，幾乎一定會堅持下去——這一點我已經很樂意加以證明了。但在普通的友誼中，我會表現得有點冷淡和乏味。除非我全速走路，否則我的步態並不會很自然。除外，命運在我年輕時所賜給我的一次完美的友誼慣壞了我的品味。我們在面對理智的友誼時，講話必須有所保留，但我卻很難做到這一點。我們在談到今日的世事時都會表現得虛假或躊躇。

然而，我卻充分意識到，一個像我這樣以生活的方便（我是說基本的方便）爲目標的人，應該避開那些謹小愼微的心緒和多顧慮的表現，視之如瘟疫。我很喜歡一些人，他們會跟鄰居談到鄰居的建築物、狩獵以及爭吵，或者他們會很樂於跟木匠和園丁閒談。我嫉羨一些人，他們會跟他們的地位最低的僕人表現得很親密、歡樂，跟他們自己的侍者談著話。如果對這種偶爾出現的涉及階段的特權太以爲意，那是既不人性也不公正的。我認爲，那種最不會強調主人與僕人之間的差異的社會是最合理的。

但是，在我看來，最愚蠢的事莫過於：在無知的人面前裝出很有學問的樣子，說話時表現出冷酷的優雅，無論你講什麼都表現得很苛刻。有學問的人都容易屈服於這種誘惑。他們永遠在炫耀自己的博學，朝各個方向潑濺出書中的東西。

他們爲了達到目的，讓我們的女人的閨房和耳朵中充滿了這種言詞，就算女人不知道是怎麼回事，他們也裝得有模有樣。他們在談到最平常的話題時，只會使用新奇、有學問的字語。如果他們之中那些有教養的人會聽我勸的話，他們就會滿足於自己發光了。事實上，他們並不會充分了解他們自己。世界上最美好的事是充分了解自己。除了被人喜愛和尊敬之外，他們還想要什麼呢？——關於被人喜歡和尊敬，他們已擁有太多、知道太多了。

在社會中，他們的心智所最喜歡的是人的陪伴，但是涉及較大程度的身體官感，會使得心智很接近身體官感的水平——雖然我認爲並不十分接近。

這兩種交流都取決於機會，取決於別人而不是我們自己。其中一種的問題是在於少見，另一種則會隨著年紀而凋萎，所以，兩者對於我的生命要務而言都不會很充足。第三種是與書籍的交流，比較確定，並且我們自己可以控制。前兩種有其他各種好處，但這第三種是在手可及的範圍內，你手伸出去，它經常就在那兒。

這三種就是我喜愛的消遣。

我以前喜愛打牌和擲骰子，但已很早放棄了，只因一個理由——無論我輸錢時臉色多麼好看，卻無法避免內心的怨恨。同樣的，我會逃離那些憂鬱和易怒的人，一如逃離染疫的人。我永不會去涉及那些會讓我憂心的事——除非責任迫使我這樣做。

我厭惡且避開愚蠢、幼稚的下棋消遣，因爲它不具足夠遊戲的成分。它太沉重、嚴肅了，我會羞於把可以更好好使用的注意力使用在這上面。

我剛跟家人玩了一種遊戲，是看看誰能夠想到最多的名字和東西，可以同時指稱兩種極端情況。例如，高階的女人被稱爲「夫人」（Dame），中階女人被稱爲「小姐」（Demoisells），但最低階的女人是以「夫人」爲人所知，就像最高階的女人。國王和商人都被稱爲「閣下」（Sire），但沒有一種頭銜用來指稱介於其間的階級。我們的餐桌上方的天篷，只被允許使用於君王的房子和客棧之中。「嫌惡」和「強烈的欲望」都可以在維納斯的比武大會中激發同樣的弱點。「恐懼」和「勇氣」這兩種極端都同樣可以讓腸的蠕動放鬆。嬰兒期和老邁期的共同點是弱智。

有些人期望這些微不足道的精細妙處會贏得人們的讚賞。如果一個人因爲一件事情很新奇或困難就喜歡它，不去介意它並沒有用，那就是判斷力微弱的強烈證明。我非常喜歡某一位君王的幽默。這位君王跟一個能夠把一粒小米投進一個針眼的人同在一起。有人要這位君王賜給這個人什麼東西，獎賞他這種傑出的表演，於是這位君王很愉快地——我認爲很正確地——送給他大量的小米，讓這個人不會疏於練習這種表演。

第十九章

我的孩子

一五七〇年六月二十八日，我和妻子芳思華・德・拉・恰賽格尼（Françoise de la Chassaigne）的一個女兒出生了。我的母親和我的岳父德・拉・恰賽格尼先生爲女兒取了教名托伊妮特（Toinetee）。她是我們的婚姻的第一個孩子，兩個月後夭折。一五七一年九月九日，大約下午兩點鐘，我的妻子在蒙田生下了麗歐諾（Léonor），也就是我們的婚姻的第二個結晶，也是我唯一的孩子，由我的伯父加維阿克領主（Seigneur de Gaviac）和我的姊姊麗歐諾爲孩子施洗。

有一次，我以開玩笑的口吻談到一個人，說他逃過了神的報應。他的三個長大的孩子在同一天死去，可能是一種重懲，但他卻視之爲上天的特別恩寵。我不了解這種不自然的心緒，雖然我也曾失去兩、三個哺乳中的嬰孩，那時不能說不悲傷，但至少不埋怨——然而，幾乎不會有任何意外比這更錐心刺骨❶。

一般人以及較富有的人都把多子多孫視爲很大的福氣。我跟其他一些人則認爲，沒有孩子反而有很大的好處。至於人們說，孩子和我們的未來之間有一種強烈的連繫關係，事實上，我與這世界和生命之間有太多的連繫。基於我的存在有必然性，命運的力量支配我，並沒有擴大

---

❶ 一五七三年七月，我的第三個女兒安妮誕生，只活了七個星期；一五七四年十二月，第四個女兒誕生，大約三個月後夭折；一五七七年五月，第五個孩子——也是女孩——出生，不到一個月去世；一五八三年二月，另一個教名為瑪麗的女兒誕生，只活了幾天。

它對我的管轄權力，這樣就足夠了。尤有進者，特別在這個時代，我們很難把孩子培養成很不錯的人，所以不宜過分想要孩子。

我並不很喜歡那種在沒有理性的助力和約束的情況下心中所產生的偏好之心。我並不喜愛撫摸新生嬰兒，因爲嬰兒的形態、動作或心智之中還沒有產生會令人覺得很可愛的成分。我也不想要容忍在我面前哺乳嬰兒。

眞正和理性的愛，應該是產生和成長於我們的孩子所自行提供的我們對他們的了解。一般來講，我們的表現並非如此。我們會喜歡孩子的遊戲、嬉鬧和無意義的行爲，勝過我們以後喜歡他們較成熟的行爲——好像我們愛他們，是爲了自娛，就像他們是猴子而不是像人。有一些父母大方地爲他們的孩子買玩具，以後孩子長大成人，他們卻吝於在他們身上花錢。

更糟的是，好像我們在將要離開這世界時，看到孩子進入這世界，要來享樂這世界，於是心生嫉妒，更加吝嗇。我們看到他們踏在我們的腳跟上，好像催促我們要離開。如果我們有這種感覺——事實上孩子們要靠我們花錢和花時間才能活——那麼我們就不應該成爲父親。

如果我們不陪伴孩子們，不讓他們分享我們所擁有的東西，如果我們不去縮減我們自己的花費，俾能提供他們的花費——因爲這正是我們生下他們所會造成的結果——那麼，我認爲這是很無情又不公正的。

然而，當一個父親無法享有孩子的感情，除非因爲孩子需要他幫助——如果這也可能稱之爲感情——那麼，這個父親會是很可憐的。一個父親必須因自己的美德和智慧而值得受到尊敬，因自己的仁慈與溫和的模樣而值得被愛。就算一件珍貴的東西剩下灰燼也有其價值。如果一個老年人把孩子養大了，但卻不爲孩子所尊敬，那是最傷和最嘔的事。

我譴責用暴力去教育應該受到尊敬和享有自由的年輕心靈。只要是嚴峻和壓制的行爲，都會有我不知道怎麼稱呼的卑屈成分。我認爲，藉由理性、謹慎和技巧都無法完成的事情，藉由強迫的方式也是無法完成的。我當初以什麼方式被教養長大，我就在我的獨身女麗歐諾身上使用這種方式。一直到五歲或更大，我改正她的幼稚錯誤，都是藉由言詞，並且是溫和的言詞（她的母親的縱容跟我的縱容很容易一致）。縱使我的方法不會成功，我也會歸咎於別的原因。我知道我的方法是自然又公正的。我會更小心地把這種方法使用在天生較不容屈服的男孩身上。我會讓他們內心充滿眞誠和自由，將此事視之爲我的要務。我一直觀察到，鞭打只會使得他們變得懦弱或倔強。

已故的馬赫恰爾·德·蒙路克（Maréchal de Montluc）曾告訴我說：他不曾熟悉他的兒子——一個很有前途的年輕人，死於馬得拉群島。他說：他採行嚴格的父親作風，所以沒有機會了解他的兒子，讓他知道父親的愛。「那個可憐的男孩，」他對我說：「只在我身上看到了一張冷酷和冷漠的臉，他臨終時認爲，我既不知道如何愛也不尊重他。那麼，我是爲了誰而保留了我靈魂中的這份偉大的愛呢？他不應該享受我的一切快樂和感激嗎？」

我認爲這種悲嘆很有道理。經驗花了很大的代價教我說：在失去我們的朋友時，最美妙的安慰是，我們知道自己完完全全了解他們，把最接近我們內心的一切全都揭露出來。哦，我的朋友啊！如果我感覺到我們之間就是這樣，我會更舒服？還是更難過呢？當然我會更舒服。我的悲傷會讓我感到安慰和光榮。永遠置身在他的葬禮中，難道不是我生命中的一種虔誠和令人愉快的儀式嗎？

我儘可能對我的家人敞開心，很高興讓他們知道我對他們的想法和感覺，就像我對其他每個人所做的一樣。我會趕忙把自己呈現給他們，介紹給他們。

一個受到歲月和疾病所折磨的父親，仍然在賺錢，那是在虐待自己。如果他很明智的話，他年紀夠大，應該會想到要脫衣上床。我同意，不必脫到只剩內衣：他可以保有內衣，除外也保有一件很不錯的溫暖睡衣。但其餘的東西應該送給孩子們。就事情的自然狀況而言，他的孩子們是他要送其餘東西的適當對象。

以我現在的年紀而言，是應該注意這種事的時候了。我要讓他們享有我的房子和東西，但是，如果他們的行爲讓我改變心意，我還是會保有取回的力量。我總是認爲，一個老年的父親看到他的孩子們開始接手他的事情，想必是很大的滿足。

如果我的憂鬱和疾病讓孩子們或他們的朋友很苦惱，我會離他們遠一點，住在房子中一個隱密的角落——房子不是很漂亮，但卻是非常舒適。我會試著藉由愉快的談話，創造出我的孩子們對我的溫暖和眞正的友誼。要在教養好的孩子中做到這點並不難。

如果我有一個可以信託的人，我是完全不會受制於別人的。我此時的願望之一是：有一個女婿，他知道如何在我老年時愛撫我，像搖籃般讓我入睡。我可以表現十足的權威姿態，把處理和使用所有東西的權利交給他——只要他確實是個朋友。但在我們所生活的世界中，並沒有「孩子的忠心」這回事。

一五九〇年五月二十七日星期日，我唯一的孩子麗歐諾嫁給了方思華・德・拉・吐爾（François de la Tour），地點是在我家，在場的人有他的父親伯川、我的妻子和我自己。六月二十三日星期六因為天氣極熱，我的女兒就在黎明時離開我們的房子，前往她的新家。一五九一年——三月三十一日——她的第一個孩子，也是一個女孩，出生了，我的妻子幫她取了教名芳思華。

當我們去世時，處理我們財產的最明智方式，我認為是根據國家的習俗去分配它。我的命運對我很仁慈，沒有引誘我以別的方法處理。我看到很多人把弄他們的遺囑，好像在把弄蘋果和鞭子，好像要針對繼承者的每個行動給予獎賞或處罰。如果一個孩子剛好可以在父母去世前阿諛他們，那他就很幸運。最重要的是最後的表現，不是最佳或最常的表現。也許，父母本來會對我很不公，剝奪我應該繼承的東西，因為我事實上是最遲鈍、最不願意做工作的一位，不僅在我的兄弟之中如此，在地區中的所有男孩中也是如此。

幸運之神也在一件事情上同樣助我一臂之力。由於我主要專心的事情是過著自在的生活，過得很悠閒而不是很忙碌，所以幸運之神沒有讓我變得富有而能養很多小孩。我養一個小孩是綽綽有餘，如果幸運之神讓我養一個小孩都還不足夠，那它就自己負責，既然它是那麼輕率，它就不值得讓我再希望它賜給我幸運了。

愛我們的孩子，說他們是我們的第二個自我，因爲我們生了他們：我想，這種事使得我們想到另一種生產，其產品同樣要歸因於我們的愛。我們的靈魂所產生的成果，我們的了解、感情和能力所產生的成果，都源自於比我們的身體更高貴、更眞實地屬於我們自己的部分。在這種生產的行爲中，我們既是父親也是母親。

我們會爲這種成果耗費更多心血。如果它們有任何好處，那就是，它們會爲我們帶來更多榮譽。我們的身體所產生的孩子，他的價值是他們的，不是我們的，但是我現在所說的這種生產，其所有的美、魅力和價值，卻是我們自己的。這一切最能代表我們，最與我們相像。柏拉圖補充說：這一切都是不朽的孩童，讓他們的父親變得不朽。幾乎每個愛詩的人，都會以身爲《艾尼德》（*Æneid*）一詩的創作者而自傲，勝過以羅馬最英俊的年輕人而自傲。

我以不同的方式生了一個很美的孩子，是經由與繆斯女神交媾，而不是經由與我的妻子同床——我不知道是不是這樣。我給予現在這個孩子的東西，是完全的，不可取消的，就像人們給予他們的人類孩子那樣。這個孩子確實可能知道很多我已忘記的事情。就算我比我的這本書更聰明，我的這個孩子卻比我更豐富。

第二十章

我那個時代中的著名人物

我長期注意沉思自身，培養出善於判斷別人的能力。我時常能夠看清我的朋友的特質，勝過他們看清他們自己。我的描述很貼切，讓一些人很驚奇，如此讓他們提高警覺。從小就習慣以別人爲鏡觀察自己的生活，所以他們的特性、表情和談話很少能逃過我的注意。

我在他們的外在行爲中發現他們內在的性向。他們的迴異和沒有關聯的行爲，其種類無限制多，我不會嘗試把它們分類，歸納成章節。我所能看到的，只是經驗顯示給我的。我在沒有關聯性的細節中提出我的看法，認爲無法以一種概括性的語詞加以歸納。我讓藝術家們去把人性的無限多樣面向整理成一個有條理的整體，但不知道藝術家們是否會成功。我認爲我們很難藉由一種顯著的特性——是那麼模糊和雜亂——來指稱任何單一的行爲。

人們認爲，馬其頓的國王（King of Macedon）柏修斯（Perseus）很罕見的一件事是：「他的心智遊移不定，他的生活方式很是多變，他自己和任何其他人都不知道他是什麼種類的人。」我認爲我們之中每個人也可以做如是觀。

我憎惡各種專制表現，無論是言語或行事方面。在一些無助益的環境中，我們的感官會騙我們的判斷力。我會很快就去抗拒這種環境對我的強迫力量。我以敏銳的眼光注意我們那些不尋常的人，發現他們大部分都像任何其他人。我們之所以低估他們，也許是因爲他們嘗試去做能力所不及的事，暴露出自己的缺點。

負重的人的力量應該大於負擔的重量。那些因爲負重而下沉的人，顯示出他的肩膀虛弱，讓我們知道他所能承擔的重量。所以我們在有學問的人之中比在其他人之中看到更多虛弱的人。知識是一種很重的東西，有學問的人會在它的重量之下昏過去。重量只有助於天性強有力的人，而天性強有力的人卻很少。我們的博學之士本來會成爲優秀的房主、商人或藝匠，但他們卻毀了自己，成爲別人的笑話。

那些統治我們、手中掌握整個世界的人，如果只具有一般的心智，只能做你和我能做的事，那是不夠的。如果他們沒有比我們高明很多，就比我們低劣很多了：他們承諾更多，就必須做更多。

然而，這些要人的沉默不言不僅對他們的莊嚴而言是很適當的，也時常證明對他們有很顯著的好處。總督梅加比修斯（Megabysus）有一次去造訪畫家阿培勒斯（Apelles）的工作室，在站了很長的時間不說一句話後，終於開始談到畫。畫家阿培勒斯以尖銳的話語譴責他：「當你沉默時，你的金項鍊和排場讓你看來是位偉大的人物，但現在我們聽到你講話，我的工作坊的每個男孩都會輕視你。」在我的那個時代中，有多麼多的笨人因冷淡又堅決地閉著嘴而贏得判斷力和能力的名聲啊！

只要看看一個人被拔擢到高位就好了。雖然我們知道他三天前並沒有什麼分量，但我們卻會認爲他很崇高，而這種想法會開始影響我們的看法，我們會說服自己說：既然他的侍從和名望增加了，他的優點也會增加。如果他湊巧從高位中跌落，成爲眾人之一，每個人就會驚奇地問：他當初是怎麼爬到那樣高的地位的？「他就是這個人嗎？」他們會說。「他當初掌權時難道不知道嗎？我們的君王會滿足於這種微不足道的表現嗎？我們可眞是被掌握在很糟糕的人的手中。」我經常看到這種事發生。

我認識很多具有美好特質的人，包括理性、感性、技巧、良知、語言、知識和其他方面。但是，我的幸運之神卻不曾賜給我機會見到以下這種偉大的人物：整體而言，他具有上述所有的特質，或其中一種，並且特質相當優越，我們一定會讚賞他，將他跟我們在過去的時代中所尊敬的人加以比較。

我藉由外表去判斷（如果要根據我自己的方法去判斷他們，就必需穿透得更深）的最著名人物，都是基於他們在軍事方面的表現，包括在奧爾良（Orleans）喪命的蓋斯的公爵（Duke of Guise），以及已故的史碇吉元帥（Marshal Strozzi）。就具有能力以及非凡美德的人而言，則有奧利維爾（Olivier）和法國總理大臣洛必達（L'Hospital）。

關於最近去世的阿爾華的公爵（Duke of Alva），以及我們的總管蒙特蒙倫色（Coastable Montmorency），他們的一生有很多命運上少見的相似之處。但是，後者服務巴黎人民和他的國王，不顧他最親近的人的意見。他當著巴黎人民和他的國王的面，引領著一支勝利的軍隊，在年紀很大的時候猝死。我認爲，他的死所透露的美和榮耀，值得被列爲我們的時代的重要事件之一。德·拉·諾伊先生（M. de la Noue）面對黨派的鬥爭（其實是象徵叛逆、不人性和掠奪的派別），始終堅持偉大和熟練的戰士的名聲。他的不變的善良、溫和的儀態和恆久的友善表現，也值得列爲我們時代的重要事件之一。

其他美德在這個時代中幾乎沒享有名聲，或完全沒享有名聲，但英勇行爲卻在我們的內戰中成爲普遍的表現。在這方面，我們有些人擁有臻至完美境地的勇敢心靈，並且數目很多，要做選擇是不可能的。

我經常預見到命運之神會把亨利四世（Henri IV）帶到何處。他可能記得：就算我必須向我的教區牧師坦承他的成功是一種罪，我還是禁不住很高興看待他的成功。一般人的看法經常隨波逐流。一旦潮流對他有利，看法就會藉由自身的能量跟著他，一直到終了。在處理這種事時，武器和武力已因仁慈和慷慨的表現而變得完美——這是引誘人們的上好誘餌，特別是引誘他們走向公正和合法的一邊。過去的一位偉大的征服者誇口說：他給予他的敵人很多讓他們愛他的理由，就像他給予他的朋友們那樣多。

我爲國王陛下的前任者所做的那些事，我也會爲他本人做，並且更加情願。我一如自己所希望的那樣富有，但當我在巴黎傾囊爲他服務時，我會大膽地這樣說：而他會發現，他花在我身上的代價，會比他花在最差的官員身上的代價還少。

我認爲，就高明和優美的騎士而言，沒有一個國家會超越法國人。我們判斷一個所謂的好騎士，是藉由他的氣勢，而不是他的技巧。就我看到的所有騎士而言，馬術方面的大師——坐姿最穩，訓練馬的方法最佳——非德·卡那瓦特先生（M. de Carnavalet）莫屬，他曾服侍我們的國王亨利二世（King Henri II）。

在我看來，詩也在我們的時代大放異采。我們已經有很多精於詩藝的人：道哈特（D’Aurat）、貝查（Beza）、布奇曼（Buchman）、洛必達（L’Hospital）、蒙多赫

（Moutdoré）、特尼布斯（Turnebus）。至於法國詩人，我相信，他們已經把他們的詩藝提高到所能臻至最高峰。在隆沙德（Ronsard）和杜·貝雷（Du Bellay）表現得很優異的領域中，我發現，他們並不會離古人的完美境地很遠。

有多數人的心智被他們自己的力量和輕柔所毀。托闊托·塔索（Torquato Tasso）是義大利詩人中最明智和精巧的詩人之一，且比他們中任何一位詩人更接近純粹的古風，但他卻因自己的飛行力量而導致自己多麼大的失敗啊！難道他不是把自己的盲目歸因於自己眩目的亮光，把自己心智的迷失歸因於自己浩瀚的理性，以及把自己最終的低能歸因於這種對於知識的勤奮追求？我對他感覺到的是煩惱而不是同情：當時我看到他在費拉拉（Ferrara），處境很可憐，自己一個人活著，遺忘了自己和自己的作品，而他的作品在沒有經過修訂且一團亂的情況下出版，他並不知情，但卻出現在他眼前。

亞德里安·特尼布斯（Adrian Turnebus）只以學問做爲他的專業。在我看來，他在學問方面是我們一千年以來所看到的最偉大人物。他所知道的學問，和對學問的了解，勝過我們的時代或很久以前的時代的任何其他人。然而，他卻沒有透露任何學究的意味，除了穿著長袍以及顯示出外表的習氣，無法被改造成奉承者的平滑模樣——但這一切本身並不重要。我憎惡你們這些人，你們無法容忍縫製得很差的外衣，反而可以容忍塑造得很差的心智，並且你們是藉由人的禮儀或鞋子來判斷人的。

在特尼布斯的長袍中有世界上最完美的心靈。有很多次，我特意導引他去談及非他研究範圍的事物。我發現他有很清晰的洞識力，很敏銳的了解力，很紮實的判斷力，你會認爲他一生都在研究軍事事務或國家政治。上述這些是美好和有力的本性，儘管受到錯誤的教育，還是能夠站得很穩。

賈斯特斯·李普修斯（Justus Lipsius）仍然是我們之中最偉大的學者，具備有教養和很明智的心靈，是特尼布斯的眞正兄弟。我多麼希望在我有生之年，他憑其意志、健康的身體和足夠的閒暇，把古代哲學有關人類生活及其行爲的所有見解，把所出現的爭論、不同學派的發展和命運，以及創立者和跟隨者如何把他們的箴言應用在值得記憶和有意義的場合，都彙進一部作品中，整部作品完成時要呈現出我們的知識所及的細節和公正性。那將會是多麼美好和有用的作品啊！

我會把象徵勝利的棕櫚葉提供給——我會認爲有理由——賈克斯·恩約特（Jacques Amyot），視之爲勝過我們所有的法國作家，不僅因爲他的語言純潔又簡潔，超越所有其他作家，不僅因爲他堅持進行自己巨大的工作和他具深奧的學識，尤其也因爲我深深感激他具有判斷力，選擇像普魯塔克這樣有價值和適當的作品，獻給我們這個世紀的人。要不是這部作品把我們從泥淖中救出來，我們這些無知的人就會迷失了。由於他的緣故，我們現在才敢於發言與寫作。女士們可以向學校的教師發表有關普魯塔克的演講。他成了我們的每日祈禱書。如果這個美好的老人還活著，我會建議他以同樣的態度處理芝諾芬（Zenophon）的作品。這是一件比較容易的工作，就他的年紀而言，也是比較適當的工作。

我樂於在很多場合告知人們，我對我的養女瑪麗·德·果爾內·勒·賈爾斯（Morie de Gournay le Jars）懷有希望。我確實很愛她，超越父親的愛。我在我退隱和孤獨的時候很看重她，視之爲我自己的生命的最美好的部分之一。除了她之外，我對世界上的任何事物不再感興趣。如果年輕有其預兆，那麼，她有一天可能做出偉大的事情：其中之一就是，她會完全實踐神聖的友情，是我們現在還不曾讀到有任何女性臻至的那種神聖的友情。她的儀態眞誠又忠貞，已足以達到這個目的。

她對我充滿深情。事實上，在這方面，我再也沒有什麼願望，除了希望她對於我走向人生盡頭——她第一次遇見我時，我是五十五歲——所表現的焦慮，會減少其令她痛苦的程度。

有兩件事很值得重視。第一是，她對於我的第一本《散文集》的看法，第二是，她當初很熱誠地渴望認識我，僅因她在我們見面之前很久就對我有印象而喜愛我了。

以上就是到目前爲止我所知道的不尋常傑出人物。

第二十一章

一個來自新世界的人

我的房子之中早就住著一個人，他曾在我們這個世紀所發現的另一個世界中住了十年或十二年——是在維雷蓋農（Villegaignon）所登陸並被稱爲「南極的法國」（Antarctic France）❶的那部分。發現這個無止境的國家一事很值得重視。我們不確定我們未來不可能發現另一個國家。很多比我們聰明的人在這種事情之中都出現了錯誤。

我們在亞里斯多德的作品中看到的古代見證，有人會將之應用在這個新世界之上——至少如果亞里斯多德的那本小書《不曾聽過的奇蹟》（*On Unheard-of Marvels*）是他寫的話。但亞里斯多德的敘述並不與我們新發現的陸地吻合，就像古人的其他敘述也不吻合。

我所說的這個人是一個平實、不學無術的人，因此比較可能說出事實。雖然懂得事情的人看到的事情比較多，也比較清楚，但他們總是會把所看到的加以詮釋，爲了讓他們的詮釋較有分量和可信度，總免不了曲解故事。他們從不描述事實的本然，而是描述他們所企圖要描述的樣子，或者描述他們要讓你認爲的樣子。爲了支撐他們之爲有判斷力的人的名聲，他們會不介意以相當程度的捏造來提供一點助力。

但就我的這個事件而言，我所說的這個人很單純，沒有力量把謊言說成眞實，也沒有任何說謊的目的。除外，這個人曾在不同時間帶著他在航程中見到的商人和水手來看我。因此，我會很滿意於他所告訴我的事情，不去問宇宙結構學學者對這事的看法。

---

❶即巴西，法國人維雷蓋農於一五五五年在那裡登陸。

我們需要地形學者針對他們已經造訪的地方，提供我們一種明確的敘述。但是因為他們優於我們的地方是，他們見過巴勒斯坦（Paleseine），所以他們想要有特權告訴我們世界其餘地方有什麼新奇之處。我希望每個人都寫出自己所知道的，不多也不少。一個人可能對一條河或一座噴泉有特別的了解，而對於其他事情並不會知道得比我們多。然而，他為了細談這種微不足道的訊息，會寫一本涉及整個物理學的書。

根據我的猜測，我認為這個新被發現的國家並不野蠻，除非每個人都把他自己的國家中所不使用的東西稱之為野蠻——總是會有完美和宗教、完美的政府、完美的一切。如果這個國家的人是野蠻的，其意義就像大自然經由自身的過程而生產和培植的果實是野生的。事實上，我們應該把我們改變了本性以及藉人為方法加以轉化的東西稱之為野蠻。

他們生活在一個愉快的國家中，據說他們很節制，很少聽說有人生病。尤有進者，見證者告訴我說：他們不曾看過有一個土著身體癱瘓、近視、沒有牙齒或因年老而駝背。

這個國家沒有商業，不懂文字或數目，沒有地方官員或政治的權威，沒有財富、貧窮，不需要僕人，沒有契約、繼承物，或財產的分配，因為沒有工作可做，只有無所事事的情況，沒有對親戚的尊敬，只有人對人的一般權利，沒有衣著、農業或金屬，不使用酒或小麥。不曾聽到意味著「虛偽」、「背叛」、「掩飾」、「貪婪」、「嫉妒」、「毀謗」、「原諒」的字眼。

他們的國家位於海岸上，往內陸伸延大約一百里格遠，到達廣闊和崇高的山脈。他們擁有大量的魚和肉，與我們的魚和肉完全不同，並以最簡單的方法烹調它們。第一個把馬匹帶到這個國家的人，以前曾造訪這裡幾次，然而他們看到他騎馬，心裡都很害怕，所以在沒有機會認識他之前就用箭射死了他。

他們的建築物很長，可以容納兩、三百個人。建築物蓋著大樹的皮，屋頂從主樑傾斜到地上，做爲牆壁，就像我們的穀倉。他們擁有很硬的木材，可以把它們做成劍，以及煮食物的烤架。他們的床是棉織成，從屋頂垂吊下來，像我們的船上的床。每個人都有自己的床，妻子沒有跟丈夫睡在一起。

他們日升即起，立刻吃一天中唯一的一餐，他們吃東西時不喝酒，但在一天之中的其餘時間時常喝，有時大量喝。他們的酒是用一種植物的根部製成，顏色像我們的紅葡萄酒，是熱熱地喝。酒只能放兩、三天，味道很烈，人不容易喝醉，對胃很有益處，一旦習慣了，喝起來會很對味，只不過開始時會有通便作用。他們不吃麵包，而是吃一種白色的東西，像醃製的元荽。我曾嘗過，覺得甜甜的，但味道很淡。

年輕人拿著弓箭去獵野獸。同時，一部分的女人忙著把酒加熱，這是她們的主要責任。早晨吃飯之前，某一位老年人會向整屋的人說教，從房子的一端走到另一端，重複同樣的句子，直到走完整個房子。他言談的唯一主題是：對敵人表現勇氣，對妻子表現愛。爲了表示他們盡責，他們言談結束時都會重複說一件事，即他們的妻子「把酒加熱，加了味道。」

在很多地方都可以看到人們收集了他們的東西，例如，在我自己的房子之中就可以看到他們的床、繩子、木劍、木臂環（作戰時用以遮蔽手腕），以及大手杖，一端中空，跳舞時藉由其聲音來打節拍。他們剃掉整個臉的鬍鬚，比我們剃得更貼近皮膚，只不過他們只有木頭或石頭做爲剃刀。

他們相信靈魂的不朽，有某種祭司或預言家，很少與人民混雜在一起，而是生活在山中。當他們來到人民之中時，有幾個村莊的人會聚集在一起，爲他們的到來舉行宴會——也就是說：幾個家庭一起舉行，因爲每個房子構成一個村莊，彼此相隔大約一法國里格之遠。預言家會勸他們行善和盡責，但他們所有的道德都與兩件事情結合在一起，即戰爭中的勇敢與婚姻中的深情。他也會預言所將會發生的事件，但是，如果他的預言證明錯誤的話，他會被粉身碎骨——如果他們抓到他的話。

他們跟住在山外的國家作戰。每個人都把所殺的敵人人頭帶回家，做爲戰利品，把它繫在住處的門口。他們逮捕到一位囚犯時，會待他很好，每天讓他吃各種美食，此後用劍殺死他。然後他們把他烤來吃，選一、兩片給不在場的朋友吃。他們這樣做，並不是他們需要食物，而是做爲極端的報復行爲。

我不會難過我們公開譴責這種行爲的野蠻。我難過的是，我們正義凜然地譴責他們，但對我們自己的野蠻卻視而不見。我認爲吃一個活著的人比他死後吃他更野蠻：我是說在刑架上撕扯和折磨一個活著、有感覺的身體，一片片烤著，丟給狗和豬亂咬和吞食。這種事我們不曾在書上讀過，但我們全都親眼看過，記憶猶新。這些並不是宿敵之間的報復行爲，而是出現在鄰人和同胞之間，並且更糟的是，是以虔誠和宗教爲名義。

如果我們以理性的規條爲標準來判斷這些新出現的民族，則我們也許可以說他們很野蠻。但是，如果我們以我們自己爲標準來判斷，則不然，因爲我們自己就各種野蠻行爲而言都超過他們。我們的判斷力再怎麼不濟，也不能原諒我們每天都犯的背叛、不忠、專制和殘忍等罪。

他們在戰爭中表現得非常高貴和寬大爲懷，會表現出戰爭這種人類的病所能提供的寬恕與美。他們只是爲了勇敢的表現而作戰。他們的戰鬥從來不是爲了征服土地，因爲大自然會給他們所需要的大量東西，他們仍然處於那種快樂的狀態：只追求他們所需要的東西。他們對戰犯所要求的，以及以最可怕的威脅讓戰犯說出的，只是一句表示屈服的話，如此證明他們有力量驚嚇他。如果我們以正確的方式去了解，他們唯一眞正的勝利是「勝利迫使敵人在內心承諾自己被征服了」（引自柯勞迪安〔Claudian〕）。

然而，這些戰犯並不會表現出一點點虛弱的模樣，總是保持勇敢的臉色，請求俘虜他們的人讓他們接受考驗。我有他們之中一個人所寫的一首歌，在歌中要敵人把他吃掉，因爲他曾經吃過他們的父親和祖父的肉，這樣他們就會是在吃他們自己的父親和祖父的肉。

「這些肌腱、肉和血管，」歌中這樣說：「是你償自己的。可憐的蠢人，你們幾乎不會想到，你們父親四肢的實體還在藉由我四處走動。好好品嚐它吧，你會在其中發現你們自己的肉的味道！」

他們確實會在只剩最後一口氣時，也不停止反抗敵人。事實上，這些人與我們相比可能是野蠻人，或者，我們與他們相比可能是野蠻人。他們的性格和我們的性格之間有一種奇妙的差異。

除了這首戰歌之外，我還有另一首，是情歌，開頭如下：

蝮蛇啊，留下來吧，讓我的妹妹可能根據你的色彩，仿製一條豪華的腰帶，送給我的情人：這樣，你的雜色之美就會勝過所有其他的蛇！

這首歌的第一節也是它的副歌。現在我已足夠熟悉詩歌，不僅可以宣稱，這種幻想並不具野蠻的成分，並且也可以宣稱，這種幻想完全透露亞奈科雷昂（Anacreon）的詩的特性。其實，他們的語言柔和，悅耳，其詞尾有點像希臘語。

他們中有三個人在已故的國王查爾斯九世（King Charles IX）在盧昂（Rouen）時到了那兒。他們沒有先見之明，不知道有一天，一旦他們知道了我們的腐化之後，會大大戕害他們的快樂與無憂無慮。不快樂的人啊，竟然爲自己想要追求新奇的欲望所迷，離開他們自己的天空的寧靜，爲的是凝視我們的天空！這種交往的結果會毀掉他們，我想現在正要毀掉他們了。我很怕，我們經由傳染，已加速了毀掉他們的速度，我們已經以可怕的代價把我們的觀念和藝術賣給了他們。

西班牙人所發現的新世界處於嬰兒期。我們沒有藉由我們優越的勇氣以及天生的優勢征服這個新世界，讓它屈服於我們的紀律。我們沒有藉由我們的公正與善引誘它，也沒有藉由我們的寬宏大量征服它。

西班牙人與他們之間的交往，大部分都顯示出，他們天生的慈善並不會落於我們之後。庫斯科和墨西哥兩座城市的驚人莊嚴模樣——在珠寶、羽毛、棉紙和繪畫方面的製造之美，以及其他方面——強有力地證明，他們的工業並不會落於我們之後。關於虔誠、守法、正義、慷慨、忠心和誠實的交易，我們不如他們，倒有助於我們；他們因美德而迷失、出賣和背叛了自己。

爲何諸如征服墨西哥和祕魯的高貴之舉不是由亞歷山大大帝或者羅馬人所完成？爲何這麼多民族沒有落入其他人的手中，以便磨平他們粗糙的血緣、滋養他們的藝術種子？如果我們在那些地方表現的最初榜樣和行爲，創造了他們和我們之間的一種兄弟之誼的聯結和社會，那對他們而言會是多麼大的補償，對整個世界而言會是多麼普遍的益處啊！要讓如此清新和如此渴望學習的心智受益會是多麼容易啊！

但是，不然，我們卻利用他們的無知和沒有經驗，引誘他們表現出背叛、奢侈和貪婪的行爲，藉由我們的壞榜樣，引導他們去做各種無人性和殘忍的事。有誰曾要求這麼高的代價，只爲了獲得商品和交通方面的益處？——那麼多城市淪爲廢墟，那麼多國家被消滅，好幾百萬人死於劍下，世界上最富有和美好的部分爲了大把珍珠和胡椒而被淹沒。機械的勝利！以前不曾有人類的野心，不曾有國家的憎惡，迫使人們在如此可怕的屠殺和可憐的災難中彼此反目。

但是，我們還是回到我所說的那些野蠻人身上。

國王跟他們詳談，讓他們看看我們的生活方式，我們的排場，以及一個大城市的景觀。然後國王問他們，在他們所看到的東西中，什麼最令他們感到驚奇。

他們回答說有三件事情——我很懊惱忘了第三件，但我記得兩件。他們說：首先，他們認爲很奇怪的是，那麼多個子高、留著鬍子的人，強壯又全副武裝，出現在國王四周（我想他們是指瑞士衛兵），竟然順從一個小伙子，竟然不會從他們自己之中選出一位來統治。其次——你必須了解，就他們的言談方式來說，人以「一半」這個詞彼此稱呼對方——他們注意到，在我們之中，男人享有各種舒適，而他們的一半卻在他們的門口行乞，因飢餓和貧窮而瘦得像皮包骨。他們認爲很奇怪的是，這些窮困的一半竟然屈服於這樣的不公，沒有扼住其他人的喉嚨，燒掉他們的房子。

我跟其中一個人談了很長的時間。但替我翻譯的人對我所說的話不是那麼了解，又很愚蠢，不知道我想知道什麼，所以我並沒學到重要的事情。

我問他：他身爲人民之中的高位者，得到了什麼好處——他是一個隊長，我們的水手們稱他爲國王。他告訴我說：他在打仗時都領軍行進。他領導多少人呢？他指著一片土地，好像是表示他領導了可以在那塊土地中行進的人——可能是四、五千人。我問，沒有戰爭時，他就沒有權威了嗎？他說仍然有，當他造訪他所統治的村莊時，會有一條路爲他淨空，一路穿過森林的矮樹叢，他可以自在地走著。

很不錯，所有的這一切——但是，呸！他們不穿褲子。

第二十二章

我的紋章：「我知道什麼呢？」

有一次，我試著去爲發生在我們的人民之中的一件很平常的事情辯護。這件事在我們四周幾里格的地方有其絕對的影響力。我不滿足於像一般人那樣，以法律和實例所發揮的力量做爲其基礎，我的方法是探究其本源。我發現，其基礎很可疑，所以雖然我出發去加以確定，其實是準備要放棄。

世界上大部分的弊病，都源於我們害怕承認自己的無知，源於我們被教導要去接受我們無法證明爲錯的所有事情。一旦有人試圖把可能但卻不確定的事情強加在我身上，要我視爲絕對無誤，我就會很快憎惡起這種事。我喜愛那些可以緩和我們的輕率斷言的語詞——「也許——大約——據說——我認爲」，以及等等的。凡是想要免於無知的人，首先必須承認自己的無知。

「驚奇」（Wonder）是所有哲學的基礎，「研究」是手段，「無知」是目的。但有一種無知，強有力又很高貴，在榮譽與勇氣中，不屈服於知識——這種無知需要很多知識才能達成，就像知識的達成一樣。那種會「知道」、「判斷」和「譴責自身無知」的無知，完全不是無知。

就此事而言，我們的語言會洩露我們的弱點和缺點——就像我們所擁有的一切一樣。我們大部分的爭吵的原因都涉及文法。我看出，懷疑論的思想家無法以任何已知的語言去表達他們的一般想法：需要一種新的語言才能達到這個目的。當他們說「我懷疑」或「我不知道」時，他們的喉嚨會立刻被掐住，被迫去坦承：至少他們確定他們會懷疑，至少他們知道他們不知道。因此，他們的意向可以以一個問題的形態更清楚地加以陳述：「我知道什麼呢？」我把這個問題，結合以一個平衡的天平，就成爲我的紋章。

兩天以前，我看到一個小孩由父親、阿姨和叔叔帶著，藉由他的畸形外表討錢。這個小孩能夠像其他小孩一樣走路和講話，但胸部以下像是連結另一個小孩的無頭身體，其四肢有生命和感覺。這種畸形違反我們平常的經驗，我們稱之爲「違反自然」。「自然」對我們而言是指我們能夠了解的一切；超越這一點的，我們就會認爲怪異和混亂——這是對我們的無知的測度標準。但任何的事物，不管它可能是什麼，都不會是違反自然的。我們應該藉由體認到自然狀態的普通性，去學習消除對這種奇異現象的驚奇。

我看到人們通常都比較渴望去發現事情的原因，而比較不渴望去發現事情是不是眞的是那樣。他們會放下事情本身，匆匆趕去探究原因。這是很愚蠢的。他們通常都會在開始時說：「這樣一件事情是怎麼發生的？」然而他們應該問的卻是：「但它發生了嗎？」我認爲，我們最時常應該下的結論是：「它不曾發生。」

我時常很想這樣回答，但又不敢，因爲有人會告訴我說：我逃避問題，因爲我沒有足夠的智力去處理它。所以，我必須爲了眾人的緣故而去沉思事情，爲我一點也不相信的問題和說詞絞盡腦汁。除外，如果直接就指責某個事實是虛假的，那是很粗魯又會引起爭論的。在敘說難以相信的事情時，大部分的人都會發誓說：他們親眼看到了，或指出目睹者，他們的權威會讓我們無法斷然駁斥。

我們會以這種方式獲知數以千計其實不曾存在的事情的原因及運作，世人會爲了兩方都錯的數以千計問題而混戰著。我們不僅疏於防止自己受騙，還讓自己暴露在被騙的情境中，努力要受騙。我們喜愛涉入受騙的行爲之中，視之爲獨特的性格。

我發現人們熟讀曆書，尋求徵兆和預言，如果有什麼事湊巧靈驗，就說曆書是權威。我則喜歡以擲骰子決定我的事情。雖然這種預言偶而會成眞，我卻不曾因此更看重它們。除外，沒有人會信賴虛假的預言。

有一次，一個桑摩斯雷斯（Samothrace）地方的人，向無神論者狄阿哥拉斯（Diagoras）展示了船難中獲救的人送給一間神廟的還願匾牌和繪畫。「看啊，」這個人說：「你認爲神對我們冷漠無情——所有這些人都被神恩所救，你怎麼說？」「我這樣說，」狄阿哥拉斯說：「如果我們有其餘那些被溺死的人的匾牌和繪畫，我們就會看到更多。」

奇蹟源於我們對大自然的無知，不是源於大自然本身。我們的判斷被我們的習慣所蒙蔽。「習俗」可以把任何事物強加在我們身上：「習俗」是世界的女皇。再怎麼怪異的想法，習慣也會把它移植到地球的某個地方。我確實相信，一旦荒謬的想法進入人的想像中，某個地方就會有人付諸實行，一旦付諸實行，就會被我們的理性所合理化。人類的理性是一種藥酒，由同等成分的見解和習慣所釀成，而見解和習慣的種類和素材都是無止境的。

我在我的時代中看到了很多奇蹟出現。第一個說出故事的人，從他所面對的異議中發現最大的漏洞何在，然後用一點假塡料把漏洞塞起來。尤有進者，我們在把別人借給我們的東西歸還時，都會加上我們的口袋中的一點東西做爲利息，不這樣做，就對不起良知。所以，某一個私人的原本的錯誤，就會成爲公眾錯誤的一部分，如此又產生進一步的私人的錯誤。整個結構從一個人傳到另一個人，結果，最遠離事件的目睹者對事件所知道的，多於最接近事件的目睹者，而最後一個聽到的人比第一個聽到的人更相信其眞實性。

人最樂於做的事情莫過於推銷自己所相信的事情。一旦平常的方法失靈，他們就會加上誡律、暴力、火和劍。事實上，在一群愚人的數目遠超過智者的群眾中，如果相信的人很多，就會成爲事實的最佳試金石，這是很不幸的。就我自己而言，如果我不相信一個人所說的事情，就算一百零一個人說了，我也不會相信。

到目前爲止，所有這些奇蹟和離奇的行爲，都不曾在我面前出現。我所見過的最大奇蹟或怪物，就是我自己。一般而言，因爲時間和接觸的緣故，我們會習慣奇異的事物。但我越接觸我自己，就越對自己的畸形感到驚奇，我越知道我自己，就越不了解。

有一天，我騎馬穿過一座離我的房子大約兩里格的村莊，發現這個村莊的人仍然對某一個奇蹟的謠言很熱衷，雖然這個奇蹟在最近並沒有出現。一個年輕人加上一個傻女孩，以及另一個人，夜晚時藏在教堂的聖壇之下，宣稱「最後審判日」將來臨。這三個可憐的魔鬼現在關在獄中，可能爲常見的愚蠢行爲付出代價。一旦其中的詐術揭露了，我們就會相當看清此事了。但是，關於我們的認知範圍外的案例，我認爲我們不應遽下判斷。讓我們做如下的宣判吧：「法庭對事情一無所知」，甚至比古希臘雅典的法官更自由地做此宣判；這些法官在不知如何宣判一個案子時，就要訴訟當事人一百年後再回來。

我的地區中的女巫會有生命危險，因爲每一位新的作家都想詳細報導這些女巫的夢想。當我們不了解原因也不了解方法時，如要把聖經中的例子應用在當代的事件上，就需要有跟我不一樣的頭腦。我們確實應該相信上帝，但如果我們之中有某一個人連對自己說出的故事都感到驚奇——而他一定會感到驚奇，除非他心智不正常——我們就不應該相信他。

我很遲鈍，只傾向於相信具體和可能的事。我很清楚，有些人會爲此而很生氣，禁止我表示懷疑，否則要我遭受可怕的懲罰——可眞是一種新的說服方法！感謝上帝，我不會因爲有人毆打了我就去相信。就讓他們去對那些否認他們的看法的人大發雷霆吧。我只說：他們的看法是沒有根據的、難以相信的。如果一個人試圖藉由大叫和命令來確立他的論辯，那就顯示他的證據薄弱。如要殺人，我們就需要清晰和閃亮的光。我們的生命是眞實和不可或缺的，不能用它來保證這些荒誕和超自然的作爲。

我說，無論一個人可能提出什麼主張，只要相信他就是一個人就夠了。我的耳朵聽過了一千個故事，例如「三個人看到他有一天在遠東，第二天在遠西——在某個時候、某個地方，穿著某種衣服。」就算我自己看到，我也不會相信。「兩個人說謊」，比「一個人在十二小時中隨風飛行了半個世界」更爲可能。「我們的想像力長翅膀」比「我們的血肉之軀騎著掃帚上煙囪」更自然。我們在內心之中已經有自己的足夠的幻覺，不會去爲外在的幻覺費心思了。

幾年以前，我在一位至上君王的領域中旅行，承蒙他——是爲了減少我的懷疑——讓我看了十個或十二個這樣的囚犯，其中有一位醜老太婆，是一個眞正的女巫，身體畸形，非常可怕，在女巫界很有名。我在這個可憐的老女人身上看到了證據和免費的自白，看到了一種愚蠢的徵象。我盡情檢視她和其他人，跟他們講話，非常注意他們講的話。我並不是那種沉迷於先入爲主想法的人。最後，憑良心說：我開的藥方會是毒兔葵，而不是毒胡蘿蔔——「那是發瘋，不是惡意」（引自李維〔Livy〕）。

至於高尚的人在那兒以及在其他地方所提出的論辯和異議，沒有一則說服了我，我都提出更可能的解決方法。沒錯，我無法弄清楚那些基於經驗和事實的證據和理由，它們也沒有什麼頭緒，讓人來解開。所以我就把它們切斷，就像亞歷山大（Alexander）切斷戈地雅斯難結（Gordian Knot）。畢竟，爲了它們而活燒一個人，會是冒太大的猜測風險。

我今日所相信的事，我都會全力相信。但是，我多麼時常——不是一次，而是數以千次——會去相信別的事，也會以同樣的力量和信心去否認以前所相信的事！我如此一再欺騙自己，難道不是很愚蠢嗎？最後相信的事經常是確實和不會有錯的，並保證值得你犧牲財產、榮譽、生命和獲救的機會。

不，不論別人對我們宣揚什麼，不論我們學會什麼，我們都必須記住：給的人是人，拿的人是人，是一個凡人的手在給，是一個凡人的手在拿。

第二十三章

教授和學問

男孩時代，我常常很氣惱地看到教授被當作我們義大利喜劇中的傻瓜。我的教育是掌握在教授手中，所以我自然很關心他們的榮譽和名聲。我認爲，普通人和心智珍貴又優秀的人之間是有差異的，藉以諒解教授們。但我的聰慧是白費了，因爲我發現，最高貴的人卻最爲輕視他們。例如，好人杜．貝雷（du Bellay）就說：

但我尤其憎惡賣弄學問。

古人也是如此。普魯塔克告訴我們說：「學者」和「希臘人」兩詞在羅馬人之中是表示輕視的語詞。

我仍然不了解，對很多事情具有豐富知識的人，怎麼會那麼遲鈍。一個年輕的女士，是法國一位具最高位的公主，有一次在談到某一位教授時，曾對我說：這位教授的心智無疑是被擠空了，爲的是要留下空間，容納其他很多人的心智。

我們只是辛苦地努力要塞滿我們的記憶，讓良知和了解力變得空虛。我們會說：「西塞羅這樣說——這些是柏拉圖的見解——這裡是亞里斯多德的話。」鸚鵡也可以做到這一點。問題是我們，我們自己是怎麼說呢？

如果我努力要強化自己，抗拒對死亡的恐懼，就必須引用辛尼加的話。如果我要尋求慰藉，我會從西塞羅的話中去獲得。然而，如果我接受了訓練，用自己的頭腦，我就可能在自身之中發現了。我不喜歡這種借來和靠別人而得到的了解。雖然我們可能藉由另一個人的知識而變得博學，但如不藉由自己的智慧卻永遠不會變得明智。

我認識一個人，每次我問他知道什麼，他就拿一本書來告訴我。他無法告訴我說：他的屁股有痔瘡，除非他先查字典，看看「屁股」和「痔瘡」是什麼意思。我們拿別人的見解和知識，儲存起來，然後——就是這樣而已。其實我們應該讓它們成爲我們自己的東西。

有人是除非證據印成文字，否則他們不會承認，除非一個人出現在書之中，否則他們不會相信他。我們面對這樣的人要怎麼辦呢？我們把廢話印成文字時，只是把它變得有尊嚴而已。如果我們說「我讀到這樣一件事」，比如果我們僅僅說「我聽到」，會更令人有印象。但我不會不相信一個人的嘴，也不會不相信他的筆。我認爲「現在」跟「過去」一樣可信。我會引用奧勒斯·格利烏斯（Aulus Gellius）或瑪克羅別烏斯（Macrobius）的話，也會引用我的鄰居的話，我會欣然引用我所看到的事情，也會欣然引用他們所寫的事情。就像美德不因盛行較久就比較是美德，同樣的，我認爲，眞理並不因爲較古老就較明智。

我時常說：追求很久以前的博學例證是很愚蠢的。現今的例證，跟荷馬和柏拉圖時代的例證同樣豐富。好像借用華斯科桑（Vascosan）或普南亭（Plantin）的印刷廠的證明，就勝過借用我們的村莊的證據！如果我們是想要獲得偉大權威的威望，我相信那是沒有用的。最偉大的權威，尤其是人類行爲方面，是要在最普通和最平常的行爲之中去發現的——只要我們能夠以正確的方式了解它們。

我們的這些教授特別會自稱對社會有用。然而，他們並沒有把我們信託給他們的材料形塑得更好，就像木匠和石匠那樣。他們把材料弄糟了，還要我們付出代價。他們很專精於希臘名醫蓋林的作品，但卻完全不精於病人的疾病。他們說出長篇的法律論點，對你進行疲勞轟炸，但對手中的案例卻一無所知。他們對於一切都會提出一套理論，但別人要付諸實行卻總是有困難。

我曾在我自己的房子之中看到一個朋友，說出一種誇大的無稽行話，來回答一位剛好在跟我們辯論的博學男士。他把牽強的詞語串在一起，沒頭沒尾——只是時而插進一個跟主題有關的語詞——讓這個人整個下午都在陪他玩。這個愚蠢的人不曾想到，他的辯論並沒有獲得認眞的回答。然而，他其實是一個有學問和名聲的人，戴著好看的帽子，穿著好看的衣服。

如果你仔細檢視這些正在讓全世界的人很困擾的男士，你會發現，他們既不了解別人，也不了解自己。當我們看到一個鞋匠腳尖露出來，我們會說：也難怪——因為通常而言，鞋匠穿的鞋子是最糟的。同樣的，經驗通常告訴我們：醫生是最不吃藥的，教士是最不會改過的，而學者總是比他人知識更少。

我在我的那個時代看過數以百計的藝匠、數以百計的田裡工人，他們明智和快樂的程度勝過大學校長——以及我很想成為的人。我想，學問在生活的必需品中有其地位，就像英勇的表現、美以及財富，但卻比較不那麼必要，而之所以必要是基於我們對它的看法，不是基於它的特性。雖然有人因為我們的行為而看重我們，但他們將會在無知的人之中發現更多優秀的人，比在有學問的人之中更多，並且每種美德都很優秀。

請聽聽我們那些可憐又不幸的人的誇口吧！「沒有一件事，」西塞羅說：「像追求學問那麼美妙，藉由此，大自然——天、地和海——被顯示給了我們。由於追求學問，我們才擁有過著美好和快樂生活的方法。」然而，嚴肅的事實卻顯示，有數以千計的小村莊家庭主婦過著比西塞羅更穩定、愉快和安靜的生活。

如果我們考慮到我們對學問的使用，有誰會不信任學問呢？人們所忙的事是對詮釋進行詮釋，不是對事實本身進行詮釋。關於書的書，比關於任何其他事的書更多。我們只是在彼此評論。評論著充斥各處，但作者很少。

潑婦的罵街難道會比有學問的人和教授的爭論更令人迷亂嗎？我寧願讓我的兒子到一家客棧去學如何講話，也不要他到一間大學去學如何胡扯。找一位哲學博士，跟他談談吧。為何我們不會對他的優越特性留下深刻印象呢？為什麼女士們和像我們這樣無知的人，並不會讚嘆他的理性的堅定和邏輯的美而感到快樂呢？為何他無法說服我們呢？既然無法做到這一點，為何一個像他那樣具有知識和技巧優勢的人，還要在論辯中嘲笑、責罵和生氣別人呢？如果除掉他的帽子、衣服和拉丁文，阻斷他的亞里斯多德思潮，你就會發現，他就像我們之中任何的普通人——或者更糟。

我喜愛和尊敬學問，和像有學問的人喜愛和尊敬學問一樣。但就我談到的那些人——多得數不完——而言，我對學問的憎惡勝過對愚蠢本身的憎惡。在一些人的手中，知識是權杖，在其他人手中則是美觀而無價値的東西。

哲學只不過是世故的詩。柏拉圖自己只是一個散漫的詩人。就像女人在牙齒脫落時使用假牙，用塗上去的膚色取代自然的膚上，用棉花塡充物修飾自己的身材——同樣的，法律用法律的虛構來支撐其正義，而學問則給了我們它坦承純是虛構的假設。天文學用以轉動星星的本輪，只不過是它所能想出的最好方法。

星星和蒼穹轉動了三千年之久。或者說每個人都這樣認爲，一直到薩摩斯島人（Samian）柯林色斯（Cleanthes）（或者根據希奧佛拉斯特斯〔Theophrastus〕的說法，是希拉鳩斯的耐斯特斯〔Nicetus of Syracuse〕）堅稱，轉動的並不是星星，而是地球。現在，在我們的時代，哥白尼（Copernicus）已經確定了這種理論，它適用於我們在天文學上所觀察到的一切。我們所得到的唯一結論是，我們不値得爲前一個說法或後一個說法激動不已。有誰知道，一千年後，第三種見解會取代這兩種見解？

一位在物理學方面進行改革和追蹤新奇事物的人，最近告訴我說：所有古代的人對於風的吹動的本質，想法都錯得離譜。我在聽了他的似乎合理的論點一段時間後說道：「嗯——又怎麼樣呢？那些根據希奧佛拉斯特斯的理論航行的水手，當他們向東航行時，難道是向西前進嗎？」「不是，」他回答，「但那純粹是機運——無論他們朝什麼方向航行，他們都是錯誤的。」然後我回答，我寧願遵行事實的舵，也不要遵行理論之風。

事實和理論時常衝突。據說：在科學之中具有最高度確定性的幾何學之中，也會有明確的理論與經驗剛好相反。例如，賈克斯・培勒提耶（Jacques Peletier）在我自己的房子之中告訴說：他證明，兩條不斷彼此接近的線，就算伸延到無限的地方，也永不會相遇。

一千年以前，著名科學家托勒密（Ptolemy）確定了地球的界限，而所有古代的地理學家都認爲，他們已丈量了地球，除了一些遙遠的島可能是他們所不知道的。如果對地理學的研究表示懷疑，那就會是懷疑論。相信「對蹠地」（Antipodes）的存在就成了異端。看啊，在我們的時代中，有無數的陸地（terra firma）被發現——不是島嶼，不是國家，而是一個地方，幾乎跟我們以前知道的整片土地一樣大。現今，地理學家都會告訴我們說：所有的地方都已被發現，所有地方都已被看到。但問題在於，相信這些現代人，是不是跟相信古代人一樣愚蠢？還有，這世界是不是跟我們所判定的世界十分不同？

在亞里斯多德的原則被一般人所接受之前，還有其他原則滿足了人類的理性，就像這些原則現今滿足了人類的理性一樣。然而，這些原則有什麼特權、什麼專利特許證，使得人類的創造力就應該以它們爲滿足呢？它們會跟它們之前的原則一樣被人遺棄的。

當有任何人強迫我接受一個新理論時，我應該想到的是，就算我無法駁斥它，另一個人也可能駁斥它。如果你所無法駁斥的事情你就都相信，那表示你的心智是很單純的。如果我們是這樣的話，則一般人——我們全是一般人——所相信的事情，就會像風標一樣變來變去。

如果我們觀察到，一種藝術以及一種信仰在某一個時代很盛行，另外一種藝術以及另一種信仰則在另一個時代很盛行，並且每個時代的人類都有某種偏見，人的心智時而光采時而荒蕪，就像我們的田野，那麼，我們所自誇的美好優越性又如何？既然我們看到一個明智的人會犯錯，同樣的，一百個明智的人，甚至一百個國家也會犯錯，不，甚至人性本身也會犯錯——我們已經看到人性在好幾世紀之中，在很多事情之中都犯錯了——那麼，我們怎麼可能確定此時此地我們不會犯錯呢？

但是學問不僅在天空中裝備了繩子、引擎和輪子。它也爲可憐的小小人類身體創造出大量的衰微、顫動、增生、退步以及偏離。爲了符合人們在人之中所看到的動態，他們把心智的結構分成了多少部分、狀態和層次啊？他們讓心智成爲一種想像的東西。他們抓它、剝它、放置它、移置它、刺穿它、塞滿它，直到他們心滿意足，然而，到今天爲止，他們還是沒有了解它。不僅在實質上，甚至在理論上，他們都無法掌握它，儘管他們的建築物很巨大，貼滿了數以千計的虛假和荒誕的補片，聲音或韻律還是照樣外揚。

醫藥在這個世界上已經有多久歷史了？然而，據說新出現的巴拉塞爾（Paracelsus）已經推翻了所有古老的規則，堅稱這些規則只會讓人喪命。我認爲，他會很輕易就證明這一點。但我不認爲我會那麼不明智，冒生命的危險去充當他的新實驗的對象。

發明大砲和印刷術時，我們大叫「奇蹟」。但在這世界的另一端的中國之中的其他人，都在一千年前就使用它們了。大自然中並沒有希奇的東西：稀奇不稀奇是取決於我們對東西的知識，而以知識做爲我們的結論的基礎是很不幸的。我們今日都認定這世界正進入衰老和崩潰狀態，因爲我們自己很脆弱和衰退，其實這是愚蠢的，就像詩人劉克里修斯（Lucretius）認爲這世界是處於童年的春天期，因爲在他的時代人都很有活力，藝術很興盛，很多東西發明出來，他這樣認爲也是很愚蠢的。

我很喜歡那個美里塔斯（Milesian）的女孩，她注意到，泰利斯（Thales）經常在觀察蒼穹，因此就在他所走的路徑上放一些東西讓他絆倒，以便提醒他：要先看到他腳前面的東西，之後會有足夠的時間想到雲中的東西。這些人老是在騎著使神麥丘里（Mercury）的本輪，漫遊著遠方的天空，讓我感到比牙痛更大的痛苦。在我研究的對象——人——之中，我發現見解多樣，困難如迷宮，勢不可擋，甚至在智慧的派別本身之中也是如此。由於這些派別對自身的了解無法一致，也不能對其所支配和使用的自身生命的本源，提出說明，所以你可以判斷，它們所提出尼羅河（Nile）漲潮和退潮的說法，我幾乎不會去相信。

人的命運是要了解我們自己所能掌握的東西，就算像雲和星星那樣遠離我們的東西也是如此。沒有哲學家會知道他的鄰居會做什麼事，或他自己會做什麼事：沒有人知道這兩者是什麼——是動物還是人。

我們的爭論是詞語上的。我問：大自然、快樂或圓形是什麼？問題是字語，回應也是字語。石頭是體嗎？但我們會追問道，「體是什麼？」「是實質，」對方說。「實質是什麼——它是什麼啊？」這種遊戲可以持續到字典都用盡了。更糟的是，我們時常把一個字換成另一個更曖昧的字。我對「人」的了解，甚於我對「理性的」、「會死的」或「動物的」的了解。爲了解除一種疑問，卻增生了三種疑問。

這世界充滿「虛假的話」和「無意義的話」——即為人所接受和傳統的語無倫次的話。我們之所以很少對事情表示懷疑，是因為我們不努力去檢視最平常的經驗。我們不會挖掘到根部，論及枝節就滿足了。我們不問：一件事情是否如此？只問：人們是否如此說？亞里斯多德是學術之神，如果質疑他的規條，那是反宗教的：他的學說是至上的律則。然而，他的學說卻可能跟任何其他學說一樣有錯誤之處。我不知道我為何不應該接受柏拉圖而應該接受亞里斯多德，或者我為何不應該接受伊匹鳩魯的原子，或畢達哥拉斯的算術？

這些古人的自由心智產生了各種學派。但現在人們都走同樣的路。我們都是藉由文明的權威和法令來接受我們的學問，所以每個學派都具同樣的形態和課程。我們不再去注意錢幣多重以及眞正的價値——合金不再被質疑——我們只問它是否會通行。我們認眞看待醫學，就像認眞看待幾何學。戲法、巫術、魔術、與死者談話、星象學、算命——全都過關，不會被質疑。

當你聽到很多哲學家的頭腦在進行吵雜的爭論，你還能相信哲學嗎？你還能自誇在布丁中發現了葡萄乾嗎？不要讓人們告訴我們說：「它是眞的，因為你感覺到、看到它是眞的。」首先，人們必須告訴我，我是否眞正感覺到我認為我感覺到的東西。如果我眞正感覺到了，人們必須告訴我為何、如何感覺到，乃我感覺到的到底是什麼東西。例如，他們必須告訴我熱與冷的原因和運作，創造出熱與冷的東西的性質是什麼，以及那感覺到熱與冷的東西是什麼——否則他們就不要那樣說。

狄奧佛拉斯塔（Theophrastas）說：由五官的經驗所指引的人類理性，可以在某種程度上確定事物的原因。這是一種似乎合理的見解，爲心智優越的人所贊同。

某一個人在一種實驗中失敗了，另一個人卻可能成功。某一個時代的人所不知道的事情，下一個時代的人會清楚。技術和學問並不是從一個模子製造出來的：它們是逐漸形塑和精鍊出來的，這裡輕敲一下，那兒，輕拍一下——像大熊悠閒地舐著牠們的小熊，使之定形。我的力量所無法解決的事情，我仍然會堅持加以探索與嘗試。我拿捏和運作新的材料，翻轉它、爲它加熱，讓它變得柔軟，使得我之後要接手的人較容易處理。這個要接手的人也會爲第三個人這樣做。所以我不會因爲困難或沒有能力就放棄。

但難就難在控制心智。在學問中，「極端」就像在道德中那樣是邪惡的。我發現，在知識的追求中，人掌握的東西超過了他的能力。他去做他所不需要的工作。如果「學問」在努力讓我們免於生活的不舒適時，反而讓我們強烈地意識到生活的不舒適呢？我寧願認爲，人已經把知識視爲一種遊戲和一種玩具。太精巧是不好好。要記住塔斯卡尼人（Tuscan）的格言：「如果你把線拉得太細，你就會弄斷它。」

第二十四章

熱衷於法律

年輕時我就投身於法律——當上波爾多地方的「議院法庭」中國王的地方法官，之前則是當上培希鳩克斯的援助法院的地方法官。

法律是最有變動性的。自從出生以來，我就看到鄰國的英國人民的法律改變了三、四次，不僅是民事方面的法律，更糟的是宗教方面的法律。我對此事感覺比較憂慮和難過，因爲我們的國家中有一部分，從前跟英國有長時間的親近關係。

在我們的國家之中，我知道死刑是合法的。如果戰爭對我們不利的話，則對死刑有不同看法的人，就有可能因叛國罪而被吊死。

我覺得有些人很有趣，因爲他們試圖賦予我們的法律確定性，他們說：我們的一些法律是永久的、不變的——他們稱之爲「自然法」。有人認爲自然法有三、四種，另有人認爲多一點或少一點——表示數目跟其餘的事情一樣是可疑的。但我們其實很不幸，因爲這些被挑選出來的自然法，都遭幾個國家所抨擊和否認。斯巴達人很尊敬偷竊時所表現的靈巧。某些民族准許謀殺嬰兒或父親、共有妻子、搶劫中的交易行爲，以及各種淫蕩的享樂。

可信的是，自然法存在於我們之中，也存在於其他動物之中。但我們卻失去了它們，因爲精巧的人類理性暗中支配、攪動和混亂事物的外表，因此，理性呈現出輕浮和易變的形象。

很遺憾的是，我們所擁有的法律和我們遵守法律的能力之間，並沒有更緊密的關係。如果設一個標靶，但卻很少射中，那並不是一種誠實的遊戲。

一個人再怎麼好，如果以法律的觀點檢視他的想法和行爲，則他一生之中就應該被吊死十次。懲罰這種人是不公正的，殺死他是一種恥辱。相反的，有很多人並沒有違法，卻一點也沒有美德，我們會以哲學家的心態很鎮定地看待他被著實鞭打一番。

一個人沒有去做他沒有能力去做的事，這就錯了嗎？如果我們所制定的法律，並不期望有人會遵守，那我們是爲誰制定呢？我們會很小心，不去做出那種根據上帝的律則是正確的行爲，也不可能去做出那種根據我們自己的律則是正確的行爲。

我時常注意到，我們所建議的行爲規則，都是立法者和大眾不曾希望建議的，或者更糟，是他們不曾想要遵守的。法官從他針對通姦者寫下刑期的文件上，撕下一小片紙，在上面寫了一則給同事的妻子的情書。有些法官會因爲一種罪而判人死刑，但他們自己卻不會認爲那種罪是一種過錯。

就最好的情況而言，這種兩面標準，這種「做是一回事，說是另一回事」，碰到那些不去寫及有關我們的事的作家，可能會過關，但碰到必須寫及我自己的我本人，是不可能過關的。我必須動我的筆，一如動我的腳。我承認，一位公僕的生活，必須跟別人的生活有關係。就一個獻身於公務、參與人之治理的人而言，卡圖（Cato）的美德，就算是美德，至少是沒有用和不適合的。如果我厭惡我常與之來往的這個世界，那我也許是錯的。如果我抱怨這個世界厭惡我，那我確實應該是錯的，因爲我全然厭惡這個世界。

我們平常的語言在處理遺囑和契約以外的事情時，都會運作很好，但爲何在處理遺囑和契約時卻變得混亂和無法了解呢？原因只有一個，就是精於此道的鉅子們特別努力去挖出嚴肅的語詞，想出狡猾的用語，衡量每個音節，挑開每個線縫，把自己搞得混亂又糊塗，陷在無止境的條款和要點中，結果攪混了規則、條理和了解力。他們散布和傳播可疑的細節，爲自己惹來了大量的訴訟和爭論。據我所能了解的，經驗顯示出：很多的詮釋會驅散和毀滅眞實。

考培尼的男爵（The Baron of Caupene）和我共同主張，我們有權利在我們的大山的山腳指定一塊很大的封地，稱之爲拉封坦。這個地方的居民都過著一種與別人分隔的生活，有自己的衣服、禮儀和時尙，完全藉由習俗的力量支配自己。他們過得很快樂，自古以來，不曾勞動鄰近的法官去探詢他們的事情。

據說：其中一個人燃起了滿腔的抱負。爲了家庭的榮譽，他決定要讓「律師」（counsellor-at-law）的頭銜附加在兒子的名字上。於是，皮爾（Pierre），或金恩（Jean），就被選到鄰近的一個城鎭，去學習如何寫作，然後時機一到他就成爲一個村莊牧師。由於他成爲一位「先生」，人們開始嘲笑他的古老行事方式。不久，有人把他的一個老朋友的一艘船的喇叭切斷，他就勸這個朋友向地區的一位皇室地方法官提起訴訟。事情一件接著一件發生，最後他把整個地方給敗壞了。

我並不贊成「多樣的法律可以抑制法官的權威」的見解。提出這種見解的人不會知道，法律的詮釋涉及諸多心態和自由程度，就像法律的制定也一樣。我們法國的法律之多，比世界上其餘的國家的法律加起來還多，然而，有很多事情都取決於我們的法官的見解和決定，所以他們的自由是最沒有受到限制的。

我們的立法者挑選出十萬種個別的行爲，爲每種行爲制定一條法律，這樣我們的立法者得到了什麼好處呢？就算再加上十萬種行爲的法律，人類的行爲仍然永不會完全吻合其中任何一條法律，還是經常會有些情況取決於詮釋和見解。

最合人意的法律是最簡單的法律，是最概括性和最不可能被援引的法律。我進一步認爲，完全沒有法律會比現今數目驚人的法律好。如果最明智的人在每種爭論出現時，就根據情況做判定，這樣難道會有什麼危險嗎？費迪南國王（King Ferdinard）明智地規定說：律師不能前往美國的新殖民地，唯恐訴訟會在「新世界」取得據點：他同意柏拉圖的說法，即「律師和醫生是一個國家之害。」

最可恥的事莫過於，看到像我們這樣的一個國家，基於法律的習俗，法官的職位可以買賣，判決可以用現金預先買得，沒有錢的人無法獲得法律上的正義！尤有進者，在我們的國家之中，正義變成一種有利可圖的商品，除了教會、貴族和平民之外，又出現了第四種的律師，他們處理法律，對人的生命和財產具有至高的權力。結果是，我們有兩種法規：一是榮譽法規，一是法庭法規，兩者時常衝突。

在我們的一些法庭中，獲得法官職位只需檢視他們的學識。然而，其他的法庭還要加上試驗他們的了解力，問及他們對一些法律案件的判斷。我認爲後者的方法較好，因爲雖然學識和判斷都是必要的，但判斷可以在不用知識的情況下獨撐，然而知識如果沒有判斷就無能爲力。爲了正義的緣故，但願我們披法袍的男士們都具有了解力和良知，一如他們腹笥很豐富。

我聽說，有一位法官在獲悉巴托勒斯（Bartolus）和阿爾都斯（Aldus）之間出現意見的強烈衝突，或其他非常不一致的論點時，習慣在書的空白地方寫著：「給一個朋友的問題。」也就是說：在這樣一種爭論性的事件下，眞實的情況很不清楚，他大可以偏向他所喜歡的一邊。他只需多一點機智和辨別力，就可以在所有的事件的邊緣寫著：「給一個朋友的問題。」我們這個時代的律師和法官，在每個事件中都會發現足夠多傾向某一方的成分，來爲他們站在適合他們的任何一方辯護。

像法律這樣無止境的學術領域，其權威取決於眾多的見解，其主題很曖昧不明，所以一定會產生無止境的判定方面的混亂。一個法庭的判決會不同於另一個法庭，有時自相矛盾。我們的司法審判有一個很明顯的瑕疵。我們時常會看到，我們的司法審判會讓一個案子從一個法官手上轉到另一個法官手上，從一個法庭轉到另一個法庭。我想起柯利希普斯（Chrysippus）說：「一個哲學家會翻十二個斛斗，是的，並且不穿褲子，只爲了十二個橄欖。」

一個首席法官有一次在我面前誇口說：他在判定一個案件時，會在判定書中寫滿兩百多個段落，引自奇特的出處。他這樣大肆誇耀，反而喪失了他可能從其中獲致的任何榮耀。就這樣的一種成就和這樣的一個人而言，我認爲這是愚昧又荒謬的誇口！

時常讓我很生氣的是，我看到我們的法官恬不知恥地使用詐術和不會實現的赦罪預期，爲的是引誘一個罪犯坦承自己的罪。這是一種邪惡的司法審判，我認爲這樣強暴了自己，也強暴了任何做錯事的人。

刑求是一種危險的方法。我認爲它是一種對忍耐力的考驗而不是對事實的考驗。能夠忍受痛苦的人會隱藏事實，但無法忍受痛苦的人也會隱藏事實。爲何痛苦就一定會強迫我說出事實而不是謊言？相反的，如果一個無辜的人有勇氣忍受這些折磨，爲何一個有罪的人就不會有同樣的勇氣——以生命和自由做爲他的回報？我想，這種方法的基礎在於良知的力量。良知將會有助於用刑求讓有罪的人認罪，將會強化無辜的人忍受其折磨。

但歸根究柢來說：刑求顯然是一種可疑和危險的方法。一個人爲了避免這種可怕的痛苦，有什麼不會說的呢？本來法官刑求一個人，是爲了不讓他死——如果他是無辜的——結果他卻死了，可能是無辜而死，也可能因被刑求而死。刑求如何能夠補救我們的無知呢？你爲了避免無緣無故殺死一個人，結果卻做了比殺死他更惡劣的事，這樣難道不是很不公正嗎。已經有成千上萬的人因錯誤的坦承而喪命。「但這是，」有人說：「人類因脆弱而能想出的最小罪惡。」無論如何，這是完全沒有人性的，在我看來是完全沒有用的。

如果一個人並不會因爲害怕被吊死或砍頭就不去犯罪，那麼，我們的法律也無法期望這個人會因爲想到要遭受熾熱的火鉗、慢火或輪刑的懲罰，而更加害怕。我不會同情已死去的人——毋寧說會嫉羨他們，但我會深深之同情臨死的人。我甚至無法緊盯著被以司法審判的方式合理地處死的人。

甚至在司法審判中，只要是踰越簡單的死亡，在我看來都是十足的殘忍。這對我們基督徒而言尤其爲眞。我們應該尊重人的靈魂，讓它們處於鎭定的狀態中，但我們卻以令人無法忍受的折磨扯裂他們的靈魂。

如果我們意在讓大眾感受到我們的嚴厲措施，我建議就將之施加在罪犯死後的身體上。看到他們的身體沒有被埋葬，或被分解和吊起來，其對群眾的想像力所發揮的作用，會像對生者施加痛苦一樣。

在羅馬，當人們在處死聲名狼藉的強盜卡特拿（Catena）時，我剛好經過。他被吊死，旁觀者一點也沒有情緒的表現。但當他們割裂他的身體時，劊子手每割一次，人們就發出悲叫聲，好像每個在場的人都把感覺加諸可憐的屍體上。這種不人道的過分行爲應該加諸於樹皮，不是加諸於有生命的樹心。

我所生活的那個時代，充斥著有關這種殘忍的罪行的令人難以置信的例子——這是我們的內戰所導致的結果。歷史上沒有什麼事情，比我們每天目睹的事情更極端。我還沒有親眼見到之前，幾乎無法相信人類會那麼野蠻，只爲了殺戮之樂，就砍掉同胞的四肢。人類淬鍊自己的聰明才智，發明奇異的折磨人方法以及新型的致人於死的方法——所有的這一切都不涉及憎意與利益，只是爲了享受痛苦的模樣與悲傷的呻吟和叫聲在他們心目中的愉快情景。這是殘忍的極致：「一個人殺另一個人，不生氣也不驚慌，只爲了那情景」（引自辛尼加〔Seneca〕）。

我時常明顯地對自己不公正，以免我們的法官對我表現出更惡劣的不公正。在經歷無止盡的痛苦和惡劣的實際作爲後，我對這種事的憎惡勝過我對火刑和刑架的憎惡！如果我們明智的話，我們會像那個男孩那樣誇口，那樣歡樂：我有一次聽到這個男孩很天眞又歡欣地說：他的母親打輸了官司，那樣子好像那官司是一聲咳嗽、一次發燒，或者一種同樣讓人苦惱的事情。

由於我和一些位居高職的人有親戚或友善關係，命運可能賜給了我一些好處，但是我甚至很審愼地避免利用這些好處去加害別人，或謀取自己不應獲得的升遷。總而言之，我做好了每日的工作（可以說感謝我的幸運之神），所以我還不曾打過官司，儘管我因背景底子很靠譜，時常會受到這種誘惑。

我也不曾跟人爭吵。不久，我將度過長長的一生，不曾嚴重冒犯別人，也不曾遭受別人嚴重的冒犯，不曾聽到有人侮辱我的名字，只聽到有人叫我的名字——可眞是天賜我珍貴的恩德！

我很拙於冒犯別人，就算基於理性也不會這樣做。就算有需要對罪犯判刑，我也寧願選擇不表現正義。「我寧願人們不要犯罪，不想因爲他們犯罪而判他們罪」（引自李維）。

大部分人都會基於對罪的恐懼而激起懲罪的情緒，但我卻會因此而冷靜下來。一個人殺死另一個人的那種恐怖，使得我害怕那種殺死他的恐怖：他的可怕殘忍行爲，讓我憎惡任何模仿殘忍行爲的行爲。

有人可能會把人們在談及斯巴達國王（King of Sparta）查理勒斯（Charillus）的話，用在我這個只不過是微不足道的人身上：「他不可能是一個好人，因爲他對邪惡的人而言並不是壞人。」雖然是合法，但如果起訴一個人會傷害到他，我是不會願意這樣做的，同樣的，雖然是不合法，但如果有利於一個同意不合法的人，那我並不會本於良知去避開不合法。

那種支配個人內心的責任的道德律則，是很難教導和遵守的，所以難怪我們的公共律法更難做到這一點。請想想那種會支配我們的正義：它是人類的脆弱的眞正見證，充滿錯誤和矛盾。

有些農人剛匆匆忙忙跑來找我，告訴我說：他們在我的一座森林中留下了一個被毆打得很慘的人。他還在呼吸，要人家可憐他，給他留一點水，把他從地上扶起來。但是，他們告訴我說：他們不敢靠近他，反而是逃跑了，唯恐保安官會當場抓到他們。在被謀殺者身邊所發現的人，都會遭遇到這種情況，他們唯恐會被叫去質問——那就完了，因爲他們沒有朋友，也沒有錢來爲自己的無辜辯護。我能對他們說什麼呢？表現人性的行爲，的確會爲他們帶來困擾。

我們已知道有多少無辜的人受到懲罰——並且不是法官的錯！還有多少人是我們不知道的？這種情況在我的時代發生過：有些人被判死，刑期決定了，但沒有宣布。在最後的時刻，法官知道其實是別人所犯的罪。但他們考慮到情況會很奇特。事實上，一旦判了死刑，法官並沒有權力撤銷，改判會影響到判例。所以，這些可憐的人就成了審判的形式的祭品。我看過很多判例，比它們所懲罰的罪的罪更加有罪。

並沒有補救之道。我同意艾西拜亞迪茲（Alcibiades）的看法：如果能夠避免的話，我不會讓自己落入一個會決定我頭部命運的人的手中，在他手中我的榮譽和生命將取決於我的律師的技巧和勤勉，而不是取決於我的無辜。

感謝上帝！不曾有一個法官以法官的身分跟我說過涉及任何案件的一句話——無論是我自

己的或別人的案件，無論是民法方面或刑法方面的案件。不曾有一個監獄接待過我，就算是以訪客的身分也不曾有。光憑想像，監獄的外表就會讓我覺得可憎。

我是那麼喜愛自由，如果有人禁止我到東印度群島（Indies）的最遠角落，我也會感覺自己有點受到限制。只要我能在地球的任何部分發現土地和空氣，我就不會住在我必須躲藏其中的地方。如果我生活在權威人士之下，而他們對我搖搖一根手指，我就會立刻去尋找其他權威，不管在什麼地方。我在我們的這幾次內戰中所表現的一點謹愼精神，全都是爲了我可以隨心所欲地來來去去。

我們的法律堅持它們的信譽，不僅因爲它們是公正的，而是因爲它們是法律。這是它們的權威所在的神祕基礎——這是它們的幸運。其實制定它們的人時常是一些愚人，更時常是一些因爲憎惡平等而否認平等的人，也就是說：經常是一些無用和猶疑不決的人。凡是因爲認爲法律公正而遵守法律的人，都是不應該的。我們法國的法律混亂又拙劣，在很大程度上造成執行時出現明顯的腐敗現象。

眞正的正義是自然和普遍性的，跟這種國家的正義是十分不同的，因爲這種國家的正義跟我們的政府的需要結合在一起，政府的法律不僅允許邪惡的存在，還鼓勵其存在。「有些罪是由元老院的法令和人民的投票所認可的，」辛尼加說。我就使用平常的語言，把有用的事情和正確的事情加以區分。用我的方式來講，有些不僅有用而且也必要的行爲，卻是邪惡又卑鄙的。

第二十五章

我的宗教

在我的那個時代中，我知道，有一些人的作品被批評爲具純人性和哲學的成分，沒有神學色彩。但相反的，我們可以很理性地說：神學的學說是所有的學識之后，它的后座最好與其他學識分開。也許，神學博士的作品寫得太具人文特性，比起人文主義者的作品寫得太不具神學特性，所犯的錯更大。

人文方式的談論，層次遠較低，並且不應該涉及神聖的雄辯所透露的莊嚴特性。任何人，只要想要的話，都應該根據自己的興緻談及「運氣」、「命運」、「幸運」、「神祇」以及類似的想法。我會提出純人文的觀念，並且純粹是我自己的觀念，讓人認爲是如此，不是上天所准許，或非人所能爭論。這些觀察涉及見解，不涉及信仰——我以俗界的人的身份討論它們，只不過經常是以很尊敬的態度爲之。其實，如果有一種法令規定，除了神學博士之外，其他的人在寫及宗教時都要受到極端的限制，那可能會是很有用的，這樣，也許我就不會長篇大論地寫下去，別人也一樣。

我們應該只有兩個選擇，其一是，完全且絕對地服從我們的教會法規的權威，二是完全不去服從它。我們不能決定我們應該遵守哪些教會法規，以及遵守到什麼程度。我可以說，我曾一度嘗試很自由地省略或疏忽我認爲很無用和奇異的一些教會法規。但在與有學識的人討論後，我認爲它們是建立在堅固的基礎上，除非我們無知或愚蠢，否則我們會尊敬它們，一如尊敬其他法規。

我們爲何不去考慮我們根據自己的判斷所發現的矛盾之處？——有很多事昨日是信條，今日在我們看來卻是神話。自傲與好奇是心智的災難：由於後者，我們去探知所有不相干的事情，由於前者，我們不讓任何事情處於可疑或不決定的狀態。

我不知道自己是對還是錯，但我們已經從上帝口中接受了某種祈禱詞，所以我一直認爲，我們應該比實際上更加去使用它。我希望基督徒要經常使用「主禱文」（Lord’s Prayer）——就算不是單獨使用，至少也要跟任何其他祈禱文一起使用——在坐在餐桌旁以及離開餐桌時，在上床和起床時，在適合祈禱的所有場合中。「主禱文」是我一直使用的唯一祈禱文，我對其他祈禱文的記憶不像對「主禱文」的記憶那麼完整。

我們至少要在對上帝祈禱的時刻心靈很純淨，否則我們自己就是給了祂棍子，用以責罰我們。如果我看不到人們的行爲有改善的跡象，那麼，就算我時常看到他們跪著祈禱，我也不會讚賞他們。如果一個人將虔誠的奉獻和罪惡的生活扯在一起，他就會比不上一個人忠於自己而在宗教以及其他方面表現得很放蕩。

一般而言，我們是基於習俗以及因爲時尚而祈禱，或者勿寧說是說出祈禱的語詞和做出祈禱的動作。我們似乎使用我們的祈禱做爲一種無意義的聲音——就像有些人在巫術和魔術中使用神聖的字眼，好像我們認爲，從其中所得到的好處是取決於字語的質地、聲音和流動，或取決於我們裝出嚴肅的面孔。讓我很生氣的是，看到一個人在祝福式和謝恩禱告中在自己身體上畫了三次十字，然後在一天其餘的時間都做些惡意、貪婪和不公不義的事。我更生氣的是，它是我很尊敬和常使用的手勢，甚至在打呵欠時也做這種手勢。

拿瓦瑞的瑪格麗特（Marguerite of Navarre）跟我談到一個年輕的君王，雖然她沒有說出他的名字，但很容易知道是誰。這個君王爲了繼續與巴黎一個律師的妻子幽會，必須經過一座教堂。無論前去或回來，他都會停下來祈禱，我就讓你自己去判定他祈禱的主題——因爲很少人會敢於向世人公開他們對萬能的上帝的祈禱內容——但瑪格麗特卻把此事視爲高度虔誠的例子。無論如何，女人幾乎不適合談及神學，這件事並不是唯一的證明。

有些人專心於藉由他們所謂的致命之罪來獲利，我們要如何看待這種人呢？我們默許了很多行業，然而我們其實知道它們的本質是邪惡的！

有一個人自動向我坦承，他一生都信仰和實踐一種宗教，而他卻認爲這種宗教是可咒的，違反他內心的信念——他這樣做只是爲了保有公職的名聲和榮譽。他怎麼會有勇氣向我這樣坦承啊！這樣的一個人對神聖的正義會有什麼想法呢？

我認爲很荒誕的是，最近幾年，每個信仰天主教的有識之士都被指控爲僞善。只要他的說法與對敵不同，他就會被認爲內心是新教徒。這是什麼邪惡的病態啊？竟然讓一個人固執於自己的信仰，以致於他只會認爲其他人的信仰都跟他一樣，或者以致於他會想像其他人會爲了這個世界的財富而犧牲永恆救贖的機會。這樣一個人可能會相信我這樣說：如果有任何事情可能誘惑我的青春時代，那就是，懷抱著野心，冒險去獻身於天主教的新事業。

這些人眞有趣！他們認爲他們已經把聖經譯成普通的語言，適合大眾的消費。難道他們認爲聖經的意義很明顯地透露在字語中嗎？聖經是一本非常嚴肅和可敬的書，不是讓人不經意地瀏覽和翻一翻，不是讓人隨意丟在客廳和廚房的。閱讀它應該是一種有計畫又專注的行爲，先要「以心仰向天國」，並伴隨以嚴肅和鎮定的心境。這本書不是要每個人去研讀的，適合研讀它的對象，是那些專心於上帝的工作、以上帝爲名號的人。無知和邪惡的人閱讀它只會變得更惡劣。我可以再大膽補充一句話嗎？——這些人幾乎不了解它，比以前更加遠離目標了。

有些人最近創造出一種幾乎是純沉思和無實質成分的儀式。但我們之中有些人認爲，如果宗教不是藉由某種外在徵象和器具來維持，就會消失於無形。前者這些人也不必爲後者這種情況感到驚奇。五官是我們最初和適當的判定標準。教堂中使用馨香，在所有宗教中都很普遍，因爲這是意在藉由刺激和淨化五官而讓我們感到快活，爲的是讓我們更加容易沉思。人的心不會那麼倔強，所以如果面對我們的教堂的幽微浩瀚、風琴的莊嚴音調，以及唱詩班的嚴肅和諧，都會受到感動，興起一種敬意。一個明智的人的心靈是應該從群眾中退隱，讓它在內心中享有自由，有力量自在地判斷事情。但是，就外表而言，他應該遵從和符合公認的習俗。

如果一個人把自己的想法推到很崇高的境地，以致於破壞公眾的和平，只是爲了確立他自己的這種想法，坦白說：我認爲這是很嚴重的傲慢和自負。如果引進了內戰必然的痛苦和可怕的腐化，鼓動已知的某些罪惡，只爲了可疑和可爭辯的見解之錯誤，這樣難道是明智的內政嗎？我觀察到，在德國，路德已留下了很多涉及到他自己的信仰的爭論，跟他自己所引起的有關聖經的爭論一樣多——甚至更多。

在面對人民和政府之間的宗教爭論時，羅馬的元老院都敢於避開它。「這些事情，」元老院說：「不是由我們來決定，而是由諸神來決定——因此就讓諸神維護好他們自己的神聖事務吧。」

就是這種很平常的狀況支撐著我自己的職位，甚至在我榮盛的青春期也牽制著我，讓我不會試圖去承擔這種重責。我認爲非常不公正的是，試圖讓已確立的大眾習俗屈從於私人的個別想法。一個人的心智只能支配它自己。

在現今的爭論中有數以百計的重要信條瀕臨危險關頭，天知道有多麼少的人能夠眞正自稱已經衡量和了解爭論的兩方的基礎所在！這些人的數目，如果有任何數目的話，是很少的，他們本身並無法引起什麼騷動。至於其他人，他們是在什麼旗幟之下前進呢？他們就像一種以不當方式使用的劣藥，本來會排出的毒素，他們卻搖動毒素，出現較激烈的作用：劑量太弱，無法排除毒素，但又強得足以讓我們的身體虛弱。毒素留在我們的身體中，讓我們患了抽筋和腹絞痛。

讓我們受騙的領域和主題，其實就是這些不爲我們所知的事情。我們不聽從普遍的理性，所以不知道去辯論這些事。因此，我們就非常堅信我們知道得最少的事情，而最有自信的人卻是那些用神話欺騙我們的人：諸如煉金家、星象家、算命的人以及醫生。如果我敢的話，我會願意在這個名單中再加上很多試圖詮釋和監督上帝的意圖的人。縱使事件的衝突使得他們四處飄蕩，他們還是堅持執著於自己的遊戲，以同樣的炭筆去劃分黑白。

我們不能嘲笑上帝。然而，我們之中最好的人並不怕冒犯上帝，就像冒犯我們的鄰居、親人或統治者。我們應該愛上帝勝過愛我們自己。我們比較不了解祂——然而我們卻談到祂，直到我們心滿意足。人塑造出數以千計涉及自己和上帝之間的愉快社會關係：人難道不是與上帝同鄉嗎？

所有的這一切都明顯證明，我們是根據我們自己的方式去接受我們的宗教，用我們自己的雙手去接受，就像其他宗教被接受的方式。我們可能遵照我們的國家的習俗，我們可能尊敬我們的宗教的古代部分，或尊敬那些維持它的人所具有的權威，或者我們會害怕它對不信的人所具有的威脅，或者我們會受到它的承諾所誘惑。我們是基督教徒，就像我們是法國人或德國人。

然而，因懦弱和膽小而深植於我們內心的這種信仰，是什麼樣的信仰啊？它是一種純信仰，只因爲沒有不信的勇氣所以就信！有些人告訴世人說：他們外表信，其實內心不信。其他人，較大多數的人，告訴自己說：雖然他們信，但他們不知道信的眞正意義是什麼。可眞是可憐、愚蠢的人兒，努力要成爲比本來更低劣的人。

關於人類對神聖事情很無知，最佳的見證人是太陽神阿波羅，他讓人們了解，他們的宗教是他們自己設計出來的，「每個人眞正崇拜的對象，是他在剛好所在的地方認爲很習慣的對象。」我在今日看到的這種名聲很好的「公正」，明天就會受到抨擊，越過一條河就變成「不公正」，這是什麼樣的「公正」啊？這種「眞實」在山的一邊是眞實的，在山的另一邊就不是眞實的，這是什麼樣的「眞實」啊？

柏拉圖認爲，太仔細地探究上帝、宇宙和萬物的第一因的性質，會有不敬的意味。我們會很快說出「萬能的力量」、「眞理」、「正義」：這些詞語預示一種偉大的事物，但是，是什麼事物呢？我們既看不到，也無法想像。我們說：上帝愛——上帝恐懼——上帝憤怒。但是，這些情緒或類似的情緒，卻無法以任何相似於人的情緒的形式存在於上帝之中。我們無法想像這些情緒在祂之中像什麼。只有上帝自己才會知道祂自己，才會詮釋祂的成就。當祂以俗世的語言這樣做，那只是一種近似，只是對在地上爬著的我們俯身。

此刻讓我們只考慮人，只藉助於人自己，只藉助於他自己的武器。讓我們看看，人用這種相當不錯的裝備能明白和了解什麼。穹蒼的這種美妙進展、在他頭上方莊嚴地旋轉的這些燈所發出的永恆亮光、這座宇宙之海的可怕潮水——是誰讓他相信，這一切被創造出來，並在無數的年代中保持在運作的狀態中，就是爲了他的方便，以及爲了讓他使用？有誰可以想像像這樣可憐和微不足道的人兒那樣荒謬的東西嗎？他無法成爲自己的主人，只不過是萬物嘲笑的對象，然而他卻敢自稱是宇宙的皇帝。他自稱有特權成爲這個浩瀚的宇宙的唯一人兒，了解宇宙的美和各部分，是唯一能夠感謝其創立者以及記錄無窮境界的人——我想知道，是誰對他簽署和確定這種特權？請他給我們看看那份把這個高貴的職位指定給他的委任書。

一隻鵝也可能說：「每一部分的創造都涉及我的福祉。地球讓我搖擺行走其上，陽光照射我——我是大自然的寵兒。難道人沒有飼養、遮護和服侍我？人是爲我播種和孜孜工作。如果他吃我，他也會吃他的同胞，而我吃蟲，蟲又吃他。」

在涉及宗教的所有人類古代見解中，我認爲這是最有可能性和理性的。它承認上帝有一種不可理解的力量，是萬物的本源和保護者——這種力量欣然接受人對他的讚美和尊敬，無論是以什麼形式、名義或方式。在聖保羅於雅典所發現的所有宗教膜拜中，人認爲最可諒解的是獻給「未知的上帝」的那種。

上帝放在萬物上面的那隻支配的手，掌握度是相同的，量度是相同的，力道是相同的。其中不涉及我們的人類利益，沒有關係到我們的動態和量度。

對上帝的崇拜是由涉及身體的字語和行動表達出來，因爲信仰和祈禱的是人。別人無法說服我去說出以下的話：看到十字架、「耶穌受難」的圖像、教堂的裝飾和儀禮、我們的思緒所適應的吟唱，以及我們的五官的刺激，並不會溫暖人們的心靈，讓他們產生一種最有益的虔誠感情。

但是，如果以我們自己的愚蠢和捏造來愚弄自己，那就會很遺憾了。「人害怕他們自己所設計出來的東西」（引自盧坎〔Lucan〕），就像孩童被一個玩伴的臉孔所驚嚇，但其實是孩童自己把這個臉孔弄髒、弄黑的。崇拜創造我們的神，和崇拜我們自己所創造的神，這兩者是大相逕庭的。

我知道自己本性易變，但很幸運的是，我培養了一種穩定的信仰，幾乎維持其原始的形態，沒有改變過。由於我無法爲自己做選擇，所以我就待在上帝放置我的地方——這是我免於永遠滾動著的唯一方式。如此，藉由上帝的恩賜，我置身在我們這個世紀所產生的很多宗派和分歧中，仍然保持健全的自我，良知不會感到不安或困擾。

第二十六章

腎砂與醫生

開始寫這本書以來，我年歲已增，但並非無所得。歲月很慷慨，讓我熟悉了膀胱的結石。不過，如果歲月必須把爲老年人保留的一件禮物送給我，我希望它是選擇了更受歡迎的東西。我一生中最怕的正是這種病。

我時常認爲我說得太過分了——在這樣漫長的旅程中，我終究一定要陷入一種嚴重的不幸中。我感覺到，也時常對自己說：「該是離開的時候了。讓我們在這一生還有生命和還很健康的時候割愛吧，就像一位外科醫生割下一肢。大自然會向不準時還本金的人要求很高的利息。」

然而我並沒有準備要離開，所以在我得病不到十八個月，就已經學會忍受它。我已經與結石妥協，從其中發現安慰和鼓勵我的事。人很容易習慣於痛苦的狀態，所以，只要他們可能繼續生存，他們什麼都可以接受。

我不像大部分人那樣對純精神上的痛苦那麼敏感。這有一部分是深思熟慮的結果。世人把很多我認爲無關緊要的事情認爲很可怕、比死亡還嚴重。但也有部分是因爲我天性懶散和不敏感，不過我也認爲這是我的性格的最佳特質之一。無論如何，我對於明顯的生理痛苦是非常敏感的。

然而，我害怕生理的痛苦，卻找不到理由。我再度發現，我們的心智，就我們一般使用它的情況而言，比較容易讓我們感到困擾，比較不容易讓我們感到安全。

我會與最惡劣的疾病之一——痛苦、可怕、治不了——爭鬥。然而，我發現，甚至痛苦本身也不會那麼不可忍受而致讓一個有了解力的人陷入瘋狂或失望的境地。至少，結石是有一個好處的。它會逐漸讓我妥協於我一直不願接受的事——必然的死亡終點。結石越壓迫和強求我，我越不怕死。

至於其餘的，我認為，有關面對痛苦時要保持沉默的建議，純粹是賣弄。為何涉及生命基本事物的哲學要專注於這種外表的表現呢？就讓我們把此事留給很看重姿態的演員和演說家吧。哲學應該毫不猶疑地允許我們發出痛苦的聲音，就算這樣並無好處。它應該允許我們表現我們天生會情不自禁表現的嘆氣、啜泣、顫動和臉色蒼白，只要我們仍然很勇敢。只要我們不扭動我們的思想，那麼扭動我們的手又有什麼要緊？

在這種極端狀態中，就算我們的臉孔表現得很糟，也不是什麼大不了的事。如果身體在抱怨時，會感到舒慰，那就讓它抱怨吧。如果騷動身體，會讓它感到自在，就讓它隨意輾轉、翻動吧。如果大聲叫，疾病似乎會消失（一些醫生認為大聲叫有助於女人的生產）——或者就算大聲叫只會轉移我們對痛苦的注意力——那就讓它使勁吼叫吧。我們不用去對這些多餘的事費心，處理疾病就有足夠的事要做了。

就我的病而言，我的情況是好一點。我不必吼叫——只要呻吟就可以了。我並不會努力抑制自己，痛苦對我而言並不會過分，或者我有非凡的耐性。當我陷於痛苦的深淵時，我會試驗自己；我總是發現，我可以講話、思考，以及像在任何時間那樣清楚地回答問題——只不過不會那麼穩定而已。因為痛苦會打斷我。

如果我的訪客認爲我的情況非常嚴重，不想跟我講話，以免打擾我，我時常會試驗自己的力量，儘可能談談不涉及我的疾病的話題。我可以斷斷續續做任何事——但不能持續太久。很遺憾，我不像西塞羅作品中的那個人那樣天賦異稟，夢到自己跟一個妓女躺在一起，醒過來時發現自己的結石已排在床單上！我的痛苦已摧毀了我對嫖妓的喜好。

在病痛沒有發作的空檔而我的身體不是那麼疼痛和虛弱時，我會很快恢復平常的心境。我經常訓練自己只對即刻和明顯的狀況保持警戒。

然而，就一個初患的病人而言，我已受到很粗魯的待遇。結石突如其來襲擊我，一下子我就從自在和愉快的生活中陷入人們所能想像的最可悲的生活中。結石開始時以比襲擊大部分人更猛烈的方式襲擊我。病的發作很快，我幾乎不曾感到自在。然而，一直到現在，我都保持鎮靜。如果我能繼續穩定我的內心，情況就會好過數以千計的其他人——他們沒有生病或發燒，除了苦於精神不穩定所引起的狀況。

也許我憎惡看醫生是遺傳的，但無論如何，我是藉由論辯和推理來強化這種憎惡。首先，別人的經驗讓我害怕看醫生。我看出，那些役於醫藥規範的人最常生病，需要最長的時間康復。他們的飲食和防範措施弱化並傷害了他們的健康。醫生不會只滿足於處理病人，他們會一直干擾沒病的人，不讓任何人逃過他們的手掌。我時常生病，足以了解我是可以忍受我生的病（我曾經患各種疾病），就像其他人一樣順利克服，但不會像別人那樣苦於藥所導致的惡果。

我生病時的生活方式就像健康時一樣：同樣的床、同時的作息時間、同樣的飲食。我沒有再增添什麼，只根據我的食欲狀況自我節制。我的健康在於維持我的習慣性生活方式。我發現，疾病會在某方面妨礙到我。如果遵從醫生的指示，則醫生會在另一方面妨礙到我。這樣，在大自然和人類之間，我就會完全沒有空間可言。

我堅信，我已經長久習慣的事物，並不會傷害到我，並且我也很強調我的性向和欲望。我不喜歡藉由另一種病來治癒我的病。我憎惡比病本身更麻煩的藥。腹絞痛的痛苦，和抑制自己不去吃生蠔的痛苦，是同一種惡。既然我們都要冒一種險，那就朝我們的快樂的方向冒險吧。

我所住的地區有一位男士，患了嚴重的痛風，醫生要他放棄所有加鹽的肉。他總是回答說：在病最嚴重的時候，他需要有讓他生氣和詛咒的東西。他時而詛咒波隆納香腸，時而詛咒薰鴨舌，發覺痛苦解除了一大半。

我的食欲會根據胃的情況而自我調節。酒對生病的人有害，它是我的味覺所厭惡的第一件東西——且是無法克服的那種厭惡。凡是我不喜歡的東西，我吃了都會有害，而我吃得津津有味的東西則都不會對我有害。凡是令人很愉快的行為，都不會對我造成傷害，所以，我已經讓我的所有醫學理論臣服於我的快樂。其實，當我生病時，我時常很難過自己沒有某種渴望，來提供我快樂以滿足自己。

你經常會發現，醫藥有一種權威可以認可你的一時興致。如果你的醫生不贊同你喝某種酒或吃某種食物，請不要擔心。我會幫你找另一個有不同見解的醫生。

經驗教我說：沒有耐心對我們傷害最大。我們應該讓疾病自由通行。我發現，如果我們不去管它們，它們就比較不會停留下來。它們比較會屈服於禮貌而不是詛咒。我們就讓大自然稍微以它自身的方式行事：大自然比我們更了解其自身的工作。「但某一個人死了？」是的，你也會死——如果不是死於某種病，也會死於另一種病。

我已允許感冒、滴血、頭痛、心悸以及其他意外在我身體之中變老、死去——就在我準備滋養它們、保有它們的時候。如果有人提供你一種可喜的治藥，那就接受吧——它會很有好處的。但我們必須耐心地忍受我們的身體狀況的律則。

讓我們以上帝的名義遵從大自然的一般性過程。如果我們這樣做，生活就會很順利。如果我們不這樣做，我們無論如何就會受到阻力——我們自己、我們的治病狂熱，以及我們的醫藥，全都會受到阻力。請為你的腦預訂一份瀉劑——它對你的好處，會勝過對你的肚子的好處。

醫生有一種巧妙的方式，可以讓一切轉向對他們有利的方向。無論何時大自然、運氣或任何其他東西有利於我們的健康，醫生就會歸因於他們的醫藥。一旦情況不對勁，他們就會推卸所有的責任，歸罪於病人。「他躺著時手臂沒有蓋東西——一輛馬車卡拉卡拉駛過去，使得他的情況惡化——有人讓窗子開著——他睡覺時身體朝左——他的心態錯誤。」

或者他們會讓我們的生病有助於他的生意。他們試圖告訴我們說：如果不是因為他們的治療，情況會更糟。當他們讓一個人從發冷轉變成一再發燒，他們會說，要不是他們的話，情況會持續發燒。他們這種行業不會有失敗的危險，因爲他們甚至會轉損失爲獲利。

在古代以及自古以來，醫藥已經經歷無數的改變——大部分是廣泛性和全面性的。例如，在我們的時代中，巴拉塞爾士（Paracelsus）、費歐凡提（Fiorvanti）和阿根提爾（Argentier）把「改變」引進來。他們不僅改變了處方，並且據說也改變了技術的整體性與律則，同時譴責他們之前的醫生無知和欺瞞。在這種情況下，你可能想像窮苦病人的困境。

我們時常看到，一個醫生會把一個病人的死歸因於另一位醫生的用藥！然而，一種病的症狀有無數種之多，天知道，一個醫生會如何發現眞正的症狀呢？他們之間對於尿的重要性會進行多少激烈的爭論啊？我自己所寧願信賴的醫生，是他自己患了他要治的病。其他醫生描述疾病時，就好像鎭上宣讀公告的人描述一隻狗或一匹馬——顏色、高度和耳朵。但是，如果你把狗或馬帶到他面前，他卻無法辨認。

就我自己的病而言，我不曾發現三個醫生見解相同過。醫生告訴我說：緩瀉劑適合患結石的人——會把血管張大，有助於把形成腎砂石的黏性物質排出來。但他們又說緩瀉劑很危險，因爲它們會把血管張大，會讓形成腎砂的物質到達腎臟，腎臟自然會黏住它、留著它。

他們說，最好經常小便，因爲這樣腎砂就不會沉澱於膀胱中，凝結成石子。但是經常小便並不好，因爲如果沒有針對身體組織施加強大的力量，就無法排泄沉澱物。經常與女人性交是很好的，因爲這樣會打開小便的通道，但也有壞處，因爲它會使腎臟發炎、疲勞和虛弱。熱水澡很好，因爲它會放鬆器官，但也有壞處，因爲它會烘熱腎砂，使之變硬。由於醫生害怕治好痢疾，唯恐他們會讓病人發燒，結果他們要了我的一個朋友❶的命，而這個朋友的身價超過所有的醫生加在一起。

如此，醫生耍花招、喋喋不休，犧牲了我們。他們對我提出的論點，我都可以提出力道相同的論點加以反駁。如果有些人在爲疾病所苦時，會讓自己溫和地接受自己的欲望以及大自然的激勵做爲指引，信賴一般人的運氣，那醫生就不要責備他們。

尤有進者，寫及醫藥的人會宣稱，每種藥都有害處。就算以最好的一面來說，藥都一定會造成傷害，那麼，那些被誤用的藥又如何呢？如果藥是由第三者調製，而我們必須把我們的生命信託給這個人的技巧和忠實，那危險不是會增加嗎？

簡言之，我尊敬醫生，不是基於他們的助益，而是基於他們本身。我知道他們之中有很多好人，並且非常值得我們深愛。我不會抨擊他們，而是會抨擊他們的醫術。我也不會譴責他們利用我們的愚蠢，因爲大部分人都會這樣做。很多行業，無論是較有尊嚴或較無尊嚴的行業，都以欺騙大眾爲生。

我生病時，如果有醫生在近處，我會請他們來，但只是要他們陪伴我，而我跟其他人一樣會付錢。我會聽他們吩咐我要保持溫暖，因爲我無論如何喜歡這樣做。我讓他們推薦我喝韭菜湯或萵苣湯，推薦我喝白酒或紅酒，或不合我胃口和習慣的任何其他東西。

---

❶ 即指拉．波提。

我十分清楚，我這樣做並不是迎合他們。對他們而言，「苦」和「奇」是治藥的本質。我的一位鄰居以喝酒做爲治發燒的有效藥。爲什麼？就因爲他厭惡酒。

然而，我們看到多少醫生，像我自己一樣對吃藥採取輕視的態度，並且飲食很自由，與他們爲病人開立的規則反其道而行。從這裡可以看出，他們完全濫用我們的無知！

我們對痛苦和死亡感到恐懼，對生病很不耐煩，並粗率地尋求治病的方法。就是這些蒙蔽了我們。是純然的懦弱讓我們很容易受騙。然而，大部分的人都不會因爲相信醫生而致聽從他們和同意他們所說的話。我聽到這些人跟我一樣抱怨，但他們會終於屈服，說道：「那麼，我應該怎麼辦呢？」

前天，我跟一些患跟我同樣的病的人談話，其中一個人告訴我說：有一種藥是由一百多種成分調製成。我們聽了心情非常好，興致勃勃，因爲還有什麼結石會經得起這種藥的衝擊呢？但是，現在我聽那些嘗試的人說，在這種藥的衝擊下，一粒腎砂也沒有動。

如果一切都過去了，病治好了，一個人如何可能知道是因爲病歷經了正常的過程，還是因爲他十分偶然地吃或喝了什麼東西，或者是因爲他的祖母曾經爲他祈禱？要不是我獲得了醫藥權威們的鼓勵，我是不會那麼大膽處理醫藥的神祕性的。如果你看到了普利尼（Pliny）或色爾修斯（Celsus）的作品，你會發現，他們比我更粗魯地談到醫術。普利尼以這種方式揶揄醫生：當他們無計可施時，就會有一種自救的靈巧方法。在用服藥和飲食的方式折磨病人卻治不好病後，他們會要病人去造訪一處聖地，或到一處溫泉勝地。但還有第三種方法——會保住他們的面子，擺脫我們，讓我們不再抱怨他們。他們會送我們到外國旅行。

我無法承諾說：我將不會有一天傻到把我的生命（和死亡）委託給他們。如果我無法克制恐懼和無耐心，那就表示我的頭腦發燒了。

我無法期望奇蹟——結石是我對老年付出的代價，我不必希望有更好的交易。我在每個地方都會遇見爲此病所苦的人，病友也會很尊敬我。大部分的人都比我痛苦，還有很多人要忍受每天吃藥的附加痛苦，我認爲這是我的幸運。他們付一千金幣給醫生，爲的是要排掉一小片腎砂，而我時常藉由大自然的恩賜就辦到了。

我置身在同伴之中時，仍然可以維持一般的莊重模樣。我會熬得住十小時或更長的時間，或跟任何健康的人一樣久。事實上，我的病時常對我說：「看啊，我遲到得多麼久！我只襲擊你那已經貧瘠和毀了的部分。想想吧！當人們說下面這句話時你會多麼快樂：你這個多麼有耐性、很會自我控制的人啊！我經常是跟你一樣長壽的。你會死，不是因爲結石，而是因爲你活著。」

當我排出一塊結石時，最美妙的事莫過於，從極端痛苦快速變成美麗的健康亮光！痛苦中有任何東西勝過這種突然的改善所帶來的快樂嗎？就其他疾病而言，一個人的健康期只有一年。在他們還沒有拿掉你的圍巾、脫掉你的帽子、允許你到門外散步、品嚐一杯酒、跟你的妻子躺在一起、吃一個甜瓜之前，你一定又會患另一種新病。結石有一個好處：它一下子就會排掉了。

自從患此病以來，我也發現，我比較不會得其他病。尤有進者，一般而言，它都有玩它自己的遊戲，讓我自由玩我自己的遊戲。我只需要玩遊戲的勇氣。在它最嚴重時，我曾騎馬十小時之久。最後，我再也沒有什麼好猜測的，也沒有什麼好諮詢醫生的。我的感覺足夠清楚地告訴我說：它是什麼，位置在哪裡。

如此，我欺騙我的想像力，哄它入睡。如果我明天發現它更糟了，我會想出新的方法。例如，最近我發現，一點點動作就會排血。但又怎樣？我仍然在我的獵狗後面騎馬，表現出青春的熱情和自傲。畢竟，代價也只不過是：患部有一點不舒服和沉重。我逐漸排除一種正在吞蝕我的生命的物質，去除了一種惱人的多餘物，感受到一種很自然的快樂。

我判斷我的情況的方式，只是根據我實際上的感覺，不是根據我的恐懼和推理。你想知道我獲得多大的好處嗎？請看看那些跟我的行事不一樣的人吧。

第二十七章

在我大門口的敵人

我的房子容易遭受攻擊，這也許就成了它逃過內戰戰火的理由之一。防禦培養膽識，挑釁激起攻擊。我破壞軍隊那種涉及危險和榮耀的功績，如此削弱了軍隊的企圖。涉及危險和榮耀的功績通常會成爲軍隊的藉口：一旦正義死了，勇敢就會取代榮譽。

我是以懦弱和卑微的方式征服了我的房子。只要有人敲門，房子主人的我都會讓他進入。我的大門只有門房當警衛。門房表現老式的儀禮，他在那裡不是要保護我的門，而是要更謙卑有禮地開門。我的唯一守衛是天上的星星。

除非一個男人的防衛很完美，否則他炫耀他的防衛，會是很愚蠢的。一道牆上有一處裂縫就是到處都有一道裂縫。我們的祖先不認爲他們是在建邊境堡壘。攻擊——我是指沒有大砲和軍隊的攻擊——和突襲我們的房子的方法越來越多，每天都超越我們防衛自己的房子的方法。人的智力到處都朝這個方向強化：每個人都專注於侵略，只有富人專注於防禦。

我的房子在建造的時代是足夠強有力的。我在防禦方面並沒有增加什麼東西，唯恐它的力量會反噬我——也考慮到，到了和平時期就必須加以拆除，再者，也不會有機會恢復。保有它所要冒的險是很大的，因爲在內戰時，你的男僕可能是敵對的一方。當宗教成爲戰爭的藉口時，甚至你的親戚雖然外表表現得很有正義感，卻可能變得不可信任。

假定你失敗了呢？你的朋友可能不會同情你，反而會急著譴責你對自己的工作無知，缺乏前瞻與警覺。

很多堅固的房子都被毀了，而我的房子仍然屹立不搖，這使我認爲，那些房子毀了，是因爲它們有防禦措施。

如果上帝喜歡的話，凡是想要的人，就讓他來攻擊我吧，但是我會盡力不藉由防衛而引來他的攻擊。這是庇護我的地方，它要讓我過和平的生活，遠離戰爭。我試著不讓這個角落成爲群情激憤的對象，因爲，我在其中爲我的靈魂留了另一個角落。我們的戰爭可能會改變它的外貌，我們的黨派可能會僞裝和增多，但是就我而言，我將一動也不動。

我的四周都有武裝的房子。就我所知，在整個法國之中，只有我完全信賴上天會保護我的房子。我不曾移動一根銀湯匙或一張房契。我完全不會發抖，也不會逃走。如果明白地表示感激可以讓我贏得聖寵，那麼聖寵將陪伴我到死爲止。如若不然，我已活得夠久，足以讓我的存活顯得很不凡，值得被記錄下來。多久呢？整整三十年。

我在寫這部分時，時間大約是我們的內戰的非常多令人困惱的事持續了幾個月之久，我感受到很大的壓力。一方面，我的大門口有敵人，另一方面則是強盜，他們比敵人更可怕，因爲「他們不是用武器作戰，而是用罪惡作戰。」我一下子就經驗到了各種軍事暴力。

哦，恐怖的戰爭啊！其他的戰爭都是針對外來者，這次則是針對我們自己——用我們自己的毒藥毀滅我們。它本是要壓制暴動，結果卻造成暴動。它本來是意在懲罰不服從，結果自身成爲不服從的例子。它本是用來防衛法律和秩序，結果它反叛自己的法律和秩序。我們的藥帶來了病，要伊於胡底啊？

我的人民不僅遭受即刻的危險，也會遭受未來的損失。活著的人受苦，還未出生的也是。他們——我也是——被剝奪了希望，被搶奪了他們為未來漫長的時間所準備的一切。

只要有人想問我們的騎兵有關他們在這次內戰中的經驗，都會發現，我們所有的一般人民都很有耐性和決心，值得與斯巴達人（Spartans）相比。

我知道有單純的農人，他們的腳底被烤架炙烤，他們的指尖被手槍的扳機壓平，他們流血的眼睛被搓在一起的繩子擠壓出來，就因為他們不同意付贖金。

我看到一個農人，裸身被丟在溝渠中等死，頸子黑又腫——絞索還留在頸部四周，他們把絞索繫在一匹馬的尾巴，整夜拖動著他，他的身體被匕首刺了一百次，不是要殺死他，而是要折磨他和驚嚇他。然而縱使他快要昏過去了，還是忍受這一切，就像他告訴我的，他決定死一千次——事實上他確實如此——一分錢的贖金也不付。然而，他卻是鄉村中最富有的人。

我們曾看到有多少人被燒死和烤死，因為他們隨意接受別人的見解——他們無法陳述這些見解，也無法了解。

除了這種暴力之外，我也遭遇到我的中庸行為在這種病態戰爭中所導致的不幸。我在各方都遭受到剝奪。對貴族黨黨員（Ghibelline）而言，我是教皇黨黨員（Guelf），對教皇黨黨員而言，我是貴族黨黨員。我的房子的地點——我身居新宗教的寶庫和中心——以及我跟鄰人之間的友善表現，提供我一個面向，而我的生活和行為提供我另一個面向。我喪失了其他人對我的深度信任，也喪失了那種把他們結合在一起的利益和宗教的連繫。我又面臨了一種危險：我生活在那些認為所有的事情都合法的人之中。

沒有人正式提告我：只有默默的懷疑心理在人們之中傳來傳去。這在這種遠亂的時代中是不會缺少的，就像嫉妒和空洞的頭腦是不會缺少的。我不幸遭遇到謠言的中傷，而這些謠言通常都顯得很可信，只因爲我拒絕爲我提出的理由辯護或爲自己的行爲辯解。我認爲，爲我的良知申辯會傷害到我的良知。事實上，我不去否認人們的誹謗，我是藉由反諷和嘲諷的自白而修正人們的誹謗——不然就是我完全沉默地坐著，好像事情不値得回應。

有些人認爲這種行爲太高傲，其實他們對我並不仁慈——我是指一些偉人，他們認爲獨立自主是嚴重的錯誤，對那些自知和自重的正義人士很是嚴厲。我的頭時常撞擊到這種柱子。

在這種情況下，如果是一個很有野心或很貪婪的人就會上吊。我不喜愛利得，然而，因偷竊或暴力而對我造成的那種損失，會觸傷我的內心，就像它們觸傷守財奴的心。那種遭受冒犯的感覺，比損失更深深傷害我的心。

數以千計的不幸一個接一個降臨我身上，如果它們匆匆來臨，我會更歡欣地忍受。我考慮了一切，知道我們的黨中沒有一個人像我一樣，爲了護衛我們的法律，付出很高的代價，無論就律師們所說的潛在利得或外顯損失而言。很多勇敢地顯示熱情和忠貞的人，無論以什麼公正的方法衡量，都做得比我還少。我的房子開放著，任何角落都可以自由參觀，並且贏得應有的名聲。所以，要以很公正方式侮辱我，說我住在糞堆，那是很困難的事。

然而，我發現，我的房子是一種不平凡的傑作：它仍然免於被掠奪和流血的災難，儘管我們那個地區已遭受長久的暴風雨所摧殘。我可以說：像我這樣性情的人，是可能經得起任何一致和持續的威脅的。但是，時而一邊、時而另一邊受到侵略，加上我四周所出現的命運的變化和無常，已經激怒了國家的人民，我經常會面對無法克服的危險。

我的哥哥——德・拉・布羅色先生（Sieur de la Brousse）——和我有一天一起旅行，遇見一位男士，外表很令人放心。他屬於敵對陣黨，只不過我當時沒有認出來，因爲他裝出不是敵人的樣子。但是，當我們經過任何忠心的軍隊或進入一個效忠國王的城鎮，這個人就會看起來很絕望和毫無生氣的樣子，於是我終於發現，這是良知的不安。這個可憐的人兒似乎害怕：我們可能經由縫在他的袈裟上的所有十字而看出他的內心。

這種戰爭所帶來的不幸就是，牌重新洗了，你無法藉由語言、衣服或儀態的徵象，來分辨你的敵人，也很難分得清你的敵人和你的朋友。我時常因此很害怕在陌生的地方遇見我們自己的任何軍隊，唯恐被迫說出自己的名字，或唯恐更糟的事情發生在我身上。這種情況在我身上出現了一次：由於這樣的一次誤會，我失去了人馬。其中，我的童僕是我很小心和深情地帶大的一個義大利男孩，他很可憐地遭殺身之禍——一個很有前途的年輕人就這樣消失了。

在離我的房子不遠的穆希丹（Mussidan），我聽到那些被我們的軍隊驅逐的人抱怨背叛行爲。在一次的停戰期間，兩邊在談判，他們遭到了突襲，潰不成軍。如果是在另一個時代，這也許會有要卑鄙的嫌疑。但在今日，武器的實際作爲是另一回事。在條約簽章之前，你是一點也不能相信你的敵人的。甚至在以後，勝利者也會很難遵守諾言。

然而，我時常遇到的情況是：只因我的儀態的緣故，不認識我的人卻信任和信賴我。

有一位鄰居計畫以突襲的方式奪取我的房子以及抓到我。他的計畫是：在沒有人陪同的情況下到達我的大門，要求進來，好像情況很緊迫。

我知道他的名字，有相當的理由信賴他，視爲鄰居和遠親。所以我下令大門爲他開啟，就像我對每個人所會做的一樣。

我發現他處在一種悲傷的驚慌狀態，他的馬在喘氣，吐著白沫。他開始以如下的童話欺騙我：他在大約一里格外的地方遇到一個敵人。我也知道這個敵人，聽過他們兩人的爭吵。由於他遭受突襲，發現自己的力量太薄弱，他就逃到我的大門尋求庇護。他非常爲他手下的人擔心（他說），認爲他們不是被捕了，就是喪命了。

我很天眞地盡力安慰他，讓他放心，讓他的精神振作起來。不久之後，他的四、五個兵士出現，同樣顯得很害怕，請求我讓他們進來。然後更多的兵士，又更多的兵士，達到二十五或三十位之多，都騎著馬，全副武裝，全都宣稱敵人緊追著他們。

這種神祕的事情開始引起我的懷疑。我知道自己的房子可能多麼爲人所嫉羨，並且也記起我認識的人遇到幾次類似的事情。

但我認爲，我開始時都表現得很有禮貌，如果我不把事情做完，就不會有成果。我想，如果我突然改變我的行爲，就會糟蹋了一切。所以我表現得非常自然又單純，就像我經常所做的那樣，邀請他們全都進來。

我發現對方是什麼樣的人，自然就以什麼樣的態度對待他們，不會表示不信任，並且樂於直接投進命運的懷中——我一直認爲，命運比我自己更是我的好朋友。當我遇到危險時，我不是想到要如何逃離，而是想到危險多麼微不足道：就算是生命的結束，又如何？

最後一批的兵士在我的庭院紮營。我的這位鄰居跟我在大廳中，他不讓他的馬進入馬廄，他說，一旦有他所有的手下的消息，他就要離開。他看出自己掌握了情況，只要把計畫付諸行動。

但是，他之後有幾次都告訴我說——且毫不顧忌地重複同樣的說法——我的坦誠和開朗的容貌驅除了他的背叛意圖。

他又騎上馬，那些注視他、等待信號的隨從，很驚奇地看到他騎馬離開，留下毫髮未傷的獵物。

另有一次，我很信賴軍隊所剛宣布的停戰，在國家的一個很危險的地方旅行。一旦有關我離開的消息傳了出去，就有三、四隊人馬從不同的點出發，要去逮捕我。

其中一隊人馬在第三天趕上了我。我遭受十五到二十名騎士攻擊，他們後面跟著一群騎兵。

我被逮捕並被引領到鄰近的森林濃密處，在那兒被迫下馬，財物被洗劫。我的行李被掠奪，我的保險箱被搶走，我的馬和裝備被新的擁有人所分贓。

我們置身在叢林中很長的時間，爲贖金問題爭論著。他們把我估價得很高，顯然不知道我是誰。他們同樣爲我的生命熱烈地爭論著。總而言之，情況足夠讓我知道我是很危險的。

我一直堅持我在停戰的情況下應有的權利，並願意把他們已取走的高價值戰利品給予他們，但不要再付贖金。

經過兩、三小時之後，他們讓我騎上一匹不可能逃跑的老馬，有十五到二十名毛瑟槍兵特別監視著我，我手下的人由其他人監管，我們被以犯人的身分帶走，各自朝不同方向前去。

我離開叢林不到毛瑟槍三、四次射程的距離，他們卻突然很意外地改變心意。我看到他們的領頭人物走近我，講話比較和藹。他們開始在隊伍中尋找我那些被分散的財物，盡可能歸還給我——甚至包括現金盒。但是他們給了我最佳的禮物，那就是我的自由。

到現在爲止，我都不確實知道，他們是基於什麼理由突然且幾乎奇蹟似地改變心意。那本是一種精心計畫的事情，就那個時代而言是非常正確的。一開始時，我就把我的名字和要前往的地方告訴他們。那個表面的領頭人物卸除他的僞裝，把名字告訴我，不斷告訴我說：我之所以被釋放，是因爲我的臉孔，以及我的講話坦誠又自由，他告訴我說：基於此，我不應遭受這樣的虐待。他要我承諾以同樣的表現回報。

上天的恩寵很可能利用我的這種愚蠢特性，爲的是救我的命。我確實知道，由於攻擊我的人給了我警告，所以我第二天才免於更危險的伏擊。領頭人物中有一位仍然在我四周走著，告訴我悲慘的往事；另一個領頭人物在不久以前喪命了。

一五八八年七月十日，我被巴黎的隊長和人民所逮捕。我在盧昂離開了國王，並且才從那兒回來。我住在聖日耳曼區（Faubourg St. Germain），三天前患了痛風。此時德．蓋斯先生（M. de Guise）掌權，把國王趕出城市。

下午三、四點之間，我騎著馬，被押到巴斯底監獄（Bastille）。我被告知，我被逮捕是應爾波夫的公爵（Duke of Elbeuf）的要求，因爲他要報復他有一位親戚，一位諾曼族男人，被國王監禁在盧昂。

母后聽到人民的吵雜聲，並有一位大臣平納德先生（M. Pinard）告訴她說我被逮捕了。於是她向剛好與她開會的蓋斯公爵提出要求。她強力堅持，說服蓋斯公爵釋放我。「商人行政首長」（the Provost of Merchants）和另一位大臣德．維雷羅伊先生（M. de Villeroy），也爲了我做出很大和很不平常的努力。

結果，在同一天晚上大約八點鐘，國王的一位管事，傳達命令給當時巴斯底監獄的典獄長柯雷克先生（M. Clerc），然後我就被釋放了。這是我的第一次牢獄經驗。

我逃過一劫，但我很傷心地想到，這是因爲運氣，有一點是因爲我很謹慎，並不是因爲正義之故。事實上，我活下來，大部分是拜其他人之賜，這是一種很痛苦的負擔。我不喜歡把自己的安全歸因於君王們的大度和善意，歸因於他們喜歡我對於法律和自由所持的態度。我也不喜歡把自己的安全歸因於我的前輩和我自己的儀態令人愉快。

如果我是一個不同種類的人呢？如果我的行爲和我坦誠的言談，剛好取悅我的鄰居或我的親戚，則他們會讓我活著，以回報我——則他們將會說：「我們會原諒他，因爲他在自己的房子的小教堂進行神聖的儀式，顯然我們已經損毀了附近所有的教堂。我們會允許他活著並擁有財產，因為他在緊急的時候庇護了我們的妻子和家畜。」而這一切都會讓我很痛苦。

我認為，一個人應該藉由「權利」和「權威」生活，不是藉「恩賜」或「回報」生活。如果一個人必須表示回報，那他應該藉由一種較好的名義，不是因為這次令人痛苦的戰爭所迫使我必須去表現的行為，並且回報不應該像生命那樣巨大。這會讓我受不了。

有數以千次之多，我在我自己的房子上床時，都感覺到會在早晨之前被人出賣或謀殺。我都跟命運協商：做此事時不要害怕，也不要猶疑。在唸完主禱文之後，我會像味吉爾一樣大聲說：「難道要讓不信神的兵士占有這些新犂的田！」

但我能怎樣呢？它是我以及我的較大部分的祖先所出生的地方：這些祖先給了這地方名字和愛。感謝上帝，我們對於自己所習慣的任何事情都會硬起心腸面對。在肆虐我們的國家的痛苦中，習慣會痳木我們的感官，這是大自然的恩賜。

在這方面，內戰比其他戰爭更惡劣：我們必須在我們自己的門口前保持戒備。如果自己的房子和家中的隱居之處受到威脅，那會是可怕的困境。我所住的地區經常是第一個也是最後一個戰場。和平之神不曾完全閃耀在它身上。

我開始考慮，在我的朋友之中，我可以把自己無助和衰頹的老年信託給誰？我的眼光看看四周，發現自己一無所有。從這樣的高處垂直落下來，應該是落在一個強有力和堅實的朋友的手臂中，但是就算有，這種朋友也會是很少的。最後，我看出，最安全的事是信任我自己。

每個人都跑向別的地方，或跑向未來，因爲不曾有人趕上了自己。有很長的時間，我都勸自己要專心於自己的事，然而，我總是一隻眼睛看向一邊。一個偉人的一個彎身、一個眼光、一句仁慈的話，都會引誘我——然而天知道，在今日，這樣的情況是多麼少見，也是多麼沒有意義。當有人說服我，要把我引進市場會所，我都會拒絕，好像我很不願意。對具這樣精神的人而言，打擊是必要的；我很滿足於打擊之爲必要。

讓我們感謝命運，我們不是出生在一個無男人氣、無益又衰微的時代。有些人如果出生在那樣的時代是不會出名的，但他們出生在這個多難的時代會因爲不幸而出名。

我每次在歷史中讀到往昔的動亂，就會很遺憾自己不是置身在那兒，無法更清楚地檢視這些動亂。現在，我的好奇心提供我一種快感，因爲我親眼看到我們的眾人死亡的不尋常情景。

既然我無法阻止或防止這種情景，我就滿足於置身其中，從其中學習我能學習的東西。

第二十八章

多難的年代

當我的村莊的葡萄樹被霜所摧殘，我們的神父就認定，上帝的怒氣已波及整個人類，食人族已得到好東西。在看到我們的內戰所造成破壞時，我們全都叫出來，宇宙的機器正在破裂，「最後審判的日子」已逼臨。我們沒有停下來想一想：這個世界曾經歷過更惡劣的時代，但甚至在此刻，還是有人正在地球上的數以千計角落中享樂。

我時常在想，雖普遍可看到放縱和逍遙法外的人，卻沒有什麼傷害造成。但是，感覺到冰雹落在頭上的人，卻會認爲整個地球都受到暴風雨所侵襲。我們會在不知不覺中犯這種錯。

但是，只要一個人在自己面前設定大自然的非常莊嚴的偉大影像，就像在一張畫中那樣；只要他在大自然的面向中辨認出那出現在那兒的普遍性和無止境變化；只要他在其中看出：他自己，不僅他自己，而且整個王國，只不過是一隻極細的畫筆所畫出的一點，那麼，只有這樣的一個人才會判定東西的眞正比例。

我們的時代的腐敗是我們每個人個別造成的。那些足夠有影響力這樣做的人，會造成不正義、殘忍、貪婪和專制的現象。較弱的人——我是其中之一——只會造成愚蠢、無用和無益的現象。然而情況似乎是，當大部分人都在做壞事時，什麼都不做的人卻是值得讚許的。至少，我會因爲自己是最不會被究責的人之一而感到安慰。當主要的犯規者在遭責罵時，我會有時間改善自己。我認爲，當重罪很猖獗時，懲罰輕罪是不合理的。

然而，我在不久以前，在法律、正義和法官像現在一樣沒有發揮功能的時候，有一個人，雖然我很尊敬他的名字和對他的記憶，但他卻提出了我不知道是什麼樣的微不足道建議，是要改革我們的衣服、烹調和合法的儀禮。這算是丟給飢餓的人的麵包屑，只顯示沒有完全忘記飢餓的人而已。

有一些人努力要在一個沉迷於各種可恨的罪惡的民族之中，禁止跳舞、賭博以及不禮貌的言談。這些人也是在做前述那個人所做的事。當我們發高燒時，並不適合梳理和打扮頭髮。

但我們的判斷力就像我們的道德一樣生病了。我看到我們時代的大部分機智人物都努力要表現得像聰明的人，其所採取的方式是，詆毀過去時代的勇敢和高貴的功績所閃放的榮耀之光，以卑鄙的方式詮釋這些功績，捏造出愚昧的理由和無益的動機。可眞是冠冕堂皇的精巧舉措！他們沒有想到，如果你向我提及最偉大和完美無瑕的行爲，我也可以合理地爲它配上五十種不正直的動機。天知道，只要你足夠曲解我們的任何一個目的，它就會涉及多樣的意向。事實上，我們的聰明男士們的這種卑下勾當，並不是誹謗，而是行爲拙劣。

請看看，我們在隨意談論神聖的論點時所表現的可怕厚顏，然後，一旦在這些內在的暴風雨中，我們的命運改變了我們效忠的對象，我們會以多麼反宗教的態度拒絕，然後又接納這些神聖的論點。以下這個嚴肅的問題：「一個臣民爲了護衛自己的宗教而反叛他的君王，這是否合法呢？」請回想，這個問題一年前是從哪些人的口說出，其肯定的答案是某一個黨派的支柱，其否定的答案是另一個黨派的支柱。現在請注意，兩個黨派對此事的看法已經換了邊，並請告訴我，他們的武器有否因這種改變而產生較少的噪音和嘎嘎聲？我們活活燒死人民，因爲他們說：我們必須了解事實才能熬過困境。法國人做了多少比這樣說更糟的事啊！

讓我們坦承事實：如果你從軍隊中，甚至從國王的軍隊中，挑選出一些人，他們作戰是純粹出於宗教信仰，或是爲了保護他們的國家的法律，或是爲了忠心服侍他們的君王，那你將無法從他們所有的人之中聚集足夠組成一個連的人。

我明顯看出，基督徒的敵意是最強烈的。一旦我們的熱情對我們的憎惡、殘忍、貪婪和反叛傾向提供助力，它就會導致奇妙的結果。但是，一旦涉及仁慈和節制，我們的宗教就不會飛，也不會走：除非藉由一種不尋常的行爲，以幾乎奇蹟的方式來帶動它，否則它就不會存在。我們的宗教是爲根除罪而建立，結果它反而隱藏罪，滋長它，鼓動它。

我們的人民的爭吵之所以那麼致命，是因爲我們不像我們的祖先那樣對報復有所衡量。我們一開始就訴諸最後的方法。一開始，我們就只喊叫著「殺啊，殺啊！」難道這不是只是懦弱而已嗎？

我們的時代中有很多人，他們希望這種熾烈的熱情，會在一次反抗鄰國的戰爭中耗盡，唯恐那種在我們的國民中肆虐的狂熱之情，會導致我們全面的毀滅。雖然事實上與外國作戰比內戰不具破壞性，但我卻不相信上帝會贊同這樣一種邪惡的計畫，讓我們跟鄰國爭吵，以平息我們自身的災禍。

在如此病態的時代，如果一個人誇口說：他正在使用一種眞正和眞誠的美德爲世人服務，那麼，他可能不知道美德是什麼，且非常可能是這樣，因爲我們的頭腦變得跟我們的心一樣敗壞。或者，就算他確實知道美德是什麼，他的誇口也是沒有保證的。無論他說什麼，他都做了數以千計違反良知的事。

在像這麼危急的狀態中，最值得尊敬的善意徵象是：誠實地坦承我們自己的錯誤以及別人的錯誤；努力抗拒我們的爲惡衝動；如果必須屈服，不要那麼容易就屈服；以及希望和想要成爲較好的人。

我觀察到，每個人都努力要護衛自己的那一方，但是甚至其中最美好的人，在護衛時也會有虛僞和說謊的表現：一個人如果要說出有關自己的黨派的眞話，就必須寫出很嚴厲的文章，並且必須是一個很勇敢的人。最公正的黨派，充其量只是一個腐敗和被蟲所吃的身體的一部分。縱使如此，比較之下，它也是最健全的一部分。人民的美德必須由時間和地方來衡量。

我們可能會沉痛地懷念較美好的日子，但我們並無法逃離現在。我們可能渴望其他權威人物，但我們無論如何必須服從我們現有的權威。

只要這個君權政體的古代和已確立的法律的反光，在土地的任何角落照耀著，我都將會穩固我自己。如果不幸這些法律彼此衝突和阻礙，造成了兩個黨派，讓人無法做明確的選擇，那麼，我的選擇將是悄悄逃離暴風雨。同時，大自然和戰爭的氣運可能會助我一臂之力。

一般性和公正的目標會吸引我，但我會節制，不會很狂熱。怒氣和憎意不屬於正義的範圍。一個知道自己的目標很公正的人，只要不去做出對自己的目標不公正的事情，並且自己不會淪入反叛正義的境地，他就不可能表現不公正的行爲。

就是這一點，使得我能夠到處走動，昂著頭，臉孔和內心都很開朗。說眞的——我也不會害怕坦承——在必要的時候，我會樂於對聖邁可點燃一根蠟燭，對那條惡龍點燃另一根蠟燭。我願意跟著正確的一邊走到火那兒——但是如果能夠避免的話，我不會走進火中。如果必要的話，就讓蒙田落入大眾的崩壞狀態中。但是，如果沒有必要，我會感謝命運免了我此劫。只要責任給了我繩子，我會自認有責任保住繩子。

當國家處於險境時，一個人卻搖擺不定，旁觀著，感情不爲所動，無所偏倚，那是既不好看也不誠實的。那是一種背叛，因爲就國內的事務而言，每個人都必須選邊站。只不過，如果一個人因沒有受命去格鬥而坐著不動，我認爲這種情況在內戰中比在國外的戰爭中更可以原諒——縱使我不會因此原諒自己。

然而，甚至那些參與爭鬥的人，也可能表現得很沉著和莊重，所以可能全身而退。我知道我們之中的一些人儀態是那麼溫和、親切、莊重，在這次戰爭中行爲表現非常得體，不管老天已爲我們預定了什麼結果，他們無疑都會堅如磐石一樣站立。

我們不會每天認爲，責任是源於我們私人的利益和熱情的那種怨恨、勇氣是一種奸詐和惡意的行爲、熱情是對罪惡的欲求。激發這種人的力量不是大義，而是野心。他們趕著去參戰，不是因爲這是公正的行爲，而是因爲它是戰爭。然而一個人卻很有可能對他的對敵表現得很公正和忠心，對他們懷有一種和善的風情，就算不是同情心。他應該泅於惡水中而不在其中抓魚。

在這個多難的時代，我並不會因爲我自己的利益而昧於我們的對敵的那些值得讚許的特性，也不會昧於我們針對對敵的黨派所公正提出的譴責。其他人會崇拜他們自己那一方的所有情況：我不會寬恕我的這一方的大部分情況。我從不會因爲一件好事與我對立，就認爲它比較沒有那麼好。除了問題的最重要、基本部分之外，我一直堅持我的鎮定和穩健，我也爲此而感到自滿。

有些人像大部分人一樣，因憎意和怒氣而無法進行論辯，他們顯示出，他們並不關心共同利益的目標，而是只爲自己的利益著想。我是想看到利益落在我這一方，但如若不然，我也不會怒不可開交。

我誓與以下這種見解不共戴天：「他敬仰蓋斯公爵，因此他屬於『同盟』——他讚賞拿瓦瑞的亨利的精力，顯然他是『新教徒』——他挑剔國王的某些道德，因此他存背叛之心。」我不會允許法官有權利宣告一本書有罪，就因爲它把一位異端分子列爲法國最佳的詩人之一。什麼！我們會不敢說一位竊賊的腿很美嗎？一個女人是妓女，就意味她的氣息很臭嗎？他們要我們所有的人，基於黨派的理由以及根據黨派的見解，成爲瞎子或呆子，要我們的見解不是爲事實服務，而是爲我們的欲望服務。我傾向於另一個極端，非常害怕被我們的欲望所誤導。我可以再補充說：我總是非常不信賴我的希望。

我在我的時代之中看到了奇蹟：人們超容易被別人牽著鼻子走，無論引導他們的人想要讓他們相信什麼以及對什麼懷有希望，他們都會照做。儘管犯了數以千計的錯誤，錯誤一個一個累積，儘管他們遭受數以千計的幻滅，但情況仍然是如此。我主要是在我們的第一個民間黨派中，觀察到了這種現象，但自此之後，另一個黨派出現，模仿第一個黨派，青出於藍。因此我相信，容易受騙和普遍性的謬誤是不可分離的。如果一個人敢於對抗浪潮，如果他不隨波逐流，他就不是某一個運動的一員。至於我，我必須去憎惡太多的人。

在現在正在扯裂法國的戰爭中，那個較美好和比較穩健的黨派，無疑是擁護這個國家的古代信仰和政府的。我厭惡劇變，無論是基於什麼藉口，因爲我看到了劇變所造成的罪大惡極。雖然這許多年以來出現在我們之中的那種改變，嚴格說來並不會造成我們的一切痛苦和崩壞，但這種改變想必會受到譴責，因爲它使得痛苦和崩壞在進行中——就算痛苦和崩壞只是意外地出現，且非這種改變的本意。凡是震動國家基礎的人，當然會是基礎崩坍時最先被埋葬的。造成騷動的人很少會獲得什麼成果。他們攪亂水，讓別人在裡面抓魚。

改革破壞了我們的君權政治的統一性，鬆弛了它的結構，開始了新產生和進一步的罪惡。但是，如果煽動者造成更大的傷害，而保守的一方的模仿者遵循了自己感到很恐怖的壞榜樣，則模仿者會是更加邪惡的。榮譽，如果做壞事有榮譽的話，想必是歸於原來製造事端的人，他們會享有創始作爲的榮耀和勇氣。

如果我們的政府的某一部分變得腐敗，則最好去做修補。但是如果試圖去改變基礎，那就會是改革特殊的缺點而造成普遍的混亂，就會是打開不公義和專制之路，也就會是治病卻致病人於死命。

尤有進者，如果人們建議藉由剔除的方法來改變事情，那他們只是開始工作而已。一種罪惡可能被另一種更嚴重的罪惡所取代。殺死凱撒的人讓共和國陷入一種困境，他們全都有理由悔不當初。這種情況一再發生，甚至在我們的時代也如此。與我國同時代的法國人都可以說出這方面的驚人故事。

然而，當我看到那種壓倒我們的痛苦（其實我們並沒有做錯事！）我並不會立刻認定我們只剩最後一口氣。一個國家的耐性可能非我們所能了解。那是一種強大又有力的東西，它時常會堅持下去，不顧專制、不公正的法律、腐敗的統治者以及國民的放縱和暴動。我們的政府確實生病了，但其他的政府更嚴重，只差沒有瀕臨死亡。我並不會失望。

同時，讓我們跟隨那位偉大的教師伊巴米農達斯（Epaminondas），勇敢地宣稱，有些事情是不會被允許的，甚至在與敵人作戰時也是如此；公眾的利益並不會要所有人的所有東西；一個有榮譽的人並不會因爲剛好在服務他的國王、他的國家以及法律，所以他就可以做任何的事情。

這種理論適合我們的時代。我們不必用鋼製的盔甲來讓我們的心腸硬起來：只要我們的肩膀硬起來就夠了。我們只要用筆去沾墨水，不用去沾血。

我厭惡那個目無法紀的朱利阿斯・凱撒（Juius Cæsar）的瘋狂勸誡：

當劍閃閃發亮時，不要讓有關愛、孝順的想法，或甚至你的祖先的臉孔感動你。如果這些與你衝突，就讓你自己的祖先的血從你的刀刃流下來。（引自盧坎〔Lucan〕）

我們不要讓邪惡、嗜血和奸詐的人以這種理由做爲藉口——讓我們消除這種殘暴和瘋狂的不公，並依從更具人性的榜樣。只因一種行爲有用，就判定它是榮譽和優越的，這是一種很可憐的論點。公正必須淩駕責任之上。

第二十九章

我為何旅行

我喜愛變化，喜愛到處走動。一個人喜歡外國的東西勝過我們自己國家的東西，是人的通性，我也具有這種特性。有些人情況相反，最喜歡他們自己國家的東西，認爲沒有東西會比他們的門口前的世界更美。這種人確實比較快樂，就算他們並不知道這樣比較快樂。我不嫉羨他們的智慧，而是嫉羨他們的幸運。

這種對新事物和未知狀態的欲求，造成了我對旅行的欲望，但很多其他情況也提供了助力。

我很樂於卸下管理房子和地產所帶來的煩惱。我要坦承，支配著某件東西，就算只是一間穀倉，並在自己的房子之中爲人所服從，是很快樂的事。但這是一種單調的快樂，會被很多困惱所干擾：有時是你的房客很窮又咄咄逼人，有時是你的鄰居們之間會爭吵，再者是他們會侵犯你的權利。「或者冰雹毀了葡萄樹，或者雨剝奪了樹的生機，或者陽光炙烤農作物，或者饑荒和冬天帶來災害」（引自霍拉斯〔Horace〕）。總而言之，幾乎每隔六個月就會有一次，你的財產的管理人會抱怨連連，不然就是葡萄收成好但卻幾乎意味著你的穀物毀了。

除了這些煩惱之外，還有古代的例子所顯示的好看但會夾你的腳的新鞋❶。就算外人考慮了各種情況，他們也不會知道，你花了多少心血，才維持著他們在你家中所看到但也許你花了

---

❶ 普魯塔克曾敘述說：有人譴責鮑勒斯．爾米留斯（Paulus Emilius）與妻子離婚，於是他指著自己的鞋子說：「在你看起來，它很合穿，但只有我知道它在什麼地方會夾腳。」

很大代價得來的秩序井然。

無論如何，我不在家時對家所會造成的損害，只要我能忍受，我不見得會拒絕任何離家的機會。反正總是有什麼事情會出錯——憂慮也沒用，或有時沒用但總是憂慮。最微小的事刺傷最深：就像很小的印刷字體，最累眼睛，很小的細節最會讓我們疲累。

我不是哲學家。罪惡會根據它們的力道打擊我，而它們的力道取決於它們的形態，也取決於它們的實質，就算程度不會大於形態。

當我從遠處以更宏觀的角度審視我的事情時，我會發現——也許因為我的記憶力不好——我做的事情很成功，超過我的預期。我會認為我的收入比實際的多，而收入豐富會讓我的眞個性顯露出來。但是，如果我是處於事情的中心，顧及每個細節，則數以千計的事情會引發我的恐懼。

要放棄我的所有事業，對我而言很容易，但要毫無憂慮地專注其中，卻是很困難的。如果你處於一種境地中，什麼事都占據著你的心思，讓你很煩，那會是很痛苦的。我似乎會更自由地享受別人的房子，勝過享受我自己的房子。狄奧眞尼斯被問及最喜歡什麼酒，他回答——就像我會回答的——「別人的酒。」

如果不在家，我就會排除掉所有的這些思緒，對於一座高塔崩坍的擔心，不會像現在擔心屋瓦會掉下來。由於距離的緣故，我的心很容易鎮定，但是如果在家裡，我會像葡萄園園丁那樣敏感：無論是一小部分的馬具歪斜，或一片布帶在我腿上飄動，都會讓我生一整天的氣。我的心可以不去管這些惱人的事，但我的眼睛可做不到。

無論如何，當我旅行時，我只會想到我自己以及花錢的問題。花錢受制於一個單一原則：累積錢是一件複雜的事，我一無所知，花錢我則略懂，也略懂如何去爲我的花錢表現一下——這是錢的主要用途。但是我太單方面地投進金錢之中，結果在兩方面都糟蹋了。當花錢有誇耀的作用、很管用時，我就讓錢不節制地滾動，當花錢沒有炫耀作用或不會讓我感到高興時，我則同樣不節制地扮演吝嗇鬼的角色。

對我而言，旅行的壞處只在於花費。花費會很大，超過我正常的收入，因爲我習慣以不僅必要且也堂皇的方式旅行。因此我只好減少旅行的次數和時間。我在旅行上的花費，只能占收入中的一小部分，還必須等收入累積到一定的程度。我不想讓出國的快樂破壞我以後待在家中的快樂。

在我旅行途中管理我的錢包的人，可以充分和自由地控制它。在算帳時，他雖會以巧妙的方式欺騙我，但是，除非他是一個魔鬼，否則我會藉由對他完全信賴而強迫他誠實。我防範我的僕人最常用的方法是：不去知道他們做什麼。我寧願他們在每兩個月終了時來告訴我說我已花了四百金幣，也不要他們每個晚上都在我耳邊大聲說我花了三個、五個或七個金幣。

這樣子，我被騙的情況就不會比任何人嚴重。你應該爲你的僕人的不講道德或厚顏留下餘地。如果你大體上有足夠的錢來達成你自己的目的，那就讓財神稍微支配多出來的錢——是零零碎碎的部分。畢竟，我會看重人的誠實，但不會更看重他們可能對我造成的傷害。

另一個引誘我去旅行的情況是，我們的公共事務處於很可悲的狀態中。就公共利益而言，我會很容易妥協於這種腐化，但一旦涉及自己的利益我就不會妥協。

由於內戰造成長久的放縱狀態，我的地區在暴亂中變得很老舊，但社會組織卻沒有崩壞，這可眞是奇蹟。我會看到不只一種行爲，或三種行爲，或一百種行爲，而是普遍和一般的行爲，都是那麼可怕——尤其是在不人性和奸詐的表現方面——所以，每次想到，我都會嚇得驚退幾步。

我對這些邪惡的行爲感到很驚異，一如我對它們很厭惡。它們證明了一種心態，其精力充沛的表現，一如其具無政府傾向又遭受到誤導。危急狀態把人結合在一起，把他們組織起來。這種盲目結合會在之後於法律之中變得很神聖。有些法律很野蠻，人類能想像多野蠻，就多野蠻。但這種法律卻把國民結合在一起，讓其生命很長久又強有力，一如柏拉圖或亞里斯多德的完美狀態所能創造的那樣。

我有時努力要藉由冷漠和逃避行爲來強化自己，面對情況：這兩者也能讓我們處於一種決毅的狀態中。我把自己籠罩在暴風雨中。竊賊和強盜，就他們的本性而言，並不會特別懷恨我，我也不會懷恨他們，否則我會窮於應付。

事實上，我對公開和光明正大的敵意的憎惡，不會像我憎惡隱藏和奸詐的敵意那樣強烈——我對穿著鋼盔的敵人的憎惡，不會像我對穿著法官衣袍的敵人那樣憎惡。殘忍、不忠心和劫掠一旦隱藏在法律的掩護之下，就會更加邪惡但安全。現在，發燒所襲擊的身體，幾乎沒有變得更嚴重。倒是火已經在內心肆虐：它只是突然變成可見的火燄。恐慌更加嚴重了，罪惡幾乎不然。

當人們問我爲何旅行，我通常會回答：「我不清楚我在尋找國外的什麼，但我非常清楚我在逃避國內的什麼。」如果他們告訴我說：國外地方很容易陷入一種令人苦惱的情境，跟我們自己的國家一樣，那我就會先回答說：這是很難相信的，其次我會回答說：已知的弊病交換不確定的弊病，倒是一種收穫——何況，其他國家的弊病，不會像我們自己的國家的弊病那樣可能對我們造成沉重的壓力。

然而，有一點我卻不能不講。無論我多麼嫌惡法國，我卻無法不以深情的眼光看著巴黎。從我最早的年輕時代起，我就爲它傾心。我越看到其他美麗城市，就越喜愛巴黎的美。我愛它的本身，愛它自然的優美，勝於愛它外來的裝飾。我柔情地愛著它，甚至伸延到它的汙點和瑕疵。唯獨這個傑出的城市讓我成爲法國人：它的人民傑出，它的美好的所在傑出，但尤其傑出和無與倫比的是，它所展示的多樣性——這是法國的榮耀，也是世界最高貴的裝飾之一！願上帝不要讓內戰的火延燒到它的大門！只要它撐得住，我在陷於絕境時就不會缺少一處避難所。

命運之神大肆把苦惱加諸我身上：它打斷了我們這個傑出的城市之中美麗的「新橋」之建造，讓我無法在死前看到它的啟用。

並不是因爲蘇格拉底說了，而是基於我自己的見解——而我也許太熱烈地堅持著這個見解——我才把所有的人類看成我的同胞。我接納波蘭人，就像我接納法國人，並且我喜歡人類的共同連結，勝過所有的國家之連繫。

我不會固執於我自己的本鄉的芬芳空氣。新朋友以及我自己選擇的朋友，至少跟我們因必要和機會而結交的鄰人朋友一樣有價值。我們自己所選擇的朋友，一般而言比因血統和地緣的緣故而結交的朋友更眞實。我想，我不會變得那麼老朽，那麼心胸狹隘地習慣於自己的國家，而致讓自己的國家戕害我的生命——就像蘇格拉底的情況——我是會去過放逐的生活的。這對於一個認爲整個世界就是自己的城市的蘇格拉底而言，是一種特殊的想法。但他卻輕視旅行，腳步幾乎不曾踏出阿提卡之外。

除了這些理由之外，我認爲旅行是一件很有利的事情。就像我時常說的，生命中最好的一座學校，就是要去接觸其他生活方式，品嚐人性的無止境多樣性。

旅行不會讓身體荒廢，也不會讓身體工作過度：持續但不過度地使力，會使身體處在標緻的狀態中。儘管結石很痛苦，我卻可以一次騎馬八小時到十小時，不用下馬，也不會疲倦。天氣狀況不會困惱我，除非陽光炙熱（我發現，陽傘會讓人的手臂疲乏，不會保護人的頭部）。我跟鴨子一樣喜愛雨和泥濘。空氣和地緣的改變從來不會影響我：所有的天空都是一樣的。

但是除了騎馬是例外，我憎惡各種旅行的方法——無論是在城鎮或鄉村都是如此。我無法忍受坐馬車、轎子或舟船很長的時間，年輕時更是如此。我對馬車的忍受度會比轎子好一點，基於同樣的理由，對於怒海行舟的忍受度會比靜海行舟好一點。槳在我們下面撥水、輕推著時，我發現，不知怎麼地我的頭和胃都會很不舒服——同樣的，我也無法忍受搖晃的轎子。如果是由船帆或水流穩定地帶動前進，我就不會有問題。但是如果移動被打斷了，特別是在速度很慢時，就會讓我措手不及。醫生提出解方，要我在肚子下方緊繫一條毛巾。但我不曾嘗試過，因爲我習慣與自己的病爭鬥，自己去克服它們。

我想我是在普魯塔克的作品中讀到：恐懼會引起暈船。雖然我很容易暈船，但我知道，恐懼不可能是原因。我在海上從不會害怕，在任何其他危險中也不會——我已經歷過足夠多的危險，如果死亡也是其中之一，我可以滿足了。就我經歷的所有危險而言，我都勇敢面對，眼睛也不眨一下。事實上，一個人必須有恐懼的勇氣。我不會認爲自己足夠強壯，可以忍受恐懼的力量和撼動。一旦我被恐懼所征服了，我就永不會再毫髮未傷站起來。我不會恢復常態了。無論何時洪水沖斷堤岸，我都會大剌剌地躺著溺水，無藥可救。但是上帝根據我的毛衣情況送來冬天，根據我承受情緒的力量送來情緒。由於我身體虛弱，大自然讓我變得不易動感情，或者說：讓我變得很遲鈍，如果你允許我這樣說。

只有我自己所產生的內心騷動，才會讓我感到困擾，而我在旅行時，會比較不會出現這種情況。我很難動身，但一旦我上路了，我可以像最棒的人一樣堅持下去。

我會爲了到鄰居家短暫一遊，而費心做準備，就像要進行最長的旅程所做的那樣。我已學會以西班牙人的方式旅行：持續騎馬一整天之久。在極熱的天氣中，我會從日落騎到日升。另一種方法——在路邊休息，匆匆狼吞餐食——是最不方便的，特別是天數很少的時候。馬匹如以我的方式進行，會表現得比較好：只要一匹馬第一天能夠熬過，我就不會崩潰。我會在任何可能的地方讓牠們喝水，只要前面的路可以解決牠們的喝水問題。

我在早晨懶得起床，讓我的同伴有時間自在地進食再出發。至於和自己，我再怎麼晚吃飯也不爲過；要坐在桌旁時，我才會餓。

我的一些朋友會批評我對旅行的這種持續的喜愛，因爲我已婚，且年事已高。但他們錯了。離開你的房子的最佳時間是：當你已經把房子整理得井然有序，沒有你也會運作得很好。

至於婚姻的感情義務，有些人認爲，不在家會弱化這種義務，但我的見解不同。婚姻這種關係，很容易因爲太頻繁和不懈的陪伴在旁而變冷：陌生的女人會顯得很迷人。旅行造成的中斷，會讓我內心充滿對家庭的新鮮情愛，讓我更加喜歡我的房子。我知道，友誼有足夠長的手臂，從世界的一端伸到另一端，特別是婚姻的友誼，在其中，永恆的義務之相互作用會激起感激和記憶。

當我離家前往羅馬時，我仍然會支配我的房子，保有我留在家中的舒適品。我會看到牆壁出現，樹長高，而收入跟在家時多多少少是一樣的。如果我們是要享受我們所能碰觸到的東西，那麼就跟鎖在保險箱中的錢說再見，就跟參加狩獵的兒子說再見。

我們不會在婚姻中答應要彼此綁在一起。妻子不應眼睛貪婪地緊盯著丈夫身體的前面，一旦看到丈夫有必要背對著她，她就不能忍受。毫不饜足地渴望在眼前看到身體，就暗示我們對於心靈的享受有點欠缺。

「但是，以你的年紀而言，這樣的長途旅行，會永遠回不來的！」「又怎麼樣？我出發並不是爲了要回來。我想做的只是，只要我喜歡動起來，就讓自己動起來。我是爲旅行而旅行。我的行程可以在任何的點喊卡：每一天都有它自己的終點。我的生命旅程是以同樣方式進行。說眞的，我在旅行中所會發現的唯一不愉快是，我無法在我喜歡的地方永遠停下來——我必須經常想到回家，在常軌中安頓下來。」

如果我害怕死在不是我出生的地方，如果我認爲死在遠離家庭的地方，會較不自在，那我就會很害怕踏出我的教區了。我覺得死神永遠待在我的喉嚨旁——或勿寧說待在我的生殖器官旁。但我天生不是那樣的；無論死神在什麼地方趕上我，它都是同樣的死神。

如果我可以選擇的話，我會寧願死在馬鞍上，而不是床上——離開我的房子，遠離我自己的人民。與朋友分離，傷心多於欣慰。這是友誼中唯一不愉快的情緒表現，我會很樂於放棄那種偉大和永恆的道別。

讓我們快樂地活在朋友之中，但讓我們凋萎以及死在陌生人之中。一個人總是可以找到另一個人，花一點代價，把枕頭靠近、摩擦雙腳。

此外，如果你預期自己臨終的時間會拖很久，也許就不應把病痛的重擔加諸家人身上。有誰不會終究因此而很厭煩呢？我的家人已經習慣聽到我因結石而呻吟，他們不再會去注意了。雖然我們也許可以享受他們的談話，但是長久持續濫用他們的耐心，難道不是太過分嗎？我越看到他們基於好心而勉強幫助我，我就會越同情他們。衰老在本質上是孤獨的，我會樂於推薦威尼斯做爲安養衰老之年的地方。

「但是，在這樣的旅行中，你會在一個很糟的小地方病倒，在那兒什麼都沒有。」關於這一點，我會隨身帶著所有的必需品；何況，如果命運之神已經爲你設下了一個陷阱，你是逃不了的。

我生病的時候，不會有異常的需求。如果大自然幫不了忙，我就不會要求藥石。我對律師的需求不會多於對醫生的需求。我站著時所沒有做的事，別人就不要期望我在躺著時會做。

我坦承，我在到達客棧時，幾乎都會想到，我是否會在那兒病倒、自在地死去。我經常在房子的隱密地方選擇我的住處，遠離噪音、臭味與黑煙。我想要讓我的死亨有生的舒適。

至於我的一般住處，我不要求排場或廣闊空間——事實上，我很厭惡這樣。我勿寧是想要一種清淨的單純，可以見到它的地方通常是，人爲成分較不明顯而大自然會提供完全屬於它的優雅情境。

就此事而言，只有那些必須在隆冬時穿過格里松州（Grisons）的人，才會認爲那是非常不舒適的。我這個爲快樂而旅行的人，會訂出比這更好的路線。如果左邊的路不好，我就選右邊的路；如果我不喜歡騎馬，我就待在原來的地方。如此，我都會遇見跟我自己的家一樣令人愉快和舒適的地方。眞的，我總是發現多餘的東西確實是很多餘，甚至會注意到「豐盛」和「奢侈」是有缺點的。

如果某個風景沒有看到，我會折回去，它會仍然在我的旅途中。我不走已定的路線，無論是彎路或直路，如果我沒有發現我預期在一個地方所要發現的風景，我並不會抱怨自己白費工夫，因爲我至少知道有什麼情況是不眞實的；我發現大部分的敘述都是錯誤的。

我的品味和體格都跟任何人一樣很有彈性。外國人的習俗對我的影響，只在於快樂的多樣而已：我發現，每種習俗就其自身而言都是正確的。無論盛食物的盤子是白鑞、木頭或陶土製成，無論肉是用烹煮或用烤的，熱的或冷的，無論送來的是奶油或普通油，堅果或橄欖——全都一樣。事實上，我很寬容，至少我在老年時都希望自己不要如此寬容，這樣我才能夠講究，足以控制我的胃口，如此也許有利於我的消化功能。

我不在法國時，人們禮貌地問我是否希望以法國方式進餐，我都會笑他們，並且總是坐在外國人最多的那一桌。

我很慚愧看到我的同胞執著於一種荒謬的想法：基於責任，他們必須挑剔每一種與他們的習俗不一樣的習俗。他們一旦離開自己的村莊，似乎就會不得其所。無論到什麼地方，他們都會堅持自己的生活方式，爲所有外國的生活方式而悲嘆不已。

如果他們在匈牙利遇到一個法國人同胞呢？多麼奇妙的幸運啊！他們會手牽手，成爲忠心朋友，花時間去詛咒在四周所看到的一切。某件事不是法國式的，所以不是很野蠻嗎？他們中最聰明的人，是那些可以發現最多事情讓他們嗤之以鼻的人。他們之中大部分人出國，只是爲了回國。他們在走路的時候，都不講話，顯得很冷淡，十分保護自己，免於受到未知的空氣所感染。

相反的，我旅行的時候，就像是受夠了法國人似的。我不會到西西里（Sicily）去尋覓法國的加斯孔人（Gassons）——我在國內已看夠了。我發現，幾乎所有的外國習俗都跟我們自己的習俗一樣美好。但我不曾到很遠的地方——幾乎不遠於我的風標所能測到的距離。

至於其餘的，你在旅行時所偶然遇到的同胞，大部分都討人厭而不是令人愉快的。不是你要忍受他們，就是他們要忍受你——兩者都很煩人，只不過我認為後者比較煩人。所以我都會避開他們，特別是我年紀大了，有藉口不用遵守一般性的禮貌行為。

很難得會有幸發現一位很有判斷力、儀態宜人的人，樂於陪伴著你。我多麼想念我在旅行中所發現的這樣的人！除非我能傳達快樂，否則我無法體驗快樂的滋味。如果我心中出現一句妙語，卻只能自己品味，那會很懊惱。

然而，置身在討人厭的人之中，還不如獨處。亞里斯提普斯（Aristippus）習慣到處都以陌生人的身分生活著。我會選擇在馬鞍上度過一生。

「但是，你在國內難道沒有更快樂的消遣嗎？你可能在什麼地方過著沒有困惱的生活呢？如果像你這樣的人在國內無法很快樂，那又有誰能夠呢？又能夠在什麼地方發現呢？難道你沒有看出來，你的所有困惱都在於你自己？不管你到什麼地方，你的自我都會緊跟著你，會永遠在抱怨？你必須改進你自己——只有這件事是你做得到的！」

很正確，我是說這種忠告，我十分同意。但這種忠告可以用一句話來總結：「要明智！」這種心態是智慧的作用和成果。如此，一個醫生不如命令一個病人說：「要好起來，」

而不是對他叫著說：「要高興！」

我只是一個很平常的人。「滿足於你的所有吧，」這是很棒的忠告。但我無法聽從這個忠告，就像世界上最聰明的人也做不到。我非常清楚，務實來說，我在旅行中的快樂證明我的不安和不果決。我也非常清楚，事實上，這兩者正是我們的普遍和顯著的特點。然而，我卻看不到我所會願意堅持的事情，甚至在我的夢想和願望之中也看不到。只有「多樣」會滿足我——如果確實有任何事情能滿足我。

我會憎惡「必然性」所切好、放置在我的餐盤上的食物。任何的舒適，無論是什麼舒適，如果我必須只依賴它，它都會讓我作嘔。沒有什麼繩索可以綁住我。

你會說：像「旅行」這樣的消遣，會具有虛榮的成分。有什麼事不會有虛榮的成分呢？所有的這些美好的箴言，以及智慧，都是虛榮。這些精巧的事物只適合講道之用——以便把行李打包好的我們送到另一個世界。

但是，生命意味著生理和物質的動態——就其本質而言是不理性和不完美的。我的本分是依據生活的條件去生活。

第三十章

在德國與義大利

一五八〇年六月二十二日，我出發到德國和義大利旅行。

在途中，我參與拉．費赫城（La Fère）的圍城之戰。八月六日，我的好朋友德．格拉蒙特（de Gramont）先生在那兒因三十四天前被毛瑟槍射傷而去世。

如果你問一個人：「你爲何來參加這次圍城之戰？」他會說：「榜樣發揮影響力，加上對我們的君王的普遍服從。我不會期望從其中獲益。至於榮耀，我幾乎不知道它如何可能照耀在一個像我這樣平凡的人身上。我對此事既沒有熱情，也沒有怨言。」然而，第二天，你卻會看到他完全是另一個人——沸騰著怒氣，臉發紅，在戰爭正酣時堅守自己的崗位。是盔甲的閃亮、我們的大砲和戰鼓的火花與隆隆聲，把這種憎意和精力注入他的血脈之中的。可眞是愚蠢的理由，你會這樣告訴我。理由嗎？我們不必要理由來煽動我們的心：一種沒有實質或意義的無根據幻想就足夠了。

我跟幾個其他朋友把德．格拉蒙特先生的遺體運到索伊松斯（Soissons）。我在經過的每個地方都觀察到，僅僅送葬隊伍所透露的嚴肅氣息，就喚起了旁觀的人的傷心之情和眼淚，其實他們並不知道死者的名字。

在波蒙特（Beaumont）地方，德斯提沙克先生（M. d'Estissac）加入我們的行列。陪伴他的有另一個男士、一位貼身男僕、一匹馱騾，以及一名步行的趕騾人和兩名侍從，跟我們自己的一群人數自相同——包括我的弟弟德．馬特科隆（de Mattecoulon）先生。他們會自己付他們的那一部分花費。

我們九月五日從波蒙特出發，不停地繼續前進，到位於馬爾尼河（Marne）上的美麗城鎮毛克斯（Meaux）進餐。從巴爾—勒—杜克（Bar-le-Duc）開始，里格（league）數的量法跟在加斯孔一樣，在接近德國時越來越長，最後變成這裡的三倍❶。

從九月十六日到二十七日，我們待在位於洛林（Lorraine）和德國邊界上的普隆畢赫斯（Plombières）。我每天早晨都喝水，並洗了五次溫泉。我們住在「天使」，是最好的旅棧，因爲方便洗兩個溫泉。我們的套房雖然有幾個房間，卻是一天才幾分錢，還有燃火的木頭。在這個地方，旅棧的女主人是第一流廚子，但酒和麵包並不好。人民很好：坦誠、明智又慇懃。

應我的女主人的要求——基於國家的習俗——我在離開的時候送給她一個盾徽，是我花了一個金幣請城裡的一位畫家用木頭刻出來的。這個女主人很小心地把它黏貼在房子外面的牆上。

我在旅行中幾乎看遍了基督教地區所有之名的溫泉，並且有幾年的時間使用這些溫泉。我認爲，泡溫泉本身是很健康的。我們並不像以前的人習慣每天泡溫泉，這樣反而不利。至於有礦物質的溫泉水，很幸運，我能夠把它們喝下去，不會感到厭惡。它們是天然又簡單的治藥，就算沒有好處，也不會有傷害。然而，我卻不曾看過某種不尋常或奇蹟似的治藥。研究報告經常告訴我說：這樣的報導是沒有根據又虛假的。

---

❶ 請參閱拉伯雷（Rabelais）《巨人傳》第二卷第二十三章有關這種加長的里格的說明。

如果訪客不維持快活的性情，則在這種勝地遇見同伴時的快樂感覺，以及散步和運動，就會失去很多的效果。基於這個理由，我所選擇的溫泉地，位置都最適合，提供了最佳的住所、食物和同伴，諸如法國的普隆畢赫斯（Plombières）、巴格尼赫斯（Bagnères），瑞士的巴登（Baden），以及義大利的盧卡（Lucca）和德拉．維拉（Della Villa），這些溫泉地我在不同的季節都常去。

離開普隆畢赫斯（Plombières）後，我們經過一處多山的地方，噠噠的馬啼聲迴響著，好像它是一個空曠的地方，發出如戰鼓的隆隆聲。

我們在赫米蒙特（Remiremont）吃晚餐，住在設備不錯的「獨角獸」旅棧——事實上，洛林（Lorraine）的所有城鎮都提供比在法國所能發現的更好的住所。這裡的那間有名的修道院中那位年紀最大的修女，詢問我普隆畢赫斯的情況，很好心送了我洋薊、松雞和一桶酒當禮物。德斯提沙克先生（d’Estissac）和我在一到達就去造訪修道院。修女們委託我們辦理她們在羅馬的事務。

在桑格這個骯髒的小村莊，是人民說法語的最後一個地方。我們在這裡穿上所需要的亞麻罩衫，下到礦坑中。這座銀礦屬於德．洛林（M. de Lorraine）先生，範圍達整整兩千英步，深入一座山的中心。

巴色爾（Basel）是一座很好看的城鎮，大小跟布洛伊斯（Blois）相同，萊茵河（Rhine）在這裡穿越而過，上面有一座寬闊的木橋。一位城鎮的官員送酒給德斯提沙克先生（M.

d'Estissac）和我，我們感到很榮幸。我們坐在桌旁時，這位官員發表很長的談話，我也以相當長的談話回應。我們兩人都沒戴帽，面對著幾個住在我們的客棧的德國人和義大利人。主人充當譯員。這個地區的酒很好。

我們在這裡看到很多有學問的人，諸如格利紐斯（Gryneus）、《劇場》（*Theatrum*）的作者、佛蘭西斯・霍特曼（Francis Hotman），以及醫生費利克斯・普拉特魯斯（Felix Platerus）——他的房子是我看過的裝潢最精緻的房子。後面這兩位男士在我們到達後的那一天來跟我們吃晚餐。從他們所說的話看來，我認爲這個地區的人在宗教方面的見解並不那麼一致——有些人自稱是斯文利教派信徒（Zwinglians），有些自稱是喀爾文教派信徒（Calviuists），還有些人則自稱是路德派教徒（Lutherans），有些人內心仍然是天主教徒（Roman Catholics）。處理聖禮的形式，是我們的談話的共同話題，每個人都隨心所欲發言。我們造訪了位於河岸的一座很棒的公共圖書館。

在鄉村的這整個地方，從爾匹諾（Épinal）開始，甚至最小的小屋也有玻璃窗。在大房子中，窗框雕刻得很細緻，房子全都很舒適，都有裝飾。他們有充足的材料，有優秀的藝匠，讓他們能夠做到這點。在這方面，他們勝過我們多多。

尤有進者，在每間教堂中，無論多麼小的教堂，都有很好看的鐘和日晷。他們同樣精於製造磁磚，他們的房子都貼著磁磚，用鉛焊接，圖樣多變，房間地板的材料也一樣。

他們的爐子最乾淨不過了，是陶製的。在木製品方面，他們主要用松木，木匠的技藝極精。甚至他們的桶也多少有雕飾，通常都經過油漆、上了釉。

公共餐廳寬敞且設備齊全。在一個餐室中時常會有五、六張餐桌，四周都有長椅，所有的住客和客人都坐在桌旁一起進食。最小的客棧也有兩、三間這樣的房間，設備很好，有窗子提供亮光，但除了窗玻璃之外，並沒有防潮和防風的措施，並且窗子在夜晚時很少開著。

他們吃飯的方式跟我們十分不同。他們從不在酒中混水。他們這樣是對的，因為酒很淡，我們認為比我們的稀釋過的加斯孔葡萄酒還淡，然而味道很順口。僕人和主人同桌吃飯，或者同時在鄰桌吃飯。一個僕人就足於服務一個大桌子的人，因為每個客人右邊都有自己的銀製酒杯或普通杯子，而服侍的人只要在杯子空時倒滿，不用拿走。酒是裝在長喙的白鑞或木製容器中。

至於食物，他們每道菜只有兩、三盤。他們是很優秀的廚師，特別是在魚方面。他們用幾種肉烹調成可口的燉肉，但跟我們的不一樣。他們用萊菔和烤豆跟肉一起煮，特別看重喇蛄，經常把一盤喇蛄放在桌子上，用蓋子蓋著，做為一種特別的榮譽表徵，為了進一步彰顯它，客人會彼此把它傳來傳去，其他的菜他們並不會這樣做。

盛菜的盤子有時是一個個疊在那些腳很長的鐵架上，有幾層之多。這樣，僕人就不必把盤子傳來傳去；由於桌子很大，這會是很費勁的工作。一道菜吃完後，架子就移走，送來另一個架子：這種過程會重複六、七次之多。

甜點送來之前，一個由柳條編織或由油漆過的木頭製成的大籃子，會放在房間中央。一旦最後一個菜盤移去了，客人就把他們自己的盤子丟在這個籃子中。地位最高的人先丟，其他人依次進行。然後僕人送來甜點，通常是兩盤。

餐前或餐後都沒有提供盥洗用的水。但每個人可以隨自己喜歡使用總是可以在房間角落發現的盥洗盆，就像在我們的修道院的情況一樣。大部分的器具都用木頭製成，經過磨光後，達到最平滑和乾淨的程度。有些客棧把白鑞盤放在木盤上，一直到上甜點時，然後就剩下木盤了。

由於他們是鐵製品方面的精巧工人，所以大部分的烤肉叉都在發條上旋轉，或由重力旋轉，就像鐘錶的機械。但有些烤肉叉是藉由一種木帆來驅動，很大又很輕，放在通氣管中，由氣流來運作。烤肉的時間很長，輕輕烤著，確實會變得有點過乾。

最簡便的一餐也要花三、四小時，因為他們吃得比我們慢，也比較健康。食物豐盛，擺滿桌。價錢大約跟巴黎附近一樣，他們讓馬吃燕麥，多得都吃不完。

然而，他們對食物的注意，似乎超過任何其他東西。他們最不重視臥房。床上有幕簾，一個房間有三、四個床，邊靠邊立著。但並沒有壁爐，只能到公共爐子那兒去取暖。不曾聽說別的地方有暖氣設備。進廚房被認為是最不禮貌的事情。

我們認為的臥房必須品，到處都很不足。能夠有一張白色床單算是很幸運了。那是什麼床單啊，無法蓋住枕頭。其實，平常蓋的被是一種薄薄的羽毛褥墊，並且髒得不像話。但是，他們所有的家具、天花板和地板都磨得很亮，一塵不染。床都很高，一般而言要由階梯爬上去。

他們的街道比我們的街道寬闊，空氣較流通，他們的廣場較大，窗子上了很多釉。幾乎每個地方，房子的外面都油漆，貼著紋章和其他徽章，很是悅目。尤有進者，所有的城鎮都有很多很大的裝飾噴泉，很顯目地把十字路口彰顯出來。基於所有的這些情況，他們的城鎮比法國的城鎮更美。

在我看來，瑞士婦女的平常穿著和我們一樣整齊、得體——甚至頭飾也是如此。她們的頭飾包括一頂在前面和後面翹起來的女帽，裝飾著簇簇的絲或花邊。她們的頭髮綁成很大的辮子，垂在後面。如果你開玩笑拿下她們的女帽，儘管會暴露出頭部的整個前面部分沒有頭髮，但她們並不會生氣。不同的階級之間，衣服並沒有很大的區別。對女人的行禮模式是：面對她們吻著你自己的手，做出觸碰她們的手的樣子。鞠躬和脫帽不會引起對方的反應。女人一般而言都很高，很好看，膚色很美。他們是心地仁慈的人民，特別是對迎合他們的生活方式的人更是如此。

我遵從他們的習俗，唯一不方便的地方是，他們的餐巾很小，六平方吋，吃飯的時甚至不打開來。不過他們有很多種的湯和調味料。無論如何，他們經常提供客人銀柄的木湯匙。所有的瑞士人都用小刀取用食物，所以他們很少把指頭放在盤子上。

我們不久就習慣了他們的火爐的熱氣。無論如何，你的臉和鞋子不會被燒到，也不像在法國一樣被煙嗆到。在國內時，我們進入房子時必須穿上毛製晨衣，但在這裡剛好相反，人們會脫下大衣，沒有戴著帽子進屋。

一個很大的缺點是，無論你多麼努力，都無法從本地人口中探知，某一個地方有什麼東西值得看——除非你遇見一個頭腦比平常人靈光的人。例如，我們在巴登待了五天，儘可能去探詢，然而在離開時卻一點也無法去探知我們所看到的那東西是什麼：一塊跟人一樣高的石頭，與公路毗鄰，上面有拉丁語銘文。我一點也不知道它的意思，只知道它是獻給內爾瓦（Nerva）和特拉然（Trajan）兩位皇帝。

在德國南部的林滔（Lindau）附近，人們種植很多白菜，把它們切成很小的片片，加鹽放在桶中，整個冬天都吃這道菜。我在這裡試著蓋羽毛褥墊，覺得暖又輕。在這個地區，也許除了床之外，確實沒有什麼好抱怨的。然而，如果你帶來自己的床墊——這裡沒人知道床墊——以及床簾，那就不會有這種缺點了。

至於吃的和喝的方面，他們會給你很多樣東西，會有很多種菜，包括湯、肉、調味料和沙拉，遠比在法國還多樣。有一種湯用米製成，有時用別的東西，所有的客人都可以自取共享，在較好的旅棧中這種湯味道很美，我們都懷疑，法國貴族的廚房是否可以提供同等的東西。我們不曾吃過那麼嫩的肉，是配上了燉梅乾，以及梨子和蘋果餡餅。他們的麵包用茴香子、蒔蘿子或其他味道濃烈的熱種子提味。吃完飯後，桌子上會放置一杯杯滿滿的三、四種飲料，客人可以非常隨心所欲地解渴。

我在旅途中只有三件事讓我感到困擾：首先，我沒有隨身帶著一個廚子，以學習不同的烹調食物的方法，可以在回國後向朋友證明德國在這方面的優越之處。其次，我沒有在開始時就雇用一位德國侍僕，可贏得一位德國男士的友誼——因爲在生活中任憑一位笨頭笨腦的導遊所擺布，可眞是惱人啊。最後，我沒有在出國前先閱讀一些書，了解要看什麼最美好的東西，或者說沒有隨身帶著一本曼斯特（Munster）的《宇宙誌》（*Cosmography*）。

是的，我的判斷可能因爲我對自己國家的強烈輕視——源於其他原因——而有偏差，但可以確定的是，我比較喜歡我在德國所發現的事物，遠勝過法國之中的事物。其實，我很適應這個國度的習慣，跟著喝純粹的酒——只是不曾比平常喝得多。

德國南部的東西比法國貴，但有一個優點：他們會立刻告訴你價錢多少，不多也不少，你很少會討價還價。人民很虛榮、脾氣暴躁、耽於喝酒，但他們不會成爲叛徒，也不會成爲竊賊。

在被認爲是德國最優美城市的奧斯堡（Augsburg）中，我們所發現的第一件新奇事是，人民很喜歡乾淨。我們到達時，發現我們的客棧的樓梯都蓋著布，讓我們走在上面不會把樓梯弄髒，並且樓梯都洗過、刷過——每個星期六都這樣做。

我們不曾在所進入的一間房子中看到髒東西或蜘蛛網。有些房子有窗簾可以拉起來。你在他們的臥室中很少看到桌子，除了一張摺疊式的桌子用鉸鏈連接在床上。在很多地方，他們會在床邊的牆上掛著布簾，是爲了不讓人們吐口水弄髒牆。他們的窗子之所以那麼明亮，是因爲窗框是可以移動的，讓他們可以不斷清潔和擦亮窗玻璃。他們用固定在棍子末端的細毛刷子撢掉玻璃器皿的灰塵。

某一個星期天，我造訪奧斯堡（Augsburg）的幾間教堂，在為數眾多的天主教教堂中發現以美妙的方式進行的禮拜。路德教派教堂有六間，一共十六個牧師。

我們在這裡沒有看到一個漂亮的女人。她們的衣服大為不同。但是要在男人中區分貴族很難，因為所有階級的男人都戴天鵝絨帽，身邊佩著一把劍。

我們住在一間名為「菩提樹」的客棧中，鄰接福傑家族的華廈，這座華廈以青銅為屋頂。這個家庭一個幾年前去世的成員，留給繼承者兩百萬法國金幣。一般而言，房子比起任何法國城鎮的房子都較大、較高、較好看，街道也較寬。

飯後我們去看劍術比賽。他們為此建了一座很大的公共廳堂。進去看比賽必須付錢，就像進戲院一樣，還要付座位的費用。他們用的是匕首、雙柄劍、鐵頭木棍和雙刃短劍。之後，我們到一處宏偉的公共場地去看石弓和長弓比賽。

這個城市的市政當局在我們吃晚餐時很禮遇我們，送給我們十四大瓶的酒，是受命於一位長官，由七個穿著文官制服的軍曹送來。我們根據習俗，邀請這位長官來參加晚餐，並且給了一軍曹們一個金幣。

跟我們吃飯的長官告訴我說：城市中有三個人員責向傑出的訪客表示這種致意的行為。為了這個目的，他們總是很費心去了解那些來此地的人的特性，俾能提供適當的禮儀：有些人收受的酒比別人多。當一位公爵出現時，會有一位市長親自贈送酒。他們把我們視為騎士和男爵。

基於我自己的理由，我並不希望我的人說出我們是誰，或提到我們的階級。我曾整天自己一人走過城鎮，沒有人陪侍，因爲我認爲這樣會讓我們更有榮譽。可以說，我們在所有的德國城鎮都受到這種禮遇。

在我們所住的旅棧中有一臺鐵板做成的機器，一直下降到一口深井的底部。機器由一個男孩運作，上下移動，把水壓進一個鉛管，鉛管把水送到廚房或需要的任何地方。他們雇用一個人專司粉刷和洗淨牆壁的工作。我留了我的一個紋章在所住的房間的門上方——紋章做工很好，我付給畫家兩個金幣，付給製作框架的人二十分。

在奧斯堡時，一個德國人讓我覺得很有趣，因爲他數落我們的開放式壁爐，其理由跟我們貶抑他們的火爐一樣。他聽到我讚美他們的城市住起來很舒適又很美，就開始同情我之所以離開我的國家，主要是因爲我們的國家的壁爐會讓我們的頭昏昏沉沉。然而，他們的火爐的悶人熱氣和濃濃的氣味，對不習慣的人的頭部也同樣不好。直接來自火的熱氣，都會讓我感到很沉悶。我們爲何不模仿羅馬的建築呢？據說：古人在房子外面起火，藉著管路系統，經由牆壁把熱氣引進來。

我們越過阿爾卑斯山（Alps）後，唯一讓我們不舒適的東西是濃厚的灰塵。各個方向的道路都非常安全，因爲商人、馬車和驛馬車經常來往其中。我們本來被告知要有寒氣來襲的預期心理，但結果卻發現了幾乎無法忍受的熱氣。

我一生之中，都很小心看待別人針對異地所提出的見解。但在阿爾卑斯山中，我對於旅者所表現的倔強愚蠢和心胸狹窄確實感到很驚奇。只要不是他們在自己的教區中所習慣的事物，他們都認爲一無可取。儘管聽說這些山區很危險，令人不舒適，但感謝上帝，卻發現氣候很溫和：我們只遇到三天冷冽的天氣以及半小時的雨。在這些道路上，就像在我的花園的道路上，我會願意在所有其他方面很信賴我的女兒，雖然她只是一個女孩。

我們此時旅行是以義大利哩（Italian mile）計算，其中五哩是德國哩（German mile）。數二十四小時，一天就過了。在羅維雷多（Rovereto），我們又回歸我們自己的國家的生活方式，不僅非常想念德國人的愛乾淨以及他們的可喜的窗子，也想念他們的火爐。在特倫托，我們很高興發現很多柑橘，檸檬和橄欖——但很遺憾不能睡羽毛褥墊。

如果我是只跟我自己的人在一起，我就會前往克拉科（Cracow）或橫越大陸到希臘，而不直接到義大利。但我遊蕩穿過對我而言新奇的一些國家，感到很快樂，讓我忘記我的歲數與疾病。然而，我卻無法把這種快樂灌輸進我的同伴們心中，他們急著要直接往前推進，俾能早一點回國。

度過一個不安的夜晚之後，我記起我要去造訪我不曾看過的一個城鎮，於是我像雲雀般愉快地從床上跳下來。我從來不像此時那樣不抱怨痛苦或疲倦。只要可能，我都是與陌生人講話，並且我確定這種消遣舒解了我的病痛。每當我的朋友們抱怨我讓他們疲於奔命，帶領他們到一個人跡罕至的地方，時常幾乎回到我們出發的地方，不然就是改變我們的計劃，我就會告訴他們說：「就我而言，這個特殊的地點，就是我一直要趕去的地方。我不可能離開我的路徑，因爲我唯一的路徑是要前往不曾去過的地方。至於你們很渴望去的羅馬，我並不那麼渴望去，倒是比較渴望去別的地方，因爲幾乎每個人都看過羅馬。至於費瑞拉（Ferrara）或佛羅倫斯（Florence），幾乎每一位家僕都可以告訴你有關它的事。」

我似乎像一個人，正在聽著一個很令人愉快的故事，或讀著一本很棒的書，唯恐會聽到或讀到結尾。我很喜歡旅行，很不願接近我所計畫待下來的地方。我也擬定了獨自一人且隨心所欲、自自在在旅行的幾個計劃。

威尼斯（Venice）的奇異之處，大家耳熟能詳，不必勞我置喙。但我發現這個城市跟我所預期的有所不同，感到有點失望。它的政府的體制、兵工廠、聖馬可廣場（the square of St. Mark）、城市的位置，以及外國人的群集，是最明顯的特點。

我不認爲威尼斯女人有像我聽說的那樣美，然而我卻看到了幾個出賣色相的最有名的女人。我對於大約一百五十位重要高等妓女的生活方式非常驚奇：她們的房子、衣服和隨從，可以媲美國王的女兒。然而她們的唯一收入卻來自她們的行業。

在費瑞拉，德斯提沙克先生和我去晉見公爵。他接見我們時，站在一張桌子旁邊，等待我們的到達。我們進去時，他脫下帽子，我在跟他講話時一直沒有戴帽子。他先問我是否懂義大利語。我說懂，於是我們就談了各種話題。我們也看到公爵爲妻子所建的豪華大遊艇。他的妻子是一個很美的女人，對他而言太年輕了。

比費瑞拉小的城市佛羅倫斯，四周環繞著整理得相當華麗的小山。我們仔細參觀聖勞倫佐

（S. Lorenzo）的教堂。當初我們在史磋吉元帥（Marshal Strozzi）領導下作戰所失去的那些旗子還掛在那裡。在這間教堂中有幾幅很優秀的畫，以及米開蘭基羅（Michelangelo）的一些很美的雕像。

義大利是我看過美女最少的國家。客棧比法國或德國的客棧更加令人不舒服，食物不像德國那樣多，烹調也不如德國那樣好。較大的窗子都沒有窗玻璃，只有擋陽光的窗板。臥室只是小木屋，床只是低劣的硬板床，願老天幫助無法睡硬木板的人！

德斯提沙克先生和我跟「公爵」吃飯。「公爵」是一位君王，對機械的技巧，尤其是建築，很感興趣。他的妻子（碧安卡·卡培羅〔Bianca Capello〕）坐在主位，「公爵」坐在她右邊。她是一個適合義大利人品味的美麗女人，面孔討人喜歡又很尊嚴，身體魁梧，胸房豐滿。很容易看出她如何用甜言蜜語哄「公爵」完全就範，並且會在未來很長的時間束縛著他。

公爵皮膚黑，矮壯，大約跟我同高，四肢很大，模樣仁慈。他跟人在一起時，總是脫下帽子，我認爲這是一種令人愉快的特質。他看起來像一個大約四十歲的健康男人。他的兩邊是他的兩個弟弟，麥第奇的紅衣主教（Cardinal de Medici）以及一個大約十八歲的年輕人。

某一個星期六，「公爵」的豪宅對所有來人開放，擠滿了跳舞的農夫。我注視著他們，覺得像是看到人民失去自由的意象——自由消失不見，只有一線亮光一年一次在一位聖者的生日盛會中搖曳著。

義大利是令懶人很讚賞的國家，因爲他們起床很晚。但在隆奇格利歐尼（Ronciglione）的時候，我們在黎明前三小時起床，急著要走在羅馬的鋪道上。

我們從這個方向接近城市時，城市並不怎麼好看。亞平寧山（Apennines）在左邊聳立，鄉村立刻在我們四周展現，一片貧瘠，沒有什麼樹木，幾乎沒有房子。我們在十一月三十日大約中午走到波波羅碼頭（Porto del Popolo）。

我的保險箱在大門旁被海關人員打開，所有的東西，小到最小的瑣碎東西，都被翻動並搜查，然而在其他義大利城市，海關官員卻是安靜地等著你把東西拿給他們看。他們拿走了我所帶的所有書藉，說是要檢查。他們花了很長的時間，如果一位旅客有要事要做，他可能寧願放棄那些書，當做遺失了。我們的祈禱書因爲是在巴黎印的，不是在羅馬印的，所以引起懷疑，幾本**反對**異教徒的德文書也是，他們所提出很好理由是：爲了反對這種錯誤，作者一定會提到是什麼錯誤！

我們在貝爾（Bear）待了兩天，然後租了一個西班牙人的房子中的房間，位於桑塔．露西亞．德拉．亭塔（Santa Lucia della Tinta）的教堂的對面。我們有三間很不錯的臥房、一間餐室、壁櫥、馬廐，還有廚房，一個月二十金幣——其中包括廚房的燃料費以及一位廚子的費用。羅馬的房間設備通常比巴黎好；較高的級的房間通常都鋪著鍍金的皮革。

我發現這裡有那麼多法國人，感到很惱，街上幾乎每個人都用我的母語跟我打招呼。

聖誕節我們去望彌撒，由教皇在聖彼德教堂主持。我找到一個地方，可以很自在看到所有儀式。教皇對很多人施聖禮：他們在這種場合中使用一種方法來喝聖杯中的水，免於中毒。

我注意到一件事很驚奇：教皇、紅衣主教和其他高級教士，在幾乎整個彌撒期間都坐著，戴著帽子，一起閒聊著。總體而言，壯觀的成分多於虔誠的成分。我看不出女人特別美，至少與世人對她們的讚美不合。畢竟，這裡就像巴黎，最美的女人只見之於那些賣春的女人之中。

幾天之後，我們的駐羅馬大使，也是我的老友達拜因先生（M. d'Abain），建議我們去親吻教皇的腳。教皇（格里高十三世〔Gregory XIII〕）講義大利文，但他所講的話全都有波隆那人的口音，而波隆那人（Bolognese）是使用義大利之中最差的方言。除外，他的言語有障礙。但他是一個很高雅的老年人，臉容莊嚴，留著長長的白鬍子。他超過八十歲了，但看起來像一個人在那個年紀所能希望的那樣康健——沒有痛風、消化方面或結石的問題。他的整個人滿溢慈善的氣息。

我每天去探訪羅馬的每個角落，自得其樂。最初我有一個嚮導，但有一天他因生氣而走人。之後，我買地圖和書，在造訪某個地方的前晚加以研讀，不久反而可以勝過我的嚮導了。古羅馬沒什麼好看——除了那襯托它的天空，以及它的形態所顯示的輪廓。在很多地方，現代羅馬人是走在他們的祖先的房子的上方。有些人說：至少廢墟是可以看，但他們說的話不能保證什麼。羅馬只剩下它的墓穴。這個現代的雜種羅馬的建築，雖然足以激發我們的讚賞之情，但在我看來，卻像白嘴鴉和燕子建在我們那些被新教徒摧殘的破舊法國教堂中的鳥巢。

一月三十一日，我親眼目睹現存最古老的宗教儀式——猶太人的割禮。以前某一個星期六早晨，我曾去他們的猶太教堂。他們的儀式類似喀爾文教派，重點在聲嘶力竭唱希伯萊文歌。他們並不專注於他們的祈禱，就像我們也不專注於我們的祈禱，都在談無關緊要的事情。

由於教皇允准，今年的嘉年華會比長久以來更不受到拘限，然而在我們看來卻不是什麼值得大驚小怪的場合。我爲我們一伙人所建的平臺花了三個金幣，不過所在的位置是高碌街（Corso）的精華部分之一。

這一次，你有很棒的機會悠閒地觀察羅馬的美女，因爲她們沒有戴面具。我們看不到罕見和完美的美女，就像在法國，但一般的女人倒是令人感到很愉快，不會像在國內那樣看到很多不漂亮的女人。她們的表情大部分而言比我們的女人較柔和、溫和，然而也較莊嚴。至於她們的衣著，每件衣服都閃亮著珍珠和寶石。在這方面，我們的女人比不上。

我應該說：這裡的很多人，都不如法國大城市的人虔誠，但他們比較遵行宗教的形式。我完全憑良知寫文章，要在這裡提供兩個例子，說明我的意思。我的一個朋友跟一位妓女上床，從事性交易，忽然「福哉瑪利亞」（Ave Maria）的鐘聲響起。於是女孩從床上跳起來，跪下來祈禱。還有一次，同樣這位朋友跟一個女孩在一起，忽然，「媽媽」（大部分的這些女孩都跟一位她們稱之爲「媽媽」或「阿姨」的老女人住在一起）拼命敲起門來，非常生氣地衝向女孩，從她的頸子上扯下用絲帶掛著的小聖母像。這個女孩非常後悔忘記遵守平常的習俗，在「工作」之前取下這個小聖母像。

「聖枝主日」（Plam Sundary）後的那一天，「聖宮主」（the Master of the Sacro

Palazzo）把我的《散文集》歸還給我，註明要刪除的段落，根據的是博學的修士們所提出的見解。「聖宮主」無從說出自己的意見，因爲他對於法文一竅不通，必須取決於一位法國僧侶的判斷。

然而，他對於我的說明感到很滿意，所以讓我憑良知改正我在斟酌後認爲不雅的部分。

我請求他要接受他指定審閱此書的那個人的意見，而不是把事情留給和自己處理。我告訴他說：我的書中爲人所不同意的論點——包括使用「命運之神」一詞、引用異端詩人的話、向朱利安皇帝（Emperon Juliam）的致歉、針對「以非簡單的方式處死是很殘忍的行爲」所提出的看法，以及認爲應該讓孩童習慣一切困難——這一切全都代表我的堅定意見。我在寫這一切時，並不認爲它們是錯誤的，現在也是如此。至於其他幾個論點，我不認爲審查者了解我的意思。

「聖宮主」是一個很聰明的人，他很同意我的觀點，要我了解，他絕不是堅持要修訂。他甚至護衛我的看法，反駁一位支持審查者的意見的在場義大利人。但他們擋下了我那一本《瑞士人的歷史》（*History of the Swiss*），因爲譯者是一位異端分子。

這個城市只不過是法院加上貴族而已：到處都透露普遍的教會懶散氣息。我們看不到商業街——或者看到的比小城鎮中所能看到的還少。我們看不到「豎琴街」（Rue de la Harpe）或「聖鄧尼斯街」（Rue St. Denis）。我只想到巴黎的「塞納街」（Rue de Seine）或「奧古斯汀碼頭」（Quai des Augustins）。

在這裡，工作日和假日是很相像的——總是有盛大的場面或慶典在進行著。我在前往奧斯提亞（Ostia）時，看到很多農人從塞佛伊（Savoy）和格里森州（Grisons）前來。他們告訴我說是要來羅馬當園丁和採葡萄。

我聽到一位傳道士以玩笑的口吻說：羅馬人把馬車變成瞭望臺。事實上，當地的人，無論高階或低階，盛行的工作似乎是坐著馬車、騎馬或步行閒逛穿過街道。

至於我自己的品味，我坦承，我最喜歡的消遣是看著街道兩邊窗子中的女人——特別是高等妓女，她們從窗板後面現身，透露出巧妙的統御者姿態，不爲她們所吸引是不可能的。騎在馬背上視野最好，但只有像我自己這樣的可憐人，或者或急著要炫耀自己的駿馬的殷懃男子，才會這樣做。上層階級的人通常都坐馬車。較放蕩的男人，在馬車的頂端設有小窗子，可以看個夠。

然而，當我下馬——我時常這樣做——獲准去找那些迷住我的女人時，我卻很驚奇地發現，她們把自己打扮得比眞正的她們更美。有時我感到很困惑，發現光與她們談話（這是我大部分時間所想要做的，因爲我喜歡聽她們的舌頭在動著），要價就跟她們的另一種服務一樣高，並且她們在談話時是比較拘謹的。

除了與這些美麗的女人閒談之外，還經常可以聽聽講道，看到奇異的情景，以及造訪美麗的地點。所以，羅馬絕不是住起來不愉快的地方。雖然我只是像一個沒沒無名的陌生人，以概括和不經意的方式去了解這個地方，但我待在這個城越久，就越爲它所迷。我不曾呼吸過像這樣溫和又適合我的身體的空氣。

羅瑞托是一個小城鎮，爲了防止土耳其人入侵建得很堅固。居民大都從事奉獻「聖家堂」的工作，或經營客棧，或從事蠟燭、塑像、念珠、護符、救世主像以及等等的交易。我在那兒時花了五十個金幣買這些商品。

這個聖地的大部分地方，都充斥著莊嚴的還願奉獻物。我好不容易才有幸找到一個足夠大的空地方，可以放進一個小框架，裡面放置了四個銀像：聖母、我自己、我的妻子和我的女兒。當你穿過門進入小教堂時，你可以在左手邊看到我奉獻的東西釘在牆上。

教堂裡面掛著各種各類的畫。你可以看到很多華麗裝飾品，但是這個聖地的名聲和年代所會讓你期望的裝飾品並不多。我傾向於認爲，很多較古老的裝飾品已被熔解，做爲他用。在這裡，涉及宗教的外表的東西，比我曾去過的任何地方都多。

盧卡上方的維拉溫泉地，位於多山的鄉村，有三、四十間爲適應溫泉業而改裝的房子。我的房東鮑利尼上尉是一位眞正的軍官。他租給我一個客廳、三個臥房，還有廚房以及僕人的房間，他也同意每天提供我鹽、乾淨的餐巾，每三天提供新的桌布，再加烹調用具和燭臺，代價是兩星期十一個金幣。盤子以及其他東西，我們必須自己買。從我的臥室，我可以聽到下面河流的低吟聲。

一天早晨，我在寫信給一位朋友時，想到了德·拉·波提先生，想念他的心情徘徊不去，無法消除，終至陷入痛苦的沮喪狀態中。

他們這裡有種機器，叫導水槽，可以把淋浴的水導向身體任何特殊的部位。我認爲溫泉水對體內具有溫和的效果，因此對體質脆弱的人是很安全的。溫泉水以去除皮膚的疹子和瑕疵出名。我把這一點記在備忘錄中，要告許一位和藹可親的女士，她是我在法國的一個朋友。

這裡的農人全穿得像紳士。他們中的女人穿白鞋、細絲長襪，繫著絲圍巾。她們喜歡跳舞，以動人的模樣表演舞步。

基於習俗，我舉辦了一場舞會，捐了很多獎品，我很樂於這樣恭維他們。獎品掛在一個籃圈中，每個人都看得到。我們開始在草地上跳舞，但由於天氣很熱，我們退到很適合當舞廳的布思維斯（Buonvisi）豪宅的廳堂。

晚上大約七點時，我要在場的最有名的女士們主持頒獎。過程很順利，只有一個女孩婉拒獎品，請求把獎品送給她指出的另一個女孩。但我沒有這樣做，因爲我一點也不欣賞她的這個朋友的外表。

然後，我邀請每個人去晚餐，這在義大利是小事一樁。我吃了一、兩片帶骨的牛腿肉以及一對野鳥。

我把我的桌子的一個座位讓給一位叫狄維姬亞（Divizia）的貧窮農婦，她住在離溫泉地兩哩遠的地方，跟丈夫一樣靠工作維生。她長得很不好看，三十七歲，患甲狀腺腫，不識字，但童年時時常聽叔叔朗誦亞里歐斯多（Ariosto）的作品，詩的靈氣讓她的心智變得很活絡，因此她不僅能即席寫詩，也能夠在詩中引進古代寓言與神話，以及國家、科學和傑出人物的名字，一如學校畢業生那樣輕而易舉。她當場爲我寫了很多詩，雖然幾乎只有押韻，卻以從容和優美的風格寫成。

我的舞會中有一百個女人以上。由於這是桑椹的豐收季節，每個人都忙著工作，我算是特別受到厚待了。我看到他們吃綠桑椹，在他們採集桑葉餵蠶時，也採擷綠桑椹。

九月七日的早晨，我收到從羅馬轉過來的一封陶興先生（M. Tausin）的信，是八月二日寄自波爾多（Berdeaux）。他在信中告訴我說：前一天，我被無異議地推選爲波爾多的市長。他敦促我爲了愛我的國家接受這個職位。

我回到羅馬，發現一封來自波爾多的市政府官員的信，以很有禮的語詞提醒我被選上了，並且眞誠地要我前去，不要躭擱。十月十五日，我在日升後不久離開羅馬，留下我的弟弟去精進武器的使用，臻至完美的境地。

一五八一年的十一月三十日星期四，聖安德魯日（St. Andrew's Day），我再度睡在蒙田地方我的床上。我是在十七個目零八天前離開蒙田，前往拉·費赫（La Fère）——或者是我先到達羅馬後的整整一年前。

第三十一章

我是波爾多的市長

一五八一年十一月二十六日，國王從巴黎寫信給我，表示他很高興知道，波爾多市已選出了市長。他認爲我人還在羅馬，就命令我回來就職。

波爾多的議會推選我的時候，我不僅遠離法國，並直更遠離有關這個職位的想法。我請求不要就任此一職位，但我的朋友們告訴我說：我這樣做是錯的，特別是因爲國王已針對此事下了命令。

這個職位可以說是較具冠冕堂皇意味的職位，因爲它沒有薪水或其他有關的利得，只具指揮權的榮譽。任期是兩年，但可以再選連任，不過這種情況很少見。我是在一五八三年再被推選上，之前只有兩次這種情況。幾年前，德．南沙克先生（M. de Lanssac）是第二次被選上，最近則是法國元帥（Marshal of France）德．畢洪（M. de Biron），他是我的前一任。我的繼任者是德．馬提格農（M. de Matignon），也是一位法國元帥。我是屬於這樣的遞嬗中的一位，感到很自傲。

到達波爾多時，我很忠實地描述自認是什麼樣的人——是一個記憶力不好，沒有警戒心、經驗或精力的人，但也不會有憎惡，野心，貪婪心，或暴力表現。如此，他們了解了我的特質，知道要對我的服務有什麼樣的預期。

他們知道我的父親，很懷念他，這是他們給了我當市長的榮譽的唯一動機。所以我很坦誠地補充說：如果我認爲有任何事情是很大的負擔，就像我的父親當市長時認爲他們的事情和他們對這個城市的關心是很大的負擔，那我會感到很抱歉。

我的父親認爲，一個人應該爲了鄰人而忘記自我，公眾的利益應該高於私人的利益。世界上大部分的律則和箴言，都是這種傾向——敦促我們走出自己，爲了社會的利益而走進公眾的領域。這些律則和箴言的成就很偉大，因爲它們轉移我們的方向，認爲我們太執著於自身了。一個賢哲宣揚事情的服務性，不是宣揚事情的本身，這一點已不是什麼新奇的事了。

然而，當我在處理其他人的事情時，我會答應要訴諸我的雙手，不是我的肺和肝；把事情肩負在我身上，不是放在身體裡面；是要很費勁，但絕對不要感情激動。我會注意著事情，但我不會坐在那裡沉思它們。爲了處理我自己內在的很多事，我已有夠多的要做了。

但是，人們都把自己出租了：他們專注的是住客，不是他們自己。我並不喜歡這種普遍的傾向。我們應該珍惜我們的心靈自由，不要出借它，除非是在適當的情況下——如果我們判斷正確，這種適當的情況是很少的。

然而，這種人卻把自己投身在任何進行中的事情。如果不是置身在騷動狀態中，他們就不會生氣蓬勃。他們並不是想向前推進，而是他們無法靜靜站立——像一塊落下的石頭，一直到觸底才停下來。他們的心在激動中尋求舒適，就像嬰兒在搖籃的晃動中尋求舒適。沒有人會虛擲自己的錢，但每個人都虛擲自己的時間和生命——其實珍惜時間和生命是值得讚美的，也是很有用的。

我不想看到位居職位的人拒絕必要的專心、費心、口才、汗水以及鮮血。但這些只是借出去的東西，且靠機緣。他們的心應該處在平衡和健全狀態中，很活躍，但很沉著、不激情。

我能夠進行公務，但不會一點也不關心自己，我能夠爲別人犧牲，但不會放棄自己。有多少兵士投身於激烈的戰鬥中，但戰敗了，第二天晚上還是要睡！強烈和引人入勝的激情會妨礙而不是有助於手中的工作。它會讓我們對於事情的緩慢或反向進行感到很不耐煩，對於我們所應付的人表現得急躁和懷疑。如果事情在支配著我們，我們就無法支配事情。

如果一個人不去表現激情和強硬的作風，只是使用判斷力和技巧，他就會以較快活的姿態前進。如要有需要的話，他會很擅長聲東擊西、服從，以及自在地延遲自己的動作。他的企圖雖念失敗，但他都不會憂心或痛苦，他會毫髮未傷準備重新努力。他總是握著韁繩走路。明天又是另一天。

我們的大部分事情都像戲劇。我們必須以適當的方式演出我們的角色，但無論如何是演出既定的角色。我們不應該讓面具成爲我們的本質，或讓陌生的人格成爲我們的人格。我們無法分辨皮膚和衣服。把我們的臉塗白，不要把我們的胸部塗白，這樣就夠了。

我看到很多人在從事新的工作時，把自己變成新奇和陌生的人，他們甚至把自己的肝腸都神聖化了，甚至到廁所時都帶著自己的職位。我無法讓他們知道對自己致敬和對權貴、隨扈或驟鞠躬有什麼差異。他們只讓自己的心智和言語達到他們的桌子的高度。

但是，波爾多的市長和蒙田，一直是兩個不同的人。不能因爲一個人是律師或銀行家，他就必須閉起眼睛，不去看那種根植於這兩種行業中的惡。一個正派的人不用爲他的行業的弊病或荒謬情況負責；他不應該因此拒絕去從事這種行業。那是國家的習俗，其中有利可圖，一個人必須活在這世界上，善加利用它，如此這般。然而，一個皇帝的判斷力應該高過他的帝國，把帝國視爲一種外在裝飾。他應該知道如何在遠離帝國的地方自我享受，至少應該對自己而言是個平凡人。

我無法完法或深度地奉獻自己。當我的意願把我帶進一種事業時，力道不會強到毀了我的判斷力。我知道，有些明智的人走了另一條路，不怕把自己完全投進自己的主體中，努力掙扎著。但這種人是對自己的力量有信心。

無論如何，我們不要試圖以這些人爲榜樣。我們永遠無法達到他們的境界。卡圖放棄這方面的最高貴生活。我們這些比較卑微的人必須儘量遠離暴風雨，躲避我們所無法擋開的震撼。

只要一個人想要像我一樣享有國家的好處，而不過著煩悶的生活，不把自己弄得筋疲力盡，就會看到國家有毀滅之虞而感到很困惱，但是他不會昏過去。可憐的船隻，那浪、風和操舵手會轉向相反的一極！

我會很容易就停止我第一次的情緒出擊。在一件事開始讓我感到困擾時——在它還沒有席捲我之前——我就會離開它。如不在開始時就停止，他就永遠無法停止進程了。如無法把困惱阻絕於外，則一旦它們入侵，他就永遠無法排除它們了。我會很快聽到微風在我內心吹起，喃喃而語——暴風雨來臨的前兆。

然而，我的意思並不是說：我的謹慎讓我脫離了所有的困難。我經常必須與我的激情爭鬥，抗拒它們那突然和強有力的侵襲。

有人說：我在我的市長職位中（我願意說一說我的市長職位，並不是因爲它本身值得一提，而是爲了描述我如何面對這種事）所表現的樣子，就像一個人不會深受感動，完全一副無精打采的樣子。他們這樣說倒是滿眞實的。

我努力要讓我的心智和思緒處於寧靜的狀態中。如果它們有時在粗魯和尖銳的震動中噴發而出，其實是有違我較明智的斟酌的。然而，人們不應該因我的這種天生的不易激動，就認定我是完全無能的——因爲粗心和不敏感是兩件不同的事情。他們更不應該責難我對波爾多的人冷漠或不感恩。波爾多的人都盡他們所能，想盡辦法施惠於我，無論是在他們認識我之前或之後。他們第二次推選我當市長，比第一次賜給我這種榮譽，爲我做得更多。

我祝福他們萬事順利。如果有必要的話，我會爲了他們的利益貢獻所有的心力。我對他們所做的事，就像我會爲自己所做的那樣。他們是優雅、尙武和高貴的人，如以適當的方式引導他們，他們會發揮有價値的作用。

批評家們也說：我的行政工作船過水無痕。很好！當幾乎其他人每個人都因做太多而被詬病時，這是責備我沒有作爲。

我也不願意在我的意志催促我時就立馬做事。這樣是與「持久」爲敵。當我需要表現精力並自由行動時，當我在做一件直率、短期以及尤其是危險的工作時，我也許可以有所表現。但是，如果工作要花很長的時間，很精巧，很費力又很複雜，那麼最好另請高明。

然而，重要的職位不一定很困難，如果必要的話，我都準備要做更嚴酷的工作——因爲我有能力去做非我所習慣或非我喜歡做的工作。

我知道，只要是我眞正有義務要採取的行動，我都沒有忽略。但只要是基於野心，和義務混爲一談，美其名爲義務，那我就寧願不做。這種工作一般而言都會讓人的眼睛爲之一亮，耳朵爲之傾聽，讓人非常滿足。讓他們滿足的，不是事情本身，而是它的外表。如果他們什麼都沒有聽到，他們會認爲你在睡覺。

但我的本性不喜歡噪音。我平息了騷亂，沒有因此造成騷動，我譴責混亂，而我自己並沒有因此變得混亂。如果我需要怒氣和激情，我會用借的。如果有一位統治者睡覺，而他統治下的人民也睡覺，我不會譴責這位統治者。在這種情況下，是法律也睡覺。

現今，我們的人民習慣於忙亂和作秀，所以好性情、節制、鎮定和類似的安靜與莊重的特性不再爲人所賞識。粗暴的身體會讓人們感覺到；光滑的身體則從手中滑過，不會爲人注意。

但統治者都在爲自己個人的名聲和利益而努力，不是爲一般人的利益而努力。可以在會議室同樣做得很好的事，卻在公共廣場中演出，本來可以在前夜完成的事，卻一直拖到隔天正午，同事可以做得好的事，你自己卻怕去做。這樣的梳治者認爲，除非藉由喇叭宣揚，否則好的法令不會爲人聽到。

如果這些卑微的小人物——只是小小的人物——變得沉迷於自己，到處吹響他們的喇叭，就因爲他們已經做了一種過得去的決定，或堅持要守衛一個城門，則他們越認爲自己已昂起頭，就越會露出自己的屁股。這種微不足道的效果既沒有實質，也沒有生命。它會在一說出來時就消失，所會持續的距離不會超過一個街角到另一個街角。如果你一定要為此誇口，那就向你的兒子或你的僕人誇口吧，就像那個老人，他找不到別人來聽他的美德或讚美他的美德，就對著女僕演出英雄的角色，大聲說：「哦，美人兒，妳有一個多麼聰明的人當妳的主人啊！」

在最糟的情況下，就對自己說吧，就像我認識的一個法官。有一次，他說出了一大堆法律方面的知識，雖然很詳盡地闡釋，卻不很切題，然後他去上法庭的廁所。有人偷聽到他眞心地自言自語：「主啊！不是歸於我們，榮耀是歸於祢！」如果你不能從別人口袋中得到錢，那你就用自己的口袋中的錢來付吧。

無論如何，名聲不會如此廉價地出賣自己。名聲要求人們做出珍貴和高貴的事情，做為它的正當報酬，而珍貴和高貴的事情不容這麼多可憐的倒行公事。大理石會隨你喜歡提升你的地位，就因為它貼在一碼長的牆壁上，或淨化了一條街上的水溝，但沒有什麼常識的人則不然。如果美好的事蹟不是很新穎或難做到，名聲就會避開它們。就算一個男人出於節制而避開一個沒有牙齒的醜女人，斯多亞派學者甚至也不會感謝他。

一種美好的行動，其迴響越大，我就越會質疑它的美好，就越會懷疑它是為了博取聲量而表現的：一旦暴露在市場中，它就賣了一半了。比較有優點的工作，都是從工人手中低調、默默流傳出來的，是一些誠實的人後來發現，彰顯出其優點的。

我的工作是把事情按照我發現時的原樣加以保存，讓它們得以持續。這是一種無聲無息和不為人知覺的工作。革新會顯得很堂皇。但是，雖然我們的時代的工作——並且是足夠困難的工作——正是要反抗新穎，然而，我們時代的人卻不會想到這件事。

克制自己不去做，時常跟去做一樣高尚。但前者比較不會有光彩，而我的一點點優點就是屬於這種性質的。簡言之，我成爲市長的機會是跟我的性格很配合，我很感激有這個機會。有誰會想要生病只因要看到醫生工作？或者，如果一個醫生祈求瘟疫來臨是爲了行醫，他難道不該遭受撻伐？

我從來就不會那麼壞且又庸俗，竟然會希望我的城市之中出現麻煩和混亂，俾能彰顯我的行政，爲它增光。其實，我是眞心扛起責任，要去紓解和減輕麻煩和混亂。有人並不會感謝那爲我的任期增光的秩序，還有那溫和與安靜的表現，但他們無論如何無法剝奪我對這件工作的參與——我感謝我的幸運。

像我這樣的人會想要很幸運，也會想要很明智，並把我的成功歸功於上帝的恩寵，而不是我自己的努力。

我已經足夠詳盡地闡釋我並不適合擔任公職。但我有比「沒有能力」更糟的缺點。我甚至不爲此感到遺憾，也幾乎不努力去克服它——基於我已爲自己所擬定的人生方向。

所以，我也不滿足於我的行政工作，但我幾乎完成了我期望要做的事，並遠超過我所承諾的。我所承諾的事情，比我能夠做到或希望做到的還少。我確定我不會留下冒犯別人和讓別人憎惡的事情。至於留下讓別人懷念或渴望的事情，我非常清楚，我是多麼不想這樣做。

我們有上天爲我們量身訂做的快樂。就讓我們不要去篡奪那些輝煌的快樂。我們自己的快樂比較自然，因此也比較踏實和明確，雖然是比較卑微。讓我們至少看在野心的份上拒斥野心。乞求各種人認識你，並以任何代價去乞求——這種榮譽其實是恥辱。我們對於榮耀的貪求，是要以我們獲得榮耀的能力來衡量的。

我跟別人一樣有很多願望，並且會讓我的欲望天馬行空。然而，我卻不曾希望擁有帝國或王冠。我的目標不在那方面：我太愛自己了。我寧願是佩里格市（Périgueux）的第二名或第三名，也不要是巴黎市的第一名——或者至少是巴黎市的第三名，而不是第一名，這是說眞的。

第三十二章

爲瘟疫所困

明智的歷史家會省略安定的時期，視之為止水，而專注於戰爭和叛變，因為他們知道，後兩者比較能為讀者所接受。我懷疑我是否能夠很莊重地坦承一件事：我犧牲了一點自在和安寧，而在我的國家的崩坏狀態中度過了一生大半的時間。

還有另一種災難，緊接在其餘的災難之後降臨在我身上。在我家的門外和門內，我都為一種超強的瘟疫所苦（一五八五）。就人們的記憶所及，我們的鄉村的空氣非常有益健康，不曾有傳染病——無論多麼接近我們——侵襲我們。健康的身體也會染上最嚴重的病，因為只有最嚴重的病才會以健康的身體為據點。同樣的，我們的空氣一旦被染上病菌，就會造成最可怕的結果。「無論老年人還是年輕人，都成堆被埋葬」（霍拉斯〔Horace〕）。

我必須面對這種不幸：我看到我的房子變得很可怕。房子裡面的東西全都沒有人看管，任憑貪求它的人所擺布。

很好客的我，很難為我的家人找到一處避難所——一個流浪的可憐家庭，對這個家庭本身而言，以及對他們的朋友們而言，都是一種可怕的景象。他們努力要安頓下來的任何地方，都充滿了恐怖的情景。只要我們之中有任何一個人感到有點疼痛，整個家庭就必須再度上路。在這樣的時代，每種病都會被認為是瘟疫，沒有人會等著去認定是什麼困擾上身了。

最單純的打擊是：根據醫學的律則，無論你何時接近一個危險的地區，你都要被隔離四十天，唯恐你染了病。同時，我們不知道想像力如何發揮作用：健康的身體也會發燒。

如果我沒有被迫去忍受別人的痛苦，引領坐在篷車中的家人痛苦地行駛了六個月之久，這一切就比較不會影響我了。我在內心帶著解毒劑——決心與耐力。在這種疾病中最為人害怕的恐懼心理，卻幾乎沒有讓我感到痛苦。如果只有我一個人並且也想要逃離，那就會是較令人快活的逃離，且逃到較遠的地區！我想，那不會是最糟的死亡。一般來說：這種死是快速的、令人麻木的、沒有痛苦，由於眾多的人都面對這種命運，所以會減輕其可怕——不會有大驚小怪、哀悼或床旁擠一堆人的情況。

人們說人怕死，這是錯的——如果所謂的死是想到死，預知會死。其實，思考死亡、沉思死亡，就某種意義而言，就是不會為死亡所動。這樣對我的幫助，會勝過安排和調節我的獨處生活所給我的助力。所以，死不可能完全不可怕，但至少不會令人驚慌。

但是，就我們四周的人而言，一百個人之中不會有一個人可以活命。「你已看到田野像一片沙漠，到處都是被遺棄的樹林」（味吉爾）。在這些地方，我的大部分收入都要靠手工勞力。一百個人為我墾殖的那片土地，很長的時間都荒廢了。

然而，我們在這些人之中看到多麼驚人的剛毅榜樣啊！幾乎所有的人都不再關心生命了：葡萄一直垂掛在籐上，這是國家的主要場景。所有的人都冷靜地準備面對和等待死亡，可能是今夜或明天，臉孔和聲音都不為所動，你都會認為他們已經和這種必然性達成協議。那是一種不可避免和普遍性的判決。

死確實一直都是如此。但是，死的決心是懸掛在多麼細的線上啊！一點點的距離、早幾小時或晚幾小時，或只是想到有人陪伴，都會改變我們對它的恐懼。請看著這些人吧：因為他們全都會在同一個月死去，包括嬰兒、年輕人和老年人，他們不再害怕，他們不再會悲傷。

我看到有一些人害怕待在後面，好像處在一種可怕的孤寂中。但一般而言我看出，並沒有人關心任何事，除了他們的埋葬事宜。他們很想傷地看到，死者的屍體分散在田野各地，任憑那些迅速肆虐這個國家的野獸擺布。

一些仍然很健康的人及時挖好自己的墳墓，有些人還活著時就躺在墳墓中。我的一個工人臨死時用手和腳把土蓋在自己身上。這難道不像是把被子蓋在自己身上，俾能自在地睡得好一點？——這種姿態幾乎就像那些羅馬兵士，他們在坎尼之戰後，被發現在窒息的同時把頭伸進親手所挖來埋葬自己的洞中。

總而言之，所有的人不管願意不願意，都被同樣的動作所產生的力量所驅迫，走向一種過程。這種過程透露非常剛毅的意味，就算最蓄意和有計劃的決心，也不會讓它屈服。

第三十三章

我開始悄悄退隱

我不久就要度過人生第五十六年的歲月了。在一些國家之中，五十六歲都很合理地被認爲是自然的壽命年限，不應該有人超越它。然而，我身上確實有時會出現青春的波動，只是很短暫、不固定，但卻很顯眼，幾乎會重現較年輕的日子的健康和沒有病痛的狀態。

但我已認定自己再也跑不動了。如果我還能爬，那就足夠了。我不再會抱怨那讓我步伐變得緩慢的自然衰退，就像我不再會懊悔我的生命不再像一棵橡樹那樣健壯。

我所描繪的這幅靜寂和沒有生命的畫像，不僅沒有達到活生生模式的標準，也不像我的盛年模樣。我從前的大部分精力和快活樣態已經褪色、凋萎。我正要接近酒桶的底部，酒開始嚐起來有沉渣和酒糟的味道。

最近我掉了一顆牙齒，沒感到痛苦，是自然現象，牙齒已經到達它的歲數，此時就像我的生命的一些其他部分，已死去；更多的牙齒則是處於半死狀態。如此，我耗盡了自己，悄悄脫離了我的形骸。

這確實只是向後退的一步，幾乎知覺不到。但我將退後另一步，然後第二步、第三步，到第四步，一切都很溫和的進展，也許在還沒有意識到視力衰退時，就變成全盲了。命運之神會如此巧妙地解開我們的生命之線！我開始懷疑我的聽覺是否變鈍了。你會看到，當我的聽覺消失一半時，我將會仍然責備那些跟我講話的人。你必須按壓靈魂，才會讓它感覺到它是如何衰退的。

死亡跟我們所有的生命混合在一起，兩者分不清。衰頽的狀態會預期它到來的時辰，甚至會悄然進入我們的成長之中。我在二十五歲和三十五歲時，都曾描繪過我自己。我把這兩者和最近的描繪加以比較。有多麼多部分是不再我自己啊！在死亡降臨之前，我的外表還會有多大的變化呢？我們濫用大自然：我們揶揄它，以致於它被迫放棄我們，我們的牙齒、眼睛、四肢和保養都必須向別人乞求一種助力，任憑它擺佈——並把我們交到人為狀態的手中，因為我們已經把大自然弄得筋疲力盡了。

我們必須耐心地忍受我們的生命律則。我們天生會變老，變虛弱和生病，醫藥也沒有用。如果老年人祈求充分和快活的健康，換言之，如果他祈求失去的青春，那是很瘋狂的。痛風、腎砂、消化不良，是活久了的徵象，就像熱氣、雨和風是表示長久的旅程。

我的好朋友啊，你的工作已經完成。沒有人能讓你復原。充其量，他們只能補一補，稍微把你撐起來，如此把你的痛苦延長一、兩小時。

由於心智有特權把自身從老年中救出來，所以我就盡可能催促我的心智這樣做。就讓它盡可能長出葉子和花，就像一棵枯樹中的槲寄生。但我認為心智是叛徒。它跟我的身體建立很親密的友情，當身體呼喚它時，它每次都棄我而去。我哄誘它，要它與身體分開，但沒有用。我努力懇求它放棄與身體的友誼，我提供它辛尼加和卡圖勒斯，還有美麗的女人和皇家舞會。但是不知怎麼的，如果它的同志患腹絞痛，它也跟著患。

我們的欲望和消遣應該有時會顯示出，它們會意識到我們的年紀。但當我們一隻腳已在墳墓時，卻仍會有食欲。「當死亡逼近時，你預訂採石場的大理石，忘記了墓碑，為自己建一間房子」〔霍拉斯〕。無論如何，我的最長久的欲望看起來不會超過一年。是的，我從老年所得到的唯一安慰是，它會消除掉欲望和憂慮：憂慮世界如何運行，憂慮財富、知識、健康或我自己。有些人在應該學習永恆的沉默時，卻學習如何講話。

我已不再適合做任何明顯的改變，也不再適合爲了強化自己而採行一種新的措施。我應該去抱怨外在的財富或內在的好處降臨我身上，因爲要享受它已經太遲了。寧願永遠不要成爲，也不緩慢地成爲一個體面的人，在幾乎沒有什麼東西留下來時，還要努力活下去。我這個快要退場的人，會很樂於把我爲了在這個世界生活而獲得的所有智慧，委託給任何新來的人。我要發揮作用是太遲了！

我所無法使用的福祉，我是不需要的。一個頭腦不再精明的人，知識對他又有什麼用呢？不要再指引我了，我再也無法前進了。我們不需要有下墜的藝術：我們自然會觸及底端的。我的世界已經結束，我的身體已到期。我已經完全成爲過去，必須賦予身體權力，讓我的離去順就於它。簡言之，我正要結束我這個人，不再從他身上再造另一個。

我對過去的一切，不管是什麼，沒有什麼好懊悔的。我很少後悔。我的良知很滿足，不是因爲它是一位天使或一匹馬的良知，而是一個人的良知。我很滿足地認爲，發生的事都是必須發生的。它們是宇宙的前進的一部分，是因果鏈的一個環節。你的想法和你的願望都無法撼動它們，除非整個順序顚倒過來，過去成爲未來。

我很厭惡老年所導致的偶然的悔改。有一個古人說：他感謝歲月戒掉了他的享樂，我的看法跟他不一樣。我永遠不會感激自己變得性無能，也不會感激性無能對我的助益。我們的食欲在老年時是很珍貴的，一旦滿足了食欲，我們就會深感饜足。我看不出這件事值得我的良知去誇口。

我們不能讓我們的衰老影響我們的判斷力。年輕時，我足夠明智，看出快樂之中的壞處，而現今儘管味覺鈍化，我仍然能夠看出壞處之中的快樂。

就算有任何人恢復了我年輕時代的欲望，我認爲我此時並不會比年輕時較有力量去抗拒這些欲望。我在盛年時，較能自由發揮理性，比較難以壓制痛苦，比較容易壓制快樂。在晴空下，我看得最清楚：健康比起病痛，會以較愉快的方式告誡我，並且作用也會較大。

當我夠年輕而能品嚐快樂時，我都盡一切可能去節制和支配我的快樂。如果我老年時的痛苦爲我贏得名聲，勝過美好又生氣勃勃的時光爲我贏得的名聲，並且人們尊敬我並不是爲了曾經的我，而是爲了不再存在的我，那麼，我會感到很羞愧。把你的健康歸因於你的疾病，會是可悲的補救法！

我認爲，我們的心靈在年老時比在年輕時較容易生病，較容易有缺點。我年輕時也這樣說，但卻爲人所奚落，因爲我沒有鬍子。現在我仍然這樣說，因爲我的白髮給了我一點權威。事實上，我們難以被取悅，不喜歡短暫的時光，而我們把這個事實稱之爲智慧。

但我們其實不會放棄我們的惡德，而是會改變它們——使之變得更壞。愚蠢和老年的驕傲、令人厭倦的多話、不喜歡社交和急躁的脾性、迷信，以及對於金錢所表現的愚蠢的煩惱——縱使已經沒有用錢的能力——除了這些之外，我又加上更大程度的嫉羨、不公正和惡意。年紀加在我們心靈上的皺紋比加在我們額頭上的皺紋更多。

我們大都會看到一個人變老時透酸味和霉味。走向盛年或老年的是整個人。年紀是一種強有力的病態；儘管我全力抗拒，我還是會感覺到它越來越影響著我。我盡力堅持，但我不知道它最後會置我於什麼境地。無論發生什麼事，至少這個世界會知道我是從什麼高處落下來的。

每一分鐘，我都感覺到自己在溜走。我經常對自己重複那唱詞：「無論什麼事明天能夠做，今天也能夠做。」就我死前必須做的事而言，最長的閒暇也會太短——縱使只是一件一小時就可完成的事而已。

有一天，一個朋友翻閱我的筆記簿，在其中發現一則筆記，是有關死後我希望別人要關照的事。我告訴他說：事實上，當我想到此事時，離家還不到一里格的距離，健康和精神情況都非常好。但我還是立刻把它寫下來，覺得我永遠無法確定我會活著到家。

了解死亡的唯一方式是接近它。我們的內戰進行到第二段或第三段時（我忘記是哪一者），我到離家大約一里格的地方透透氣。我認爲自己很安全，覺得不需要騎一匹特別好的馬，就選了一匹容易騎但不太健壯的馬。

在回家的途中，我的一個手下，是一個又高又壯的人，騎上一匹嘴部很硬朗的強有力小馬，想要炫耀他的衝刺和超越同伴的本領。他鞭策他的馬全速馳騁，橫越我的路徑，結果他像一個巨大石像一樣倒下來，壓在矮小的我和我的小馬身上，重量和力量都很大，我和小馬都翻了身，腳跟朝天。

這一跌，我騎的馬驚嚇地倒在那兒，我人在十到十二步遠的地方，整個身體趴在那裡，臉部血流如注，受傷很重，劍從我手中飛走，皮帶裂成片片，身體動也不動，完全失去了知覺。

這是我生命中第一次昏過去。跟我在一起的人想盡辦法讓我甦醒。他們認定我已死去，把我抱在他們懷中，千辛萬苦把我帶到大約半里格遠的我的房子。

在被認為死亡而放棄超過長長兩小時後，我在被帶著走時，身體開始動著，並且有了呼吸，吐了好多的血。但我逐漸恢復生命，最初的感覺更像死亡的感覺。開始時，我只能分辨白天的亮光。我的心智一如我的感覺，很緩慢地恢復。

我看到自己全身是血，即刻的想法是我的頭部遭到槍擊。我的生命似乎在嘴唇上徘徊不去。我閉起眼睛，似乎要把生命排擠出去。我愉快地仰臥著，讓生命離開。官感只在心智的表面飄浮，就像其餘部分那樣脆弱和短暫，但沒有痛苦，只是混雜著一種甜美，像我們睡著時所出現的感覺。

我被帶到接近我的房子的地方——已經先有人去告知我跌倒的消息——我的家人跑過來見我，大聲叫著，在這種場合中，這是很自然的事。我不僅回答了他們問我的一些問題，並且——他們告訴我——我還足夠鎮定，要別人為我的妻子帶來一匹馬。我看到我的妻子使勁掙扎著，喘著氣走上陡峭和崎嶇的路。

這種關照她的表現，想必是源於我的心智的某部分仍然在發揮功能——但是至於我，我並沒有在發揮功能。我不知道自己來自何處，或爲何來，也無法了解別人對我說的話。然而，我感到安靜又自在，不去關心自己或別人。

我看到我的房子，但認不得它。他們把我放在床上時，我在休憩中感覺到一種無法表達的甜美，因爲之前那些可憐的人費勁地把我抱在懷中，走過很長又粗糙的路，把我震動得很厲害。他們這樣做都筋疲力盡了，一個接一個，一而再，再而三都這樣。

我在兩、三小時後醒過來，忽然感覺墜入一種無法忍受的痛苦中，有兩、三夜的時間自認爲又要死去。

我不能省略一件事，那就是，我的家人再怎麼努力，也無法讓我回憶起意外如何發生。但第二天，當我的記憶回歸時，我忽然看到那個人全速騎向我。那就像一抹閃電刺穿我的靈魂，而我就像從另一個世界回歸。

我這樣長篇敘述如此微不足道的意外，除了對我而言之外，並沒有意義。我對於死亡有了一種很眞實的意象和想法。老實說：這種死亡會是一種快樂的死亡：我是如此輕輕地、平和地滑開，這是最不煩人的事。

有些死亡是勇敢和幸運的。我曾看過死神剪掉某一個人❶的絲線，結局是那麼榮耀，在我看來，這個人的高貴抱負在被中斷時達到最高境界。他沒有走完他的過程，卻達到了他嚮往的

❶ 指拉・波提。

目標，其榮耀勝過他所能希望或欲求的。在判斷他人的生命時，我經常都是觀察他在臨死時如何自持。至於我自己，我非常關心我要好好死去——也就是耐心地、安靜地死去。

但是，如果你振作起精神，你就會發現你的胸臆中存有抗拒死亡的自然資源。就是這種資源使得一位農人和所有的民族像哲學家一樣勇敢地死去。就因爲我沒有閱讀西塞羅的《圖斯庫勒論辯》（*Tusculans*）上，我就會比較不快活地死去嗎？我相信不會。當我狀況最好的時候，我發現我的舌頭很有力量，但內心幾乎沒有力量。我的心處於大自然所塑造的樣子，只使用其天生的保護裝備。

要不是辛尼加在死亡到來時其實顯示出自己是個很勇敢的人，那我在看到他在面對死亡時表現出困惱和焦急的樣子，我就會認爲他的地位不那麼高了。爲何要忙於用所有的哲學裝備來武裝自己呢？

不如讓我們看看那些耕種土地的卑微人們吧，他們在辛苦工作時彎著身體，對卡圖（Cato）、箴言或榜樣一無所知。然而，每一天大自然都從這些人身上召喚出一波波耐力和耐性的表現，其果斷的氣概勝過我們在書中所可能閱讀到的。

我多麼時常看到他們對貧窮的生活表現得很輕視——我看到他們之中有多麼多的人接納死亡或屈服於死亡，不會煩躁，也不會害怕！在我的花園做挖土工作的那個人，就在今天早晨失去他的父親或他的兒子。甚至他們所說出的病名也會美化和舒展他們的痛苦。對他們而言，肺結核是一種咳嗽，痢疾只是一種通便，而肋膜炎只是一種脅部的劇痛。就像他們說出這些名字，他們也忍受它們——溫和地忍受它們。他們從來不會賴床，除非是快死的時候。

如果你不知道要怎麼死，不要緊。時間一到，大自然就會提供你完全的指示，它甚至會幫你做。

我不曾看到我們地區的一個農人，爲臨終時要裝出什麼臉色和模樣而困擾。大自然教他要直到臨死時才想到死。這樣，他們就會表現得比亞里斯多德還優雅，因爲死在亞里斯多德身上施加了雙重壓力——死本身以及對死的長久設想。

但你會說：一般人的心靈比較相劣，因此比較不容易痛苦？如果是如此，那看在上帝的名分上，就只教我們無知吧，無知比知識更仁慈。

我不斷在仔細考慮自己的想法，在任何時間都儘可能準備好。我們應該儘可能經常都穿好馬靴，準備好馬刺，準備好要走。尤其是，我們應該處理好一件事：時刻來臨時，我們就會只有自己對自己所要做的事；這樣，我們就有足夠的事要做了。

我看過一些人良心不安，他們試圖在死後留下的遺囑中對自己的生命加以彌補。但是，把這樣重要的事延長這樣一段時間，或者努力要以這麼小的代價改正一件錯誤的事情，等於什麼都沒做。就我自己而言，如果可能的話，我會注意不讓我的死暴露出我生前沒有揭露的事。

有人對死本身不會抱怨，而是抱怨死前沒有教育小孩或沒有嫁出女兒。有人會抱怨自己必須失去妻子或兒子的陪伴。感謝上帝我已準備好在祂喜歡的任何時候離開，沒有任何的悔恨。沒有人比我會更毫不保留地跟這個世界的所有羈絆說再見。除了我自己之外，我已經跟每個人說再見。最具死亡意味的死是最佳的。

我會一直到最後時都是很有活力的人。但就讓死神在我正在種白菜的時候把我帶走，對於死神無動於衷，對於沒有完成的菜園更加無動於衷。

只要我們採行美好的哲學，一個面具就可以遮蓋我們其餘的生命。但在死亡和我們之間的這最後一景中，是不會有假裝的餘地的。我們必須講淺顯的法文，顯示我們的鍋底有什麼東西——「面具脫落，人在」（劉克里希斯〔Lucretius〕）。

第三十四章

我的人生哲學

在我看來，人的幸福是在於活得快樂，而不是死得快樂——安提西尼（Antisthenes）❶會這樣說。我不會汲汲於把一位哲學家的尾巴——「死得快樂」——繫在一位浪蕩子的頭和身體——「活得快樂」——上面。我不想讓哲學家這種蹩腳的尾巴來證明，我活得快樂的最美好、健全和充實的生命是錯誤的。

如果我要再活一次，我還是會跟原來一樣活。我不會懊悔過去，也不會恐懼未來。如果我沒說錯的話，我的內在生活和外在生活幾乎是一體的。

我深深感激命運之神，讓我的身體隨著四季的腳步從容前進。我在葉、花和果實中看到四季的腳步；現在我在枯萎的落葉中看到四季的腳步——很快看到，因爲是很自然看到。我更善意地看待我現在的病痛，因爲它們在適當時辰到來，如此，我在回憶我一度擁有的長久快樂時，就不會感到那麼痛苦。

我已很單純、毫不保留地接納這則古代的律則：「只要我們跟隨大自然，就不會失敗。」順應大自然的運作，是我們至上的方法。我不像蘇格拉底，我並沒有運用理性來改正我的天生性格，也沒有藉由人爲方式來妨礙我的自然傾向。我怎麼來就怎麼去。我不爭論：我的身體和心靈自動地和平相處。但是感謝上帝，我的乳母的奶相當健康又美好。

我可以順便補充嗎？我觀察到，學術性的美受人尊敬的程度超過應有的程度——我看到，

❶ 譯註：古希臘哲學家，蘇格拉底的學生。

我們成為箴言的奴隸，受到希望和恐懼所束縛。法律和宗教不應創造我們的美德，而是使美德完美，認可美德。但我寧願美德是源於大自然根植於每個人心中那象徵普遍理性的種子。是這種美德使得蘇格拉底在臨死時表現得很勇敢——不是因為他的靈魂是不朽的，而是因為他自己並不是不朽的。有一種學說很奇巧，是的，但對社會卻更有傷害，非常危險。這種學說要人相信：宗教的信仰——沒有行為表現的宗教信仰——就足夠滿足神的正義。

凡是能夠引導我們去獲得知識的方法，都不會被忽略。如果理性失靈，我們就使用經驗。但是，就像理性一樣，經驗也有各種不同形態，我們從經驗中所得到的結論，一定是會被質疑的。世事最普通的特性是多樣性。裴侯傑（Perrozet）或任何其他製造撲克牌的人，無論多麼磨亮或漂白自己的牌的背面，精於玩牌的人還是僅僅看到所出的牌就分辨出來。無論如何，眞理對我們而言很重要，我們不能輕視任何發現眞理的方法。

宇宙只是一個永恆的蹺蹺板。萬物在其中不斷搖動：土地、高加索高峰、埃及的金字塔，每一者都有其一般性的動態以及它自身的動態。「因定」本身只不過是一種較緩慢的搖動。如果我的心智能夠發現一個據點，我就不會再進行實驗：我會下定論。但我們的內心必須經歷學徒年限，且永遠在進行試驗。

如果我們對於別人的經驗不能更善加利用，勝過我們對於己的經驗的使用，則我們從其中所獲得成果，對我們就不會有什麼教導作用。至於我，我對自己的研究，勝過對任何其他主體的研究：我自己就是我的物理學和形上學。

在這個大學之中，我讓自己受到萬物的宇宙性律則所支配。當我感覺到這個律則時，我會很清楚體認到它的力量。我的學問無法改變它，它不會爲了我而屈從。統治者的善與能力，應該讓我免於所有被統治的憂慮。哲學的探究和沉思，其唯一用途是滿足我們的好奇心。

哲學家們會表現強烈的理性，把我們送回到大自然的律則那兒，只不過哲學家們會扭曲大自然，在它臉上塗上過分世故的色彩，所以他們對於大自然的描繪會有相當大的差異。

但是，就像大自然給了我們走路用的腳，它也提供了我們足夠的審愼精神，指引我們走過人生。大自然所提供的，並不是哲學家們所發明的浮誇的審愼，而是實用、自然和健全的審愼。這種審愼足以做出哲學的取代方法只承諾要做的事情，但條件是，一個人要有幸知道如何簡單而規則地使用它，也就是自然地使用它。以最單純的方式把自己交給大自然，就是以最智慧的方式把自己交給大自然。哦，「無知」和「不好奇」是一種多麼柔軟的羽毛枕，並且多麼有益健康——對於健全的頭部而言！

我藉由自己比藉由西塞羅更了解自己。只要我好好研究自己，則我從我自己的經驗中，就已經獲得足夠讓我變得明智的東西。顗撒的一生之中，沒有比我們自己的一生之中更美好的榜樣。每個人都在自身之中具有完全的人類狀態。

讓我們注意我們自己的經驗吧。如果一個人記起自己發怒的時刻，他就會比在亞里斯多德身上發現怒氣更清楚看出怒氣的壞處，並且更會眞正憎惡怒氣。只要一個人會記得自己的判斷多麼時常出現錯誤，那麼他不會在以後知道這一點，難道不就是一個大傻瓜了嗎？

當我發現自己犯了一個錯，我不僅知道一種新的錯，並且也知道我整體的了解力的脆弱和不可靠。就所有其他的錯誤而言，情況也是如此，並且證明有很大的用處。我不大去注意絆倒我的那塊石頭，但我會一直去注意我的步伐，努力要走得穩。只知道你說或做了一件愚蠢的事，那並沒有用。你必須知道，你只是個傻瓜——這是更加豐富和有價值的一課。

就算我對我的記憶非常有自信，它也會有差錯。就算我不去注意這些差錯，記憶也不會放過我的。此時，它可能會嚴肅地詛咒我，但我會甩動我的耳朵，拒絕相信它。如果每個人都深入探究自己最容易表現的激情的情況和造成的結果，他就會預見它們接近的步伐，多少挫挫其前進的力量。它們就不會總是在第一次跳躍時就抓住我們的衣領。

稍微探究我們的經驗吧：只要一個人傾聽自己，他都會在內心中發現一種完全屬於自己的風格，一種主控的風格，會抗拒教育和有害的激情。這種激情很少會撼動我。我總是在原地，像一個沉重和龐大的身體。或者，就算我不在原位，也很接近。

我的判斷力端坐在法官席上，或者努力要這樣做。就算它無法改正我的激情，至少它不會被激情所腐化。它會獨立運作。

「了解你自己」，這確實是一種很重要的忠告。但這件事就像任何學問，只有親力而爲的人才會發現困難。我們必須推一扇門，才會發現它是否閂著。這需要一定程度的智力——特別是如果你想知道你其實並不知道。關於「了解自己」，有一個事實存在，即每個人都認爲他了解自己，並滿足於自己所學到的。這個事實證明：沒有人對此事有任何了解。

我承認，除了了解自己之外，我沒有其他知識。我對自己進行無限深入和多樣的挖掘，發現我學到的一切，只是顯示我還必需學習很多。在很多方面，我都要歸功於這一點，包括我的傾向於謙虛，傾向於服從我被指示要去信的宗教，傾向於見解的超然和中庸，以及傾向於憎惡眞理的主要敵人——喧囂和自我滿足的自傲。

教條主義（Dogmatism）和武斷是愚人的明確徵象。這種性向的人，他的鼻子一天會碰撞地上一百次之多，但他還是會跟以前一樣倔強地騎在高高的馬匹上。無可求藥的笨人無疑會認爲，每次他進行一次新的爭辯時，他都使用新的頭腦。

我是基於自己的經驗而去譴責人很無知。我相信，這是在世界學校中所可以學到的最豐饒的一課。

所以，我們也必須學習去忍受我們所無法避開的事情。我們的生命，就像這個世界的和諧狀態，是在於萬物的對立，在於音調的多樣，既悅耳也刺耳，既尖銳也單調，既愉悅也嚴肅。如果一位音樂家只使用其中一種音調，那會興味索然。他必須知道如何使用所有的音調，把它們混合在一起。我們也同樣必須把善與惡混合在一起，它們是我們的生命的主要內容，沒有它們，我們就無法生存。反抗自然的必要性，就是重複泰錫豐（Ctesiphon）的愚行——騾子踢他，他就反踢，想要取勝。

大自然表現母親的溫柔，想要讓我們的必要行動都很令人愉快。大自然不僅藉由理性也藉由欲望，引誘我們去表現這種行動。違背大自然的律則是忘恩負義的行爲。雖然我知道凱撒和亞歷山大在熱心於大事業時，盡情享受肉體的歡樂——這種歡樂是必要和適當的，一如它們是很自然的——但是，我並不認爲他們的心靈墮落了。不，他們提升了心靈，讓心靈的偉大力量去將就生命的日常使用。

我們都是大愚人。「今天，」我們說：「我什麼都沒做。」什麼！你沒有過生活嗎？這就是你必須做的最顯赫的事情。「啊，如果我做了一件領先群雄的大事，你就會看到我有表現了！」但是，如果你已知道如何計劃和處理你的人生，你就已經完成了最偉大的事業了。一個人如要表現他的本然，使用他擁有的東西，其實並不需要非常幸運。大自然在任何階段都會扮演同樣的角色——無論是在幕後或幕前。

但堅持條理的生命是很嚴苛的生命。每個人都可能在舞臺上扮演一個誠實的角色；然而，要在百無禁忌、一切又都隱藏著的我們自己的胸臆中，去表現得很誠實——這才是困難處！最接近的境地是在你自己的家中、在日常行爲中，表現得誠實。在其中，你不必對任何人負責，其中也不存在著做作和假裝。

一個人如把取悅眾人當做要事，他就永遠不會做對事。只要我們跟從理性，則大眾如果願意就會跟隨我們。往昔的水手說：「哦，海神啊，你可以隨你喜歡救我們或毀滅我們，但同時我也會掌準舵！」我看過數以千計的人，他們比我精明，比我更有適應力，在眾人眼中比我更具世故的智慧，但卻去衝撞巨岩，而我則在那兒救了自己一命。

如果你已知道如何建構你的生命，那你就比知道如何建構一本書的人更加有成就。你已經能夠大步走了嗎？那你的成就已勝過建造城市和帝國的人。

人的偉大和光榮傑作是在於活得切中肯綮。所有其他的事——支配、儲積、建立——充其量只不過是不重要的支撐物和附屬物。

我會很樂於看到一支軍隊的將軍，在乘敵人不備而進行突襲的前夕，與朋友縱情於進食、談話和歡樂。我會很樂於看到布魯特斯，在天地傾盡全力要摧毀羅馬人的自由和他自己的生命時，卻偷取夜晚巡視的幾小時，自在地閱讀和刪節波力比阿（Polybius）的作品。

眞正明智的人必須很聰明，精於利用自然的歡樂，就像他精於生命的其他功能。所以，賢哲們才在生活中溫和地屈就於人類命運的律則，屈就於愛神與酒神。我認爲，放鬆心情加上有多方面才能，最適合心智強有力又高貴的人，也會爲他們增加不尋常的光采。蘇格拉底一生最值得注意的事是，當他已是一個老人時，卻還找時間學習音樂和跳舞，並認爲時間花得很值得。

心靈的宏偉不在於登高處和努力向前行，而在在於知道如何支配和限制心靈自身。只要是充足的東西，心靈都會視之爲很偉大。心靈會在中庸的事情之中而不是在傑出的事情之中顯得較有用。最美的事情是以適當和美好的方式扮演人的角色。在我們所有的病之中，最嚴重的病是「輕視我們自己的生命」。

我有自己的字彙。如果我的時間過得不好，我就「讓它過去」。如果我的時間過得好，我就不會讓它「過去」——我會一再品嚐它，緊抓住它。過分小心的人，大都以低俗的方式談到「消遣時間」以及「讓時間過去」，他們認爲，使用生命的最佳方式，是讓它從手指中溜過去，避開它，視之爲很麻煩和很可鄙。

但我知道，生命並不是這樣的。我認爲生命值得抓住，就算我現在是抓住它的尾巴。我享受生命勝過別人的兩倍，因爲生命之享受的衡量標準，大部分是取決於我們對它的應用。由於我意識到我的生命是那麼短，所以我就努力增加它的力量。我快速抓住它，如此緩和它飛逝的速度。由於生命變得較短，我就必須讓它變得較深。

其他人享受快樂，就像他們享受睡眠——一無所知。但我們應該研究、品嚐、反芻快樂，對賜給我們快樂的上帝表示可敬的感謝。爲了不讓睡眠從我身上渾渾噩噩地溜逝，我習慣中斷睡眠，俾能更加品味它。

一種快樂會愛撫我嗎？我不會讓它只跟我的感官調情，我也會把我的心智引進來，共享它——不是在其中迷失自身，而是在其中發現自身，不是糾纏自身，而是享受自身。我要心智在這種快樂的心態中看著自身，欣賞和強化它。

我在數以千計的面向中，想到一些人。這些人爲命運或自身的錯誤所折磨或壓制，或者他們很粗心又輕率地接受自己的快樂。就是這種人，他們消度時間只是要沉迷於虛無的希望和陰影——他們越被追逐就跑得越快。

我愛生命，修養它，就像上帝很樂於賜給我們的那樣子。我不想讓生命被剝奪了飲食的必要性。就算我希望這種必要性加倍，我也會認爲是可原諒的——「明智的人渴求大自然的好施」〔引自辛尼加〕。我不想心不在焉地以手指和腳跟享受性交，而是——以尊敬的心情來說——讓手指和腳跟可以在性交時意識到快樂。

我不希望身體沒有了欲望、不會感覺興奮：這樣會有是害又令人生厭的。我會以仁慈和感激的心理接受大自然提供我的任何東西，我會很高興又自傲地這樣做。如果一個人拒絕、取消或扭曲萬能的萬物造物主的禮物，那他就是侮辱祂了。

關於哲學的見解，我比較喜歡那些最實在的，也就是說：最具人性和屬於我們自己的。我的理論與我的實際一致，其實卑之無甚高論。我不曾知道我的生命理論是什麼，除非到了生命幾乎結束的時候。我屬於一個新學派——我是一個沒有預謀的哲學家。

在我心目中，哲學像小孩那樣幼稚，是在私下的情況：它騎上高高的馬，對我們宣揚說：將神聖結合以世俗是野蠻的；快感是一種粗魯的特性，不値得爲明智的人所品嚐；明智的人從一個美麗、年輕的妻子身上所要享有的唯一快感，是在很有條理地完成一件事情時的那種盡責的快感——非常像出門前穿上鞋子。但願這樣一種哲學的弟子們沒有權利、精力或活力去獲得他們的妻子的初夜權，就像他們沒有權利、精力或活力去獲得這種哲學的教誨！

蘇格拉底身爲哲學的大師和我們的大師，並不是這樣教導我們。他看重身體的快感，他應該這樣。但他比較喜歡心智的快感，視之爲較有力量、較持久、較多樣以及較有尊嚴。心智優先，但它絕非是孤立的。

如果你相信一種行爲因爲必要所以就較沒有價値，那確實是錯誤的！沒有人能夠強迫我認爲，快感和必要性的結合並不是巧妙的結合。我們反而要去祝福這種結合。要讓心智去喚起身體的重要性，要讓身體去抑制心智的反覆無常。

改天你就請一個人告訴你，他是基於什麼想法放棄了美好的一餐，並後悔把時間花在吃上面。你會發現，他的餐桌上最索然無味的一道菜，就是這種所謂的明智的沉思。其實，我們時常可以睡一整天，勝過醒著面對有關善用一天的問題。就算後者有如阿基米德（Archimedes）在發現阿基米德原理時的那種狂喜——那又如何？

當然，我不會談及那些因宗教的熱忱而使心靈提升的可敬人物。但是，我經常觀察到，超神聖的想法和凡人的行爲之間會有一種不尋常的偶合，就把這當做你我之間的祕密，不要告訴別人喔。

有些人逃離自己以及逃避身爲人的事實，他們是很愚蠢的。他們並不會變成天使，而是會變成野獸。這種超經驗的思緒會讓我很驚恐，就像高聳而無法接近的懸崖。蘇格拉底一生中的任何事蹟，我都不難理解——除了他跟一個惡魔之間的交談以及他所感受到的狂喜。我認爲柏拉圖的一生中最具人性的事情，是那些爲他贏得「神聖」頭銜的事情。就學問而言，那些最高高在上的學問，似乎最接地氣和底氣。我在亞歷山大大帝的一生中所看出的最具凡人成分的，是他對於自己的不朽的想法。

我的觀點很吻合雅典人用以歡迎龐培到他們的城市的那則美妙的銘文：

你坦承你自己是一個人，

所以你是一個神。

如果一個人知道如何忠實地享受自己的存在，那就是一種絕對以及可說是神聖的完美。我們尋求其他的生活，因爲我們不了解如何利用我們自己的生活。我們走出了自己，因爲我們昧於我們內心的東西。但是，就算我們踩著高蹺而變得很高，我們還是用我們自己的腳走路。就算是坐在世上最高的王座上，我們還是用我們自己的屁股在坐著。

我認爲，最美麗的人生，是符合普通與人性水準的人生——很有條理，但沒有奇蹟，不會誇張。

老年確實需要獲得較溫和的對待。讓我們把以下這五行文字推薦給健康和智慧之神——這裡的智慧其實就是一種歡欣和友善的智慧：

請允許我，阿波羅啊，我祈求你
讓我享有我擁有的一點點，
身體與心智健全，
不要過著一種可憐的老年生活，
也不要讓豎琴從我手中掉落。

（霍拉斯）

收場白：蒙田之死

德．蒙田先生死了。這是一個很大的打擊，會刺傷你的心，就像它刺傷了我的心——而我傳達了這個訊息，心中多麼深感痛苦啊！

但是，既然你享有了他的生命的甜是，爲何不應承受他的死亡的痛苦？

然而，我的錯是，我在談到他的死時把他的死視爲痛苦，其實他的死是很輕柔的降臨在他身上。他的死的痛苦是我們的痛苦，但他的死的甜美是他的甜美。他活著時很快樂，死時的快樂並沒有較少——雖然他死時的年紀，是他可能預期痛苦多於快樂的年紀，因爲他相當爲結石所苦。

他讓我感到榮幸的是，他在臨終的言詞中提到我，更加倍讓我傷心，因爲臨終時沒人在他身邊，讓他說出臨別時的想法。他一直希望自己是一盞燈，在熄滅之前以最後的一線亮光照亮人間。

我是根據自己的經驗知道了這一點，有一次，我們一起在巴黎，是幾年前的事。醫生們對他的生命已不存有希望，但縱使死神凝視著他的臉孔，我還是看到他排斥自己對死神的恐懼，透露輕蔑的姿態，說出多麼勇敢又美麗的話語！

現今，他已到達港口，而我們卻在暴風雨的海中掙扎。我匍匐在地上對他表示致敬。

——皮爾．德．布拉奇（Pierre de Brach）寫給賈斯塔斯．李普修斯（Justus Lipsius），一五九三年二月四日

已故的德．蒙田先生，在覺得臨終的日子已近時，從床上起來，穿上睡衣，打開自己的房間，要他所有的僕人和其他遺產承受人到他面前。他當場一如在遺囑中所載明的那樣，把遺產分給了他們，避免出現他預知他的繼承人之間會引起的糾紛。

——伯納．歐松尼（Bernard Authomne）寫於他的《評論……波爾多》（Commentaire sur ... Brodeaux）

至於其餘的，請不要認爲，他的生活不同於他的作品。

他死於蒙田地方他的家（一五九二年九月十三日）。最後三天，他不再有講話的能力，只是他的心智還保有充分的力量。因此，他只好以書寫的方式寫出自己所有的願望。

當他認爲臨終的日子接近時，他取了一小張紙，要他的妻子請來很多男士、他的鄰居，要跟他們道別。

他們到達時，他要求他們在他的房間進行彌撒。當神父把聖餅升高時，這個可憐的人兒在床上盡最大的力量向前跳，兩手握拳。在這種最後的動作中，他把靈魂託付給了上帝——這種

姿態美妙地反映出他的精神。

他留下兩個女兒，一個是他結婚所生，繼承了他所有的財產，另一位是他領養的女兒德・賈絲小姐（damoiselle de Jars），繼承了他的作品。

我不能不談一談這第二個年輕女人。她出身巴黎最好的家庭之一，很早就決定放棄尋找生命的伴侶，只藉由閱讀好書——尤其是蒙田爵士的《散文集》——來榮耀自己。

一五八八年，她長居於巴黎，爲的是面對面接觸這位作家。然後，她和她的母親在果內伊（Gournay）她們的家款待他。他有兩、三次造訪她們的家，待了三個月。

最後，這個高貴的年輕女人在聽到他的死訊後，幾乎穿過整個法國去奔喪（藉由護照之助），是出於自己的意願，也出於蒙田的寡婦和女兒的請求。她們催促她前往，她的欷欷眼淚跟兩個女人的眼淚結合在一起。

這個事件確實令人難忘，而蒙田這位紳士的一生，以這樣的收場白結束是再美不過了。

——伊田尼・巴斯奎爾（Etienne Pasquier）寫給柯勞德・德・培爾格（Claude de Pelgé）的信

國家圖書館出版品預行編目資料

蒙田自傳 / 米歇爾．德．蒙田（Michel de Montaigne）著；馬文．羅溫索（Marvin Lowenthal）編；陳蒼多譯 . -- 初版 -- 臺北市：五南圖書出版股份有限公司，2025.03
面；　公分 . -- (大家身影系列 ; 22)
譯自：The Autobiography of Michel de Montaigne
ISBN 978-626-423-052-0(平裝)

1.CST: 蒙田 (Montaigne, Michel de, 1533-1592)　2.CST: 傳記
3.CST: 法國

784.28　113019436

大家身影 022

蒙田自傳

The Autobiography of Michel de Montaigne

作　　者 —— 米歇爾．德．蒙田（Michel de Montaigne）
編　　者 —— 馬文．羅溫索（Marvin Lowenthal）
譯　　者 —— 陳蒼多
編輯主編 —— 蔡宗沂
特約編輯 —— 張邁譽
封面設計 —— 封怡彤
出 版 者 —— **五南圖書出版股份有限公司**
發 行 人 —— 楊榮川
總 經 理 —— 楊士清
總 編 輯 —— 楊秀麗
地　　址：106 臺北市大安區和平東路二段 339 號 4 樓
電　　話：02-27055066（代表號）
傳　　真：02-27066100
劃撥帳號：01068953
戶　　名：五南圖書出版股份有限公司
網　　址：https://www.wunan.com.tw
電子郵件：wunan@wunan.com.tw
法律顧問 —— 林勝安律師
出版日期 —— 2025 年 3 月初版一刷
定　　價 —— 540 元